律师手记

无罪辩护

朱明勇 / 著

清华大学出版社
北 京

内 容 简 介

本书以作者执业生涯中代理的较有代表性的案件为线索,进行纪实性的记载和阐述。其中既有"入门级"的轻伤害案件,也有中央和部委批示的经济大案。其中无罪辩护的经验和专业技术可为有志于从事刑事辩护的人士提供"战略战术"的指引,也可向对刑事辩护感兴趣的人士展示刑辩律师不为人知的坚毅与激荡,更可为广大关注正义彰显、关注中国法治进程的读者提供点滴参考。

本书封面贴有清华大学出版社防伪标签,无标签者不得销售。
版权所有,侵权必究。举报:010-62782989,beiqinquan@tup.tsinghua.edu.cn。

图书在版编目(CIP)数据

无罪辩护 / 朱明勇著. —北京:清华大学出版社,2015(2025.1重印)
(律师手记)
ISBN 978-7-302-41291-5

Ⅰ.①无… Ⅱ.①朱… Ⅲ.①律师–辩护–案例–汇编–中国 Ⅳ.①D926.5

中国版本图书馆 CIP 数据核字(2015)第 204697 号

责任编辑:刘　晶
封面设计:汉风唐韵
责任校对:宋玉莲
责任印制:杨　艳

出版发行:清华大学出版社
　　　网　　　址:https://www.tup.com.cn,https://www.wqxuetang.com
　　　地　　　址:北京清华大学学研大厦 A 座　　　邮　　编:100084
　　　社 总 机:010-83470000　　　邮　　购:010-62786544
　　　投稿与读者服务:010-62776969,c-service@tup.tsinghua.edu.cn
　　　质量反馈:010-62772015,zhiliang@tup.tsinghua.edu.cn

印　装　者:大厂回族自治县彩虹印刷有限公司
经　　　销:全国新华书店
开　　　本:170mm×240mm　　印　张:19.25　插页:2　　字　数:312 千字
版　　　次:2015 年 10 月第 1 版　　　　　　　印　次:2025 年 1 月第 20 次印刷
定　　　价:69.80 元

产品编号:060510-05

刑事辩护律师　朱明勇

谨以此书献给坚守正义的人们

刑事辩护手记

近年来，中国的刑事辩护领域异常火爆：一时间异军突起，山头林立，各路虎豹之士冲杀在刑事辩护的第一线。甚至连那些曾经盘踞在传统的所谓高端非诉领域的律界大佬们也似乎在一夜之间摇身一变，成为"刑辩大律师"。

然而，几乎与此同时，这个领域却又在一片喧嚣之后开始陷入混沌、自相残杀，甚至杀到法庭之上，杀得天昏地暗。

书店里，也开始出现各种刑辩"秘籍"，更有形式各异的刑辩业务培训烽火连天。一批又一批年轻的律师们被这种浪潮冲到了这个充满魅力的大舞台上，却又无所适从。

然而，在这些有志青年们纵身一跃的那一刻，也许并没有人告知他们，这个领域不是只有魅力，更是充满惊险。

仅仅两三年以来，我就成为四起因为执业而被抓的刑辩律师的律师，尽管历经艰难终于获得了三起无罪，一起从十五年有期徒刑改判为免除处罚的结果。但是这种种风光之后的风险和恐惧是在那些开水冲就的心灵鸡汤里无法体味的。

今天，我在编辑的"最后通牒"下，不得不在最后一刻为这本《无罪辩护》写下迟到的"序言"，而此时我正在飞驰的高铁上，赶往安徽，为又一起律师事务所主任的案件作二审辩护，他涉嫌犯罪一审被判了十一年。

二十多年前，我通过了号称"天下第一考"的律师资格考试，并在1994年顺利拿到了现在很多律师没见过的鲜红色的"律师工作执照"，我的职业生涯的处女作就是一起成功的无罪辩护，自此一发不可收拾，在刑事辩护这个领域孤独前行。

从本科生到博士生的课程里都没有单设刑事辩护这门课,而那些天天开讲刑辩"秘籍"的大律师们可能也并没有什么"秘籍",有时候他们的秘籍甚至就是"不调查、不取证、不抗争"的三不绝招。我想说这种师傅带出来的徒弟越多,对这个行业的危害也就越大。因为,我们终将会看到一大批的"形式辩护"律师充斥在大江南北的法庭上,而他们还自以为师出正统。试想,将人的尊严、自由乃至生命托付于他们,该是怎样的一种悲催。

所以,本书的目的之一也是让人们知道,刑辩原来也可以这样做。

事实上,我认为在中国,目前还没有真正意义上的刑辩大律师,但出现真正意义上的刑辩大律师的时代已经到来。

有人将这个圈子分为各种流派,诸如"红顶派""死磕派""勾兑派""形式派",等等,各派之间刺刀见红,纷争不断。一直游弋在各派之外的我,像一匹离群的野马孤独地狂奔在刑事辩护这片杂草重生的荒原,感受并见证这一伟大时代的刑辩大戏。

三年之前签下的这本书稿,事实上我是今年五月才开始写作。的确,之前我爽快地答应清华大学出版社后,在紧张、激烈、惊险、刺激的一起又一起大案的搏杀中早就将其忘至之九霄云外了。今年三月,我在南昌以三个月的时间,实际开庭24天的历史纪录完成了一起职务犯罪案件的辩护后,编辑发来微信说:北京的春天又来了,我们的书稿是不是也该发芽了。我才意识到,这份答卷该交了。

于是我让助理帮我收集整理一些我辩护过的案件,我还天真地以为四月交稿没问题。

但是四月底,助理告知我根本就无从下笔。

是的,史海钩沉,也许只有自己才能打捞出来已经沉积在往事中的些许回忆。

于是我决定亲自动手。

所以,您现在看到的故事就是我在一个个静悄悄的午夜,一口气写就的,我知道她没有散文的隽美、没有小说的跌宕、没有教材的严谨、没有学术的高深。但是我知道这就是我曾经走过的路,成功也好,失败也罢,我是这样做的。

在这本书中收集的案例并非我精心挑选,也与我原来的计划相去甚远。我知道很多朋友并不是从这些案例中了解我的,但是写着写着就写到这些了。回顾一看,也巧,这十个案例恰与我几年来的办案结果相当:无罪、改判、免除处罚,基本上就是保持的这个比例。

我想,既要写出成功、也要写出失败。每起案件都是不同的,刑辩的成功真的没有可以计算的公式,也不存在所谓的秘籍,如果说什么才是有用的,我想除了知识积累、深度阅历、质疑精神、学习能力之外,并没有具体的方法。我觉得,唯一重要的,就是要知道成功的人们曾经做过什么。

这样的序言,我想应该是突破了传统的范式,没有假心假意的谦虚,也没有装腔作势的高雅。

没有想到的是,这本书我与编辑在沟通的过程中竟然有那么多共识:

我们一致认为这本书不需要请名人大家的推荐,我们认为那些活生生的无罪释放的当事人就是最好的荐书人;我们一致想到封面要有一双挣脱锁链的有力的手;我们还想到一定会有下一部。

目　录

九曲回肠刑辩律师梦/1

报到当天辞职——拒绝"铁饭碗"的"诱惑"/1
刑辩之路即将开启/4

无罪辩护首起要案——马廷新故意杀人案/6

启程/6
血腥命案/7
马廷新被锁定为凶手/7
首入鹤壁/8
"就是他"——测谎？/9
荒诞的杀人动机/15
证人被抓/15
残酷的刑讯逼供/17
危险的探亲/19
审判一波三折/20
备战二审/22

神秘的足迹鉴定/22

蹊跷的"自首书"/24

神秘的"证人"袁连芳/25

二审搏杀/26

请给辩护人一杯开水/27

二审交锋/28

北京上访/34

重审开庭 "神眼"出场/36

公正是一个过程/41

不战而屈人之兵——胡良友故意伤害案/44

他打了法官的弟弟/45

一场讼事不可避免/46

无法回避/48

法医鉴定/48

皮肤擦伤/53

法官和律师间的调解/56

眼睑损伤/58

撤诉结案 不战而屈人之兵/61

两位总理批示的大案——周洪元票据诈骗案/64

令金融界头疼的十件大事之一/64

能人周洪元出山下海/67

农业银行荔波县支行入网/71

贵州东龙公司入网/72

农行瑞金支行入网/73

工行郑州经纬支行入网/74

神秘的举报电话/75

行长失踪脱而未逃/76

两位总理批示　公安部挂牌督办/77

跨省大抓捕/78

未出庭的辩护人/82

庭后换将/82

一审宣判　获刑无期/85

辩词逆天而出　二审纠结难判/87

两地法院判决"打架"/90

核心辩点/93

二审维持　终审落幕/100

反思如潮/100

承兑汇票管理的制度构建/102

十年炼狱终昭雪——张氏叔侄冤案/103

大年来的喜报/103

一条火腿开启的申诉之旅/105

非典那年的命案/111

初见律师/113

棰楚之下叔侄认罪/114

手抄的 DNA 鉴定/115

补充侦查/116

一审宣判:叔无期,侄死刑/117

二审张辉保命　张高平改判 15 年/118

杭城女大学生吴晶晶的死/119

擦肩而过的"真凶"?/120

大漠深处劳改犯/121

驻监检察官张飚/122

A类顽危犯/124

马廷新的故事/125

"证人"袁连芳马脚显露/127

石河子的来信石沉大海/129

检察官的嘱托/130

重启申诉程序/131

媒体的力量/135

新疆、河南、安徽、浙江大调查/137

揭开"专职证人"袁连芳的神秘面纱/138

央视上的女神探/141

考量人性的再审决定/141

撬动正义的轮盘/143

十年炼狱天命轮回/145

为"刑讯逼供者"辩护——黄山警察职务犯罪案/147

"陷警门"背后的警检博弈/147

警察打死人了?!/149

公安局启动自查/151

检察院介入/152

省检察院法医鉴定出炉/154

更名异地再换押/155

羞辱的提审/156

最高检察院鉴定出炉/156

一审交锋　公安败阵/157

法医对法医的质证/159

千名警察上书陈情　二被告一审获重刑/164

局长出马海选二审律师/165

控方证人二审"反水"/166

全国首启专家辅助人出庭机制/167

故意与过失/169

不规矩的讯问椅/170

长时间固定体位/170

公安局的讯问室/171

"冻""饿"/172

因果关系/173

王晖情绪失控被迫休庭/173

刑警队长出庭作证/174

报请最高院　二审法定刑以下改判/175

后记/176

纠缠十三年的无罪判决——司法局长贪污案/177

朋友之托/180

祸起职务调整/182

十二年追诉　冤案流程全纪录/186

出战二审/191

另辟蹊径　寻找突破/192

二审开庭/196

淡定坦然的最后陈述/198

庭后较量/199

雪片飞书进庙堂/201

起底福州司法生态的那篇文章/202

公义终于实现/206

展望/207

尾声/208

一个"临时工"的悲剧——外聘会计玩忽职守案/209

引子/209
古都开封的城墙修缮工程/210
借"临时工"一用/212
六旬老公网上发帖求救/212
皆大欢喜的拆迁工程/214
祸起古城墙/216
二审接案/217
焦点:商业用房的确认/220
二审开庭/222
发回重审再判3年/223
第二次二审/224
谁是国家机关工作人员/224
有没有玩忽职守的行为/225
取保候审　出现转机/227
再次发回重审/228
检察院撤诉　重获自由/228

一曲忠诚的悲歌——交警队长玩忽职守案/230

三名警察失踪了/230
五一护路行动/231
案起午夜执勤/231
神秘的领导批示/232
玩忽职守罪立案/234
拘留遇阻/234
亡命天涯/236

三易罪名/236

亡命归来/237

案情焦点/239

一审开庭/240

无罪辩护/241

最终判决/247

一场必将载入历史的审判——南昌大学原校长受贿、挪用公款案/248

配得上我的当事人/249

交锋在第一次见面　法官不给我起诉书/250

庭前新闻发布会/252

大幕拉开　有组织的旁听大会/253

被告人周文斌出场/253

工科背景的质证逻辑/257

非法证据排除程序难启动/259

限制旁听　要求公布审委会名单被拒绝/264

公诉人的人身攻击/266

第一次被赶出法庭/267

讯问笔录的"电子DNA"/269

证人就是演员，开戏了不能不上场/270

对赌法庭/271

丢掉"黄马甲"/273

英文羞辱控方证据是垃圾/273

假物证登堂/274

马克思的《数学手稿》成质证理论/274

最高人民法院院长对将律师赶出法庭"百思不得其解"/275

挪用公款的"真相"/276

江西媒体被赶出法庭/276

概率论质证方法引热议/277

移师小法庭　控方证人当庭"反水"/277

再度被赶出法庭　江西律师被辞退/279

周文斌引用曼德拉典故　律师被第三次拖出法庭/283

周文斌自辩两天意未尽/284

周文斌自辩第三天　最高法院发文废"黄马甲"/284

四度被拖出法庭　创全国纪录/285

没有对手的终局大辩论/287

再见,南昌！/288

未完待续/291

九曲回肠刑辩律师梦

报到当天辞职——拒绝"铁饭碗"的"诱惑"

曾经,西北政法大学研究生毕业的我,如同今日的莘莘学子一样心有不甘、怀揣美好,在一场又一场的公务员考试中角逐着。那时的我,公务员情结依旧萦绕于心,从某种意义上讲,我读研究生的最初目的就是毕业时能找到一个相比较以前更好的公务员职位,这个"更好"其实就是职位级别更高、居住城市更大。

于是,在毕业的2003年,我不是在公务员的考场上,就是在去公务员考场的路上,转战南北。那一年,我报考过公安部反恐局,参加过国安部的面试,最后又以笔试、面试第一的成绩考到了某省检察院。毕业临近,检察院发来报到通知,但尘埃落定的我并没有预想中的收到公务员录取通知的踏实与惊喜,反而是在内心产生了激烈的博弈与抗争。在西北政法大学的研究生楼和操场上,我连续几个夜晚仰望星空,沉默无语,无法决定自己将何去何从。但是,我最终还是踏上了报到的旅途。

那年7月,我拿到西北政法大学的研究生毕业证和硕士学位证书,揣着全国首届法律职业资格证书,拖着一个从家乡带来的,陪伴了我整整三年装满了书籍的破樟木箱从西安出发,一路向东,奔向熟悉而又陌生的检察院——去报到。

一路的颠簸,一路的纠结,一夜的漫长旅程,让我的这次毕业之旅显得格外惆怅与彷徨。那一晚的夜车,我在哐当哐当的轮轨声中进入半梦半醒状态。我梦见自己穿上检察官制服,在指挥办理一起大案;我梦见自己坐在宽敞明亮的检察官办公室里品茗;我也梦见自己在大学的讲台上娓娓道来;我还梦见自己在坐满旁听人员的法庭上慷慨激昂。

天色黎明,嘈杂的人声搅乱了我的美梦。那一天早上,列车准点到达。我拖着一堆行李走出火车站。然而,那一刻我又迷茫了,我不知道自己该往哪里去:一边是检察官的诱惑,一边是自己对人生的追问。

我拖着大箱小包艰难地挪动着步伐,转车的、住旅馆的、按摩的、洗脚的,各种喧嚣的拉客调子伴着我难以接受的方言在这个还很清净的早晨显得格外刺耳。我站在火车站广场,举目四望,一脸茫然,低头追问,难道这里将是我的未来所在吗?刹那间,一种不甘再次于我心中铺展开来。

在这个偌大的广场,我放下木箱,坐在上面,从包里掏出法律职业资格证书看了又看,心潮澎湃。

在读研究生的第二年,我国进行了司法考试改革,将原本一年一考的律师资格考试和法院内部以及检察院内部的法官、检察官考试合三为一。2002年全国首次司法考试在3月进行,如果仅仅想做律师,我根本不需要参加这次考试,因为我早在1993年就通过了全国律师资格考试。但是2002年的司法考试开始报名时我依旧和同学们一起去报了名。其实那时候之所以报名参加司法考试就是想着将来毕业之后还能有机会进入法院和检察院。

而今,我已经拿到检察院的入场券,就在即将走到大门口的那一刻,我反而迟疑了。我在想,难道即将面临的检察官生活真的就是我的梦想吗?几年前,我放弃同样令很多人羡慕的纪检委工作,远离家乡再度求学真的就是为了换一个更大的城市和更高的职位吗?

是的,的确,在进入西北政法大学的那一刻我就是这么想的,我还记得面试时,老师还说你有这么好的工作经历,还有律师资格,毕业后做律师将是一个很好的选择。而当时我却在心里说:我好不容易考上研究生,怎么会再去丢掉铁饭碗做律师呢?

三年的研究生生活,我的人生观已经发生了悄然的变化。在这里我完成了基本的法治启蒙,在这里我重新定义了自由的意义。纪检委的工作经历已经证明了自己骨子里的侠义精神在公务员的体制里是无法实现的。只是长久以来的公务员情结还是遮盖了我内心深处已经奔腾的向往自由的冲动。

事实上,我知道即便是在原来的纪检委体系中,我所追求的一种仗剑天涯的情愫也从来就没有消失过,而在那样一种体制之下,我没有可能实现自己心中的理想。所以,我才会不停地通过各种努力期盼着能有更多的机会或者更高的职位助我飞扬,以实现自己"治国平天下"的抱负。

曾经,在那样的环境中,我也玩笑式地劝慰同事:哥们儿,六十岁要退休,五十岁要退二线,四十岁就不提拔了,你今年已过三十,还在猥琐前行,想说的话不敢说,想做的事不敢做,人生不过几十年,难道这就是你想要的生活吗?往往,这样的调侃之后,我们依旧陶醉在体制所带来的幸福中。因为,在那里我们不能也无须用自己的思维工作,我们无须也不用考虑自己的未来。当然,最幸福的感觉是在向别人介绍自己时可以充满自豪而又故作低调地说:我是纪委的。自然,从他们那种敬仰的目光中我们总能收获一丝成就感。所以,那时的我说归说,做归做,一笑了之后我们依然习惯于一杯清茶、一份报纸的生活。偶尔,也会探讨哪位同事将要升去哪里任职。

现在回想起来,我居然在那样的环境中生活了那么久,而那一天,如果不是一种广场上刺耳的拉客声冲击,也许,我真的就走进了那座令人羡慕的检察院大楼,成为一名检察官。但是现在我也在想,如果那一天我真的穿上了检察官制服,也许今天我依旧会再度脱下,重新寻找自由的方向。只是我不敢想象,假如真的又经历了十年的煎熬,今天的我还能不能再保有那样一种情怀。

于是,我知道了,我想要的是什么。

就这样,我收拾好心情,存放好行李,带着一身轻松去检察院政治部,但是我不是去报到——而是去辞职。

那一天,政治部主任与我交谈了一个上午,他说,你是这次选考中最优秀的,成绩第一,你放弃这样好的机会很可惜。甚至他还说检察院的地位比你做律师或者做教师都要高,你看我们还可以解决住房,将来妻子工作孩子上学我们都可以协助解决。我只是随便找个借口说我原来就在纪检委工作,现在到检察院只是感觉换了个地方而已,工作性质差不多。接着主任又说,你看我们是很诚心地希望你能来,你的材料我们都报上去了,也通过了,现在你不来就不好了。我们很需要你这样有工作经验的人,刚刚我们有一位处长辞职了,听说是去北京做律师了。说到这里,我倒是真的惊了一下,人家都已经是处长了还辞职,而我刚刚进来还要从头做起。也许正是政治部主任的这个信息彻底坚定了我的信心,最终我和主任握手道别。走出检察院的那一刻,我甚至都没有回头看一眼这个雄伟壮观的大楼。

说来也巧,之后,在检察院大门我遇到了之前一起面试的女生,她也是来报到的。在门口,她问我报到了没有,我说报到了,同时又辞职了。她惊愕道:真的啊?!我说是的。然后她也说自己犹豫不决,原来她考上了西南政法大学的研究生,正在纠结是上班还是上学。我说如果你喜欢公务员的氛围就上班,上班后再考个在职研究生也挺好的,或许还可以报销学费。如果你不喜欢这种工作,那有个上学的机会也很难得,但是三年之后你就不一定有机会进检察院了。后来她说她也不去报到了,但是最终她究竟去了哪里至今也不得而知,也许她和我一样放飞了自由的梦想。

刑辩之路即将开启

接下来我着手考虑重新做律师的事情。

其实,毕业之前我就反复考虑过继续做律师的事情,也曾几次跑去北京,就是看看能不能在北京做律师。当时我的一位校友已经在北京开了一家律师事务所,我也去那里看了。这次"抛弃"检察院之后我再次前往北京找到这家律师事务所,事务所主任也是西北政法大学研究生毕业,当时正在中国人民大学读博士,也许是校友的亲切,我当即决定入职这家律所。接下来开始烦琐的律师执业手续办理。仅仅办理这个手续居然就用了半年时间!2004 年年初我才拿到北京律师执业证,成为一名真正的北京律师。

之所以决定在北京执业,其实也是因为我隐藏在内心深处的一个大律师之梦。那时的我有着一种朴素的想法,我想,做律师,就一定要做大律师,而大律师必定出在京城。

拿到了北京律师执业证的我其实更加茫然,那时的我在北京无亲无故,律师业普遍面临的案源困境如影随形。我知道在这样的一个大都市肯定会有无数的机会在等着你,但是我更知道机会一定是给那些有准备的人的。所以,在没有案子的时候我并没有像有些新手那样整天琢磨通过什么手段迅速建立自己的人脉关系,拓展案源。风物长宜放眼量,我更看重的是选准方向,历练自己,我相信,只有实力才会给你最终的机会和选择!

当时由于工作经验的关系,我决定从刑事案件入手,于是我就开始研究当时中国大牌的刑事辩护律师。我几乎看遍了所能找到的关于刑辩的书籍,研究那些大牌律师办理的每一起案件,他们的辩护词、代理词我都研读过无数遍。慢慢地我发现刑事辩护——这门承载着人们生命与自由的领域或许才真的可能是成就我大律师之梦的唯一领域。

那时的我,在北京整天拿着律师执业证无用武之地,我也本能地拒绝一些普通的刑事案件,因为我始终觉得那些不是我的领地。我只是每天到办公室琢磨刑事辩护的各种路径和方法,阅读大量的世界各国刑事辩护案例。

在这样煎熬又平静的日子里,我在苦苦坚守,但是冥冥之中我预感到,大案即将来临。

无罪辩护首起要案

——马廷新故意杀人案

启程

记不得是哪一天,我在办公室研究了一夜的辛普森案,直到早上还兴奋不已,我在想,在美国居然能有律师把这样的案子辩成无罪释放,这在中国简直就是不敢想象。我也在想,假如遇到了这样的案子我会怎样辩护。

出门前往住处,迎着晨曦,内心还沉浸在辛普森案件的惊心动魄中,无心感受京城乍暖还寒的温度。

回到我所租住的地下室门口,我看到了一个熟悉的身影,他抱着双肩疲惫地坐在台阶上,此人正是在西安外国语大学任教的研究生同学老董。怎么没打招呼就来了呢?研究生第三年我们曾在这里一起租住过地下室考博,如今他又找到这里,是不是又要来京考博了?

叫醒睡眼蒙眬的老董,进屋后,他说时间很紧,今天还要赶回西安去,明天还要上课。于是他开始谈及此行的目的:他老家有一起灭门血案,被告人可能是冤枉的。被告人家人找到他这个学法律的研究生,希望他能帮助申冤。但是他说自己目前还在学校教书,抽不开时间,也感到案情重大,自己经验不足,怕有所闪失误了人家性命。他在众多学法律的研究生同学中反复考量,还是挑中了知根知底的我出征此案。

血腥命案

河南鹤壁,一座美丽的新兴城市,被誉为内地最干净的淇河穿城而过。

2002年5月30日,鹤壁浚县梨阳镇东马庄村一家三口被杀,案件现场惨不忍睹。这起灭门血案中,村民陈连荣及其7岁的儿子马昂、4岁的女儿马萌在家中被杀。经法医鉴定:陈连荣、马昂系他人用锐器切断左颈动脉,致大失血而死亡;马萌系他人用单刃刺器刺入颈椎致脊髓损伤而死亡。这是一起典型的灭门血案,凶手作案手段之残忍,令人发指。

一时间整个鹤壁笼罩在一种惊恐不安的阴霾中。

无疑,这样的一起命案给当地公安机关带来了莫大的压力。鹤壁本就是一座新建的城市,警力不足。案发后河南省公安厅指示临近的安阳市公安局和濮阳市公安局全力配合鹤壁市公安局的工作,公安厅也派人现场指挥,最后公安部直接派出两批专家参与破案。使得这起本就是公安部挂牌督办的案件更加引人注目。

这又让人们联想到河南开封当年发生的"9·18盗窃文物大案",当时的开封市公安局长武和平曾在专案组成立的大会上宣誓:三个月破案,破不了就地辞职。这种口号式的誓言的确令人鼓舞,武和平真的就按期破了"9·18大案",他也因此案的成功调任公安部任职。

但是,这个案件的复杂性也许远远超出了"9·18盗窃文物大案",破案的艰难也远远超出了人们的想象。"5·30"案件不仅惊动了省厅和公安部,也给当地的党政领导带来了无形的压力。地方政府在此案中全力配合公安机关进行地毯式排查,一度参与案件侦查的警力达到100余人,专案组在东马庄村驻扎了100多天,东马庄村几乎所有的成年男性村民都接受过调查。

马廷新被锁定为凶手

本村的马廷新在村外一里多的地方办了一个养鸡场,那时他还给专案组吃饭的饭店送鸡蛋。当年38岁的马廷新原本是浚县畜牧局的下岗职工,妻子菅素玲在村小学任代课教师。

那一段时间,马廷新和大家一样,希望尽快抓住凶手,给死者一个交代。可是他怎么也没有想到在案发后三个月的最后一天,自己竟被公安机关认定为杀人凶手。

2002年8月30日马廷新被抓,但是我们从案卷中看到的对马廷新的刑事拘留时间是2002年12月14日。

同年12月25日,马廷新被批捕。

马廷新被捕后,他的妻子菅素玲聘请了当地的一位律师,这位律师也做了大量的工作,我介入后,他与我完成相关案件的工作交接,之后我便全力投入该案的辩护工作。

首入鹤壁

与美国不同的是,中国实行的并不是陪审团制度,案件的最终解决靠的不是陪审团的意见,而是主审法官以及审判委员会的意见,而他们的基本思维就是强调"实事求是,不放过一个坏人,也不冤枉一个好人"。因此在这种背景下,刑事辩护在一定的程度上往往不是纯粹的辩护,有时候会变成协助警方查明案情。我注意到,在美国,很多专业的刑事辩护律师并不要求被告人向他讲述案件实情,他们甚至会协助当事人掩盖实情,以期达到脱罪的目的。但是在中国,我们现在所能做的还仅仅是保证我们的当事人不被冤枉。因此,我们采取各种策略的前提往往是告诉当事人及其家人:必须告诉我们实情,即"交底"。否则我们可能付出异常艰辛的努力,甚至连侦查人员都没查到的证据都被我们查到了,结果证明案子真的是你做的,那还谈何辩护。

所以,接手此案后,我就一直在想这个案子到底是不是马廷新干的,他究竟冤不冤枉,我必须要有个底。

4月的鹤壁春意并不盎然,那一晚我乘坐火车从北京来到了鹤壁。一见到菅素玲,首先就向她表明了自己的态度:如果请我做辩护必须做到两点,一是要协助我找到足够的理由和证据;二是必须说实话,如果马廷新真杀人了,作为妻子不可能没有发现任何蛛丝马迹。菅素玲听完后哭着说,她以性命担保,马廷新绝对没有杀人。即使付出再大的代价,她也将配合我去调查。说完拿出一大摞她已经写好的材料,上面详细陈述了从2002年8月马廷新被抓捕3个多月后才出示逮捕证的程序违法情况,以及2003年里马廷新的父亲、儿子、堂兄先后被公安机关拘捕及其他村民因作证而被抓的详细过程。

于是,我投入全部的精力开始研究此案。

而那时本案已经开过一次庭了,我首先向法院递交委托手续和律师事务所公函。不承想第一关就被卡住了。那天早上我带着菅素玲到鹤壁市中级人民法院刑二庭递交手续,但是负责本案的法官却调走了。于是我找到刑一庭庭长,据说这个案子事实上是他在负责。我找到他办公室之后说明来由,这位庭长立即关了办公室的门向电梯走去,同时说:你别想介入这个案子。当时我就感到一种莫名的怒火:我作为律师,受当事人委托介入案子是我的工作职责,你作为法官怎么第一句话就说"你别想……!"难道我受理案件还需要法官同意吗?说完他走进电梯扔下一句:我还要开会!看着已经关闭了的电梯门,我和菅素玲在法庭走廊里不知所措。后来我将委托书和律师事务所的公函用特快专递又寄到了鹤壁中院。

接下来的工作就是研究案情,这个案件一审开完庭很久了,但是一直没有消息,我必须要赶在一审宣判之前再度约见法官,提交辩护意见。

"就是他"——测谎?

实际上,马廷新被抓,并不是因为有了证据方面的突破,而是在一个特殊的日子里专案组动用了一个特殊的手段,即"测谎"。2002年8月的淇河岸边,依然骄阳似火,无论是公安部的专家还是当地的公安局领导都如坐针毡。快三个月了,案件的侦查工作没有任何进展。各种线索汇聚上来又一个个被否决。附近几个村子从16岁到50岁的成年男子一个个被叫来比对脚印,也无济于事。转眼到了2002年8月底,案件侦破到了军令状的最后期限,专家组想到唯一的希望就是能不能靠测谎来解决这燃眉之急。于是专案组聘请了当时最权威的测谎专家,中国某知名大学心理测试中心主任,某著名测试专家。8月30日,马廷新和同村的几个人被警方带到浚县的一个宾馆进行测谎。

据马廷新回忆,简单地问了几句话后,一位测谎人员说:"就是他!"

于是马廷新当即被收押,巧合的是那一天时间节点正好是公安局长立下三个月破案的"军令状"的最后一天,似乎天道神助,靠着神秘的测谎结论,马廷新成了"灭门血案"的凶手!

一时间浚县东马庄村似乎阴云洞开,公安机关也大开庆功宴,各级立功授奖的活动也开始逐级申报。后来的消息证实,当年参与办理本案的侦查人员几乎全部立功、升职。

我在研究案情时,对这个测谎格外感兴趣。我知道,最高人民检察院曾有专门文件批复说对于测谎结论不能作为证据使用,仅可作为侦查线索。但是我知道马廷新的案子是在没有任何证据的情况下仅靠测谎结论就确定了马廷新为凶手的,并立即对其采取了强制措施。而且测谎的时间正好是坊间传闻的军令状届满的最后一天,这其中是否有蹊跷?否则怎么解释马廷新被采取强制措施后,在长达三个月的时间里居然没被送进法定的羁押场所——看守所,家人也未接到任何通知,案卷也没有显示这三个月羁押情况的任何记载?

我甚至想,军令状届满的那一天如果不是马廷新,是不是也必须得有另一个人成为凶手。毕竟大限已至,大话已出,如何收场对有些人来说将是一个极为头疼的问题。

于是我就准备从这份测谎结论入手。

无巧不成书,随着对测谎信息的检索我居然发现在这个案件中对马廷新进行测试的测谎专家,正是轰动全国的湖北钟祥四教师投毒案中的那位测谎专家——前述的那位心理测试中心主任。而这个湖北钟祥的案子在不久前中央电视台《新闻调查》栏目有过报道,我还记得主持人就是中央电视台的调查记者柴静。

看看下面的这篇报道也许能帮助我们进一步了解钟祥的这起案件:

钟祥特大投毒案证据不足撤案 四教师疑遭刑讯逼供

(2004-08-11 06:47:36)荆楚网《楚天都市报》记者蒋绶:

2001年5月6日,正值"五一"长假,荆门钟祥市贺集二中(现已改名为石牌三中)初三年级的170余名师生,为迎战即将来临的中考,赶至学校补课。

在学校食堂吃完早餐后,不久,便有人捂着肚子痛苦地呻吟起来,更有人口吐白沫,不省人事……

他们被立即送往医院抢救。经统计,共有136名师生集体食物中毒。幸亏抢救及时,中毒师生全部脱险。

案发后,荆门、钟祥警方组成侦破专班,在校食堂内用剩的面粉、馒头和中毒人员的呕吐物中,发现有剧毒药物"毒鼠强"成分。

在侦查过程中,警方用测谎仪排查嫌疑人,贺集二中的副校长潘楷和教师王克政、毛守雄三人反应明显。三天以后,三人作出了有罪的供述,并供出了测谎反应不明显的邓宗俊。在随后的审讯中,四人全部承认了投毒的事实。同年5月15日,4人被抓获。

5月18日,钟祥警方召开新闻发布会宣布,贺集二中特大投毒案告破。

警方宣布破案后,四名嫌疑人被称为"虎狼教师"。侦破此案的钟祥市公安局及参加侦破工作的民警则受到了记功表彰。

翻供:4被告称,遭到刑讯逼供,检察院撤回起诉

2001年8月16日,钟祥市人民检察院对潘楷等4名犯罪嫌疑人提起公诉。

2001年9月5日,贺集二中投毒案在钟祥市人民法院第一次开庭。

让人始料不及的是:四被告均在法庭上翻供。翻供原因都自称"受到警察严刑逼供""作了虚假陈述"。

同年9月18日,钟祥市人民法院第二次开庭审理。据介绍,这次庭审,大部分时间都是在质证。公诉人出示了40多份材料,但对公诉人出示的材料,被告方均表示"有意见"。法庭不得不宣布休庭。

2001年12月3日,检察院以案件的事实和证据有变化为由,要求撤销起诉。钟祥市人民法院当庭作出准许撤诉的刑事裁定。

在检察院撤回起诉后,案子退回到钟祥市公安局补充侦查。

释放:被羁押603天后,4人因犯罪证据不足,被取保候审

潘楷等4人被逮捕后,4人的家人四处喊冤,2002年3月28日,钟祥市公安局决定对4人"取保候审"。

2003年1月,在4人已被羁押了18个月后,经钟祥市政法委协调,同意4人出

狱后在当地教委工作,并许诺一年后给予他们"是否有罪"的答复。

2003年1月7日,在看守所中被羁押了603天的4位当事人,办理了取保候审手续,回家过年。《释放证明书》上都写着:"因证据不足,予以释放。"

同时,4人被告知,法律规定取保候审的期限是12个月,所以一年内此案仍属补充侦查阶段。4人投毒的罪名是否成立,最终还要看这一年内,公安机关是否会有新的调查结果出来。

撤案:4名教师终于被宣告无罪

2004年1月7日,一年的时间到了,潘楷等人仍然未得到是否有罪的答复。4月7日,他们来到武汉,将案情反映到省人大。省人大、省公安厅、省高法等相关部门负责人认真听取了他们对案情的反映。同时,此案也引起了最高人民检察院和公安部的高度关注。

7月19日,中央电视台《新闻调查》栏目,以"钟祥贺集二中师生中毒案再度调查"为题,通过记者的多方取证,报道了该案中的潘楷等4人是否受到刑讯逼供。

与此同时,钟祥警方一直未能找到能够证明4人投毒的有力证据,也未能发现其他人作案的线索,使得该案始终处于无法继续侦破的尴尬局面。

2004年8月9日,钟祥警方给潘楷等4人每人送来了一份《公安局撤销案件决定书》。其中称:"我局办理的潘楷等四人投毒一案,因证据不足,根据《中华人民共和国刑事诉讼法》第130条之规定,决定撤销此案。"

但是直到今日,我们也不知道"钟祥四教师'投毒'案"的真凶究竟是谁。

但我们知道,当初协助侦破这个案子的专家,正是本案对马廷新进行测谎的"神探"。

这个案子使得我对中国测谎技术产生了高度的质疑。于是我开始关注中国测谎技术发展的历史。在研究中我发现,中国的测谎技术是公安部刑侦局原副局长刘文1983年在日本考察期间引进中国的,而日本的技术则来源于美国。美国的测谎技术成熟于20世纪20年代。但是该技术即便在美国也普遍认为存在25%左右测不准的情况,而如果是针对受过特殊训练的人,这项技术也许就没有意义。

通过对测谎技术的研究,我发现这种技术的核心是靠设计有效的问卷,而问卷的设计又全凭测谎人员对案情的把握和问题设计者的智力水平,更重要的是测谎结果与被测谎人的心理素质也关系极大。这让我联想到我国古代的"五听"审判制度，其本质不就是靠审判者的"察言观色"吗。"察言观色"当然有一定的参考价值，但是单凭这些定案显然有失精准。同时也让我联想到小学时我的一位同桌丢了块橡皮，老师在班里说，我知道是哪位同学拿去了，谁拿去就自己悄悄还给他，而那一刻我感到血猛地涌上脸颊。但是，同桌的橡皮与我没有半点关系，我也不知道他丢哪里去了，甚至我都不知道他丢了块橡皮。由此也可看出，案件本身信息的不确定性和被测对象的不确定性就决定了这种技术用在破案上，其"测"出的结论不会是绝对"无误"的。这套主要通过设计问卷并观察被测试者对案件情况反应的心理轨迹作出判断的测谎理论，其实是有先天缺陷的。那些看似复杂的数据、图形本身并不会说话，也不能得出被测试者话语的真伪，其本质还是受制于测谎者和被测谎者双方的主观判断。"邻人疑斧"这个中国成语不正好是印证"犯罪嫌疑人"锁定的是否准确，与"测试者"的心理状态有关系的吗？另外，即便是问题设计，如果案发时间过长，被测试者已经了解了相关案情，那么这时候的精细设计也许就不那么灵光了，而这些问题在我国的研究中似乎并没有新的突破。

所以我就侧重收集有关公开报道中出现的因测谎错误而引发的冤案，结果发现冤案不仅有，而且还很多很大。随着资料的收集，一个诡异的现象显现出来了，我发现并不止一起重大冤案背后的测谎专家来自中国某知名大学心理测试中心，或是其培训出来的各地测谎技术人员，而在这些案件中，他们所使用的理论依据和技术设备几乎完全相同。

我发现了除了钟祥四教师投毒案外还有几起典型的因测谎错误而导致的冤案。例如：震惊全国的云南警察杜培武杀人案；冤狱达八年之久的云南孙万刚杀人案；无罪释放的安徽机电学院刘明河杀人案。这些重大冤案的"凶手"无一不是曾被所谓的测谎专家认定为犯罪嫌疑人。想当初，测谎专家也都有理有据地说：就是他！然而就是这三个字却使得一个又一个无辜的人饱受着心灵和肉体上的伤痛。因为，这些案件的当事人在被测谎认定为犯罪嫌疑人后，无一例外的都受到了残酷的刑讯逼供。

非常具有戏剧性的是，我在对马廷新案的研究和调查中发现此案所谓的测谎实际上并不是进行了一次，而是进行了两次，而且两次测谎并不是同一个单位进行的。第一次测谎的结论是排除了马廷新的作案嫌疑。这一情节我是通过会见马廷新并与其多次交谈后了解到的(据他讲另一次测谎是濮阳市公安局的专家进行的)。

于是,我就想能不能从测谎这个看起来并不能作为直接证据使用的结论入手找到突破口。因为马廷新案除了测谎后的有罪供述外,没有任何可以证明他实施犯罪的其他证据。我分析公检法人员也正是"迷信"了这个测谎,可能才会在内心确信——至少是怀疑马廷新真的是杀人凶手。但是如果我能够说清楚本案的测谎本身就不可信,特别是一些公开报道过的本案的测谎专家参与测谎,但最终事实与其结论相反的案件,那么我相信仅存于法官内心之中的那一点点确信或者怀疑就会发生颠覆性的变化。加上马廷新本人在庭审中全盘翻供,所谓的证据体系将会轰然坍塌。但是我必须要找到一种能令人信服的理由来说明这一切,仅仅有怀疑和质问是一定不够的。后来,我终于发现了一个非常"有意思"的理由。

在收集资料的过程中,我发现这位专家曾在多种场合表示,他的测谎理论认定嫌疑人不能完全准确,但是排除嫌疑人却可以百分百准确。通过他的测谎实验,测谎认定的准确率会达到98%,即通过测谎认定某人有作案嫌疑,那么98%就是这个人作的案;如果测谎认定不是某人作的案,那么100%就不是这个人干的。这是他测谎理论的逻辑基础,而作为中国测谎鼻祖的该专家,他的这套理论是在全国公安机关普及推广的,也就是说全国大范围的公安机关测谎技术人员用的是他的这套理论。

那奇迹就出现了:因为在这位专家通过测谎认定马廷新是犯罪嫌疑人之前,濮阳市公安局的一位专家也对马廷新进行过测谎,但是他测谎得出的结论认为这个案子不是马廷新干的。而他们两位专家所使用的测谎的方法和理论依据甚至技术设备都是一样的,那这里就出现了一个矛盾:如果前述专家的那套理论是成立的,通过濮阳市公安局的测谎结论,排除了本案是马廷新干的,那100%就不是马廷新干的;如果按照该专家的测谎结论是马廷新作的案,那么也只有98%的可能是马廷新干的。

好了,当我们面临98%的可能和100%的否定两种选择的时候,即便不考虑疑罪从无的司法原则,仅仅根据简单的数学概率是不是也应该排除对马廷新的怀疑呢?论证到此,我相信这种说服法官的方法具备一定的力度。至少,我们可以告诉法官,本案还有合理的怀疑没有得到排除,必须要刀下留人。

可见,测谎既神秘又可怕,神秘在于人们对它的不了解,可怕在于它可能会成为破案者的迷信。一旦测谎将嫌疑人锁定于某个无辜者,那么,在没有其他证据的情况下,侦查人员极有可能更加确信其所冤枉的无辜者就是凶手。那么,为获取口供以及更多的证据或者线索,逼供自然不可避免。马廷新案就是这样,因为这个测谎专家的错误结论,马廷新被戴上了犯罪嫌疑人的帽子,并同云南的杜培武、湖北钟祥的四教师一样,在残酷的刑讯逼供下,违心又无奈地招供,给了警察所需要的一切。

不仅如此,比较这几起案件,特别耐人寻味的是,这些无辜的被告人,经测谎被认定为嫌疑人后,不仅有认罪的笔录,还有认罪的同步录像。云南的杜培武有招供的录像、湖北四教师也有招供录像、本案的被告人马廷新也有招供录像。

荒诞的杀人动机

除了测谎以外,警方经过调查了解,还认为马廷新有作案动机。公安机关了解到马廷新的父亲担任过马庄村村支书,和死前担任村妇女主任的陈连荣产生过矛盾,为此两家的关系一直闹得很僵。两年前,马廷新曾和死者陈连荣的丈夫马彦胜发生过争执,其中,最为严重的一个情节就是有证人证明马廷新还踢过对方一脚。

公安机关还提供了一份 2003 年 2 月 27 日马廷新在看守所里写的长达 5 页的"自首书",内容是陈连荣与其夫马彦胜曾经去检察机关告发过马廷新的父亲,马廷新便怀恨在心,伺机报复。2002 年 5 月 30 日晚,马廷新在鸡场打牌,吃完晚饭后,回到自己住室,又喝了六七两白酒,他在喝酒的过程中想起陈连荣的爱人马彦胜不在家,就戴上平时干活用的线手套,携带一把单刃尖刀,跳进陈连荣住室,将其全家三口杀死,从案发现场拿走一些现金后逃跑。在换完衣服后,马廷新继续来到鸡场打牌直至次日两点。

证人被抓

在案件的调查初期,案发当晚与马廷新一起打牌的几个人曾为马廷新作了书面证言,证明他们在 2002 年 5 月 30 日晚上和马廷新一起都在鸡场打牌,马廷新没有离开过,以此证明马廷新没有作案时间。收集到这些证据以后,马廷新的父亲将其提交给公安机关,这位善良的老人,当了一辈子的村干部,本以为有这些便能证明儿子的清白,不承想,公安机关拿到这些证据之后不仅没有引起足够的重视和进一步进行调查核实,反而一夜之间将六名作证的村民全部以刑事拘留的形式抓进看守所。他们分别在看守所被关押了几天至四十几天不等后才被放回。但是他们出看守所的条件就是必须改变证言。

后来,我在调查这些被放出来的证人时,他们还个个心有余悸。我通过各种途径了解到,办案人员同样采取威胁、引诱的手段,向几个证人施加压力,直到他们违心地做出公安机关所需要的证言为止。同一证人被多次反复讯问,但是公安机关并未提供案发当时对证人的调查笔录。快现民、赵劲松、马连根、赵海星、赵伟伟、马连青是案发时与被告人在一起打牌的重要证人,2003年1月12日,以上六人均写证明证实被告人打牌时未离开现场,无作案时间。然而,2003年1月12日之后,公安机关多次在公安局、刑侦支队、看守所等地对以上证人进行"询问",使他们的证言最终从"没离开打牌场"演化成"记不清马廷新是否离开"。

为了彻底查明当天晚上马廷新到底有没有离开打牌现场,我又分别找到一些证人进行调查,但是他们已经不敢给我作证了。只是吞吞吐吐地讲述了他们被公安机关抓去后的情形。其中一个人说:我说马廷新当晚打牌就坐在我身边,他哪一局取了什么好牌,赢了多少钱我都记得。但是公安人员说,人家都记不准了,他妈的就你记得清楚。最后我只好也改说记不清楚马廷新是否有离开过。另一位证人则说:我说马廷新除非是孙悟空,拔了根汗毛又变了一个人出去杀了人,结果被警察扇了一耳光,最后也只好把证词改为可能马廷新中间出去了一个小时又回来了。

其实这些问题在一个牌场非常容易查清楚,因为马廷新是打牌人之一,如果中间他有离开,那么一定就会有人接替马廷新的位置。但是马廷新自己恰恰能说得清楚自己哪一局赢了还是输了,对方是谁,坐在自己旁边的是谁。但是这一切都没能证明他自己。因为此时,在测谎结论的锁定下,他说什么也无济于事了。

但是,奇怪的是,既然马廷新没有实施杀人行为,为什么在案卷中却又有他多次的认罪笔录呢?

在看守所里我们通过多次会见,马廷新才讲述了他在案卷中"失踪"的几个月时间里所遭遇的一切。

残酷的刑讯逼供

在与马廷新会见的过程中,我们获悉公安人员对其采取了刑讯逼供、威胁、引诱等手段,行为极其残暴。从2002年8月31日马廷新被非法拘禁之后,就备受折磨,在浚县公安局,刚开始是将他两手吊起,四肢均不着地,不让吃不让睡,要口凉水都不给喝,九天时间,只大便了一次,一直过着非人的生活,后来才让戴着械具睡觉,一个月下来,马廷新的胳膊和双腿都浮肿了。除此以外,公安人员还特意为马廷新发明了"上墙"(将马廷新的两只手用膨胀螺丝连上手铐固定在墙上,脖子上套一根铁丝固定在地上的一个膨胀螺丝上)、"上绳"(背绳捆绑手臂)"上夹棍"(用筷子夹在手指中间,然后用绳子绑紧)、"骑马"(从屋梁上吊根铁丝让他跨在上边,公安人员用手拉铁丝,不超过三次就会晕死过去)、用打火机烧胡子等逼供的方式。审讯期间,困了就用报纸卷一个圆筒往嗓子里吹辣椒面、晕了就用夹子夹人中穴。马廷新还说他还保留有公安机关刑讯逼供对其致伤时沾有血迹以及公安人员为其用药后留下痕迹的衣服,还有"上墙"时被手铐勒破了衣袖的毛衣。更为严重的是,2003年春节后的一天,鹤壁市公安局警察张某某(现提升为县公安局副局长)将马廷新带到市局院子让马廷新脱掉鞋子,光着脚丫站在雪地里,并要求他将脚下的雪暖化后换一个地方继续暖。当时的马廷新只穿一件毛衣,而张某某却穿着棉大衣对马廷新说:"马廷新,今天你就是一块铁我也要把你熔化了,你看看是市局的水平高还是县局的水平高,我收拾你还看不见伤,不像县局把你弄出血了。"这些刑讯逼供的外伤在我会见时仍然存在,尤其是手上被夹的伤痕,身上、脖子上被勒的伤痕和腿上被勒、被打的伤痕赫然在目。

在办理马廷新一案的同时,鹤壁市公安局又发生了别的刑讯逼供打死了人的事件,引起社会关注。而且,公安机关在这以前也是有刑讯逼供"前科"的。据公开的报道,这里曾发生过在全国引起强烈反响的"处女卖淫案",也发生过因刑讯逼供致人伤残和死亡,并致使数名警察被判刑的案件。

然而,最终压倒马廷新的也许并不是刑讯逼供。因为除此之外,鹤壁市公安机关又采取了更为恶劣的手段来对付马廷新。他们将正在病床上输液的马廷新之妻营素玲强行带到看守所,以看守所大门口的牌子为背景进行拍照,然后将营素玲在看守所门口戴着手铐的照片给马廷新看。不仅如此,他们还到学校将正在上学的马廷新年仅十六岁的儿子马爽带到公安局,让马廷新在楼上看着警察把他儿子送进曾经对他刑讯逼供的地下室。并将其和母亲分开,对这个未成年的孩子进行审讯和威胁。公安人员对他说,如果你不招供,你的家人都会被牵连,跟着你受罪,你还是快认罪吧。还有一天警察突然将马廷新带走说带他去看一个人,警察将马廷新装在一个桑塔纳旅行车的后箱里,将其带到了邻县看守所,在大门口他们让马廷新通过车窗往外看,此时正好有一个老头戴着手铐脚镣在看守所大门口走了一下。这一看,马廷新懵了,这不正是自己的父亲吗,父亲犯了什么罪也被抓了?

为了彻底迫使马廷新家人放弃为其申冤的行动,公安机关先后抓了马廷新的妻子、儿子、父亲,后来家里仅仅剩下一个四岁的小女儿无人照看。

马廷新的父亲马金兰是村干部,为了对其施加压力,当地甚至动用纪委出马,将其担任村支书几十年以来的账目查了个底朝天。这一切目的很明显,就是谁帮马廷新申冤就抓谁。然而令纪委人员都不敢相信的是,由于马金兰自己不会算账,他有个奇怪的办事方法,就是将公款和私款严格分开,而且是用物理隔离的方式分开。他将公款和账本锁在一个独立的箱子里,每一分公款的进出全部从这个箱子里拿。哪怕是一分零钱也不会和私人的钱混在一起。纪委在查了几个月之后居然没发现马金兰在担任村干部几十年期间一分钱的贪污受贿问题,反而账上还多了8分钱,最后也只好不了了之,放他回家。

也难怪,我在一次调查取证时到了马金兰的家里,看到的真实情况也让我颇为吃惊,在这位干了一辈子村干部的家里,我所能看到的场景就像电影《平原游击队》里展示的农民家庭一样,进去大门有一张木质的案板,旁边放了一个大水缸,除此几乎找不到任何值钱的设备。这也难怪马金兰在当地百姓当中口碑极佳,所以连年当选村干部。

马廷新还说在其被刑讯逼供下被迫承认了杀人犯罪后才被送进鹤壁市看守所。当时他身上的伤还没有好,办案警察将治伤的药水一起送到看守所,但是看守所警察看到他的伤情后并不愿意接收。马廷新说,后来办案警察和看守所协商了很久才办好收押手续。

危险的探亲

如果说对马廷新的刑讯逼供是一种难耐的肉体折磨,那么一个更具阴谋的情节听起来一定会令人毛骨悚然!马廷新被羁押期间,家里一位亲人离世,这位亲人也并不是马廷新的直系亲属。对于这样一起灭门血案的嫌疑凶手,正常情况下谁也不敢懈怠说让他回家奔丧。但是有一天办案警察却来告诉马廷新:你家里有人老了(去世了),我们放你一天假回去奔丧。马廷新自己都不敢相信自己的耳朵了:我涉嫌命案,而且是三条性命,难道真的会把我放回家去?这种疑问很快被打消,果真马廷新被放回家去了,而且还没有人陪同押解。

马廷新回到家中参加完丧礼,正琢磨着会不会有警察再来抓他,但是这一天还真的没有警察来带他回去。那天晚上,他的一位亲戚看着他关了那么久,也没洗过一次澡,就带他到洗浴中心洗了个澡。洗澡的时候马廷新还对那位亲戚说:我看公安好像真的要把我当成杀人犯了,那真是很吓人,但是也理解,毕竟这么大的案子破不了,对一个嫌疑人刑讯逼供也属正常,当时的马廷新还在这么想。而那位亲戚却感到纳闷,既然你马廷新被公安部专家拍板当成犯罪嫌疑人给抓了那么久,又实施了那么残酷的刑讯逼供,你也招供了,怎么可能会放你回家一天而且还没有人监视,这种情况极不正常。那一夜他们俩在洗浴中心分析了一晚得出结论:这里面一定有阴谋,会不会是公安机关破不了案,也明知道不是你干的,即便强行走下去,证据上也不一定能通过检察院和法院,会不会是借此机会放你跑掉算了。但是马廷新说,我不跑,我没犯事一跑反而说不清楚了。再接着分析下来他们就忽然觉得背后冒出一股凉气,原来他们分析道:这么大的案子,公安部的专家来办的会让你跑掉?跑掉还要再抓回来。那么,彻底解决此案也许只有一个办法:畏罪潜逃,当场击毙!想到这里他们俩不寒而栗,一夜没合眼。怕出意外,第二天一早他们家里几个人陪着一起又将马廷新送回公安局了。

而这一次送回来就没有那么简单回去了,这一回预示着马廷新又将开始五年之久的真正炼狱生活。

这一情节背后的故事尽管来自马廷新的分析,但是后来还有个情节倒真是让我倒吸了一口凉气。马廷新说他的案子从浚县公安局后来到了鹤壁市公安局,有一次提审后,一个队长将马廷新叫到楼上走廊里说:马廷新你不好好招供,你信不信我一脚把你踢下楼去,然后一枪崩了你,就说你畏罪潜逃。马廷新说那一刻他才真正明白了那次放他回去的真正目的,他说自己在这个问题上还是做得对的,尽管回来后受尽了苦头,但是总比不明不白被一枪击毙还落得一个灭门凶手的罪名要强。

审判一波三折

善良的马廷新还期盼着警方能还自己一个清白的时候,殊不知,他已经被警方确定为"5·30"惨案的犯罪嫌疑人。

2003年11月27日,鹤壁市人民检察院向鹤壁市中级人民法院提起公诉。同时,死者家属也向法院提起附带民事诉讼,索赔10万余元。

2003年12月15日,鹤壁市中级人民法院公开审理此案。公诉机关也在庭审时提供了18组证据。一天庭审下来,当地的律师也为马廷新作了无罪辩护,但此次开庭后便无下文。

正是在这个节骨眼上,我正式介入马廷新案。通过之前研究的案情,我写了第一份辩护意见。但是这份辩护意见却交不出去。当时主办此案的主审法官已经调离了鹤壁市中级人民法院。我又带着菅素玲找到这位原主审法官新上任的淇滨区法院,在那里终于找到了她,这位女法官认真地接待了我们,当我提出本案存在严重的刑讯逼供,证据严重不足,并且已经严重超审限时,这位女法官说:"这个案件很复杂,我们之所以超期没有下判,正是法院很慎重的表现。"在提出了我的一系列辩护观点之后,这位女法官说:"请放心,我们一定会认真审理此案。"

此后又过了几个月,依然没有消息。

当时,全国正在大力清理超期羁押问题,于是我便开始将本案严重超期的问题写成书面材料,采取地毯式轰炸的方式先后向最高人民法院、最高人民检察院、全国人大、国家信访局、河南省高级人民法院、河南省检察院、河南省人大、河南省政府信访局等各级可能相关的单位投寄信访材料。那一时期,我甚至每一周就投寄一遍这些材料。直到十多年后的今天我还保留有当年已经封好但是还没有邮寄完的材料。

2004年7月23日，鹤壁市中级人民法院一审开庭宣判，宣判前，马廷新的家人个个神情黯然，因为他们不知道结果到底是凶还是吉，在此之前多方打听也没有任何消息。在进入法庭的那一刻我看到他们眼里都噙着泪。我也被这种情绪感染着，毕竟，一个公安部督办并宣布成功告破的"灭门血案"，谁都能想得到会是什么结果。因为按照一般的逻辑，如果不能认定，起码也不会等到法院判决无罪，常规的处理模式一般都是悄然撤诉或者根本不起诉，然后以取保候审的形式不了了之。

事实上，后来媒体曝光出来的同时期河南多起证据不足的命案就是通过取保候审消化掉的。如河南濮阳的胡电杰杀人案、河南商丘的杨波涛杀人案。

那天上午，鹤壁中院审判大厅座无虚席，上百名警察坐在审判大厅中间，将被告人家属和被害人家属分开两边。那阵势严肃得令人生畏。尽管还是夏天，但我的心里却在冒着阵阵凉气。

审判长开始宣读长长的判决书，听着听着我发现用语发生了变化，当审判长对一些证据评判时用的是"不足以证明"这种句式时，我感到有希望了。但是紧张的心情一刻也没法放松。我不敢相信在那个法庭上能听到"被告人无罪"的宣告，但是我又是那样急切地期盼这宣告能够出现。

终于，在最后的时刻，我们听到"被告人马廷新无罪"的判决结果了，我们都惊呆了，几乎所有的人都不敢相信自己的耳朵。被告人家人不信、被害人家人也不信，我也不信。而我的不信不是怀疑这份无罪判决，而是我听到了极不正常的下半句。就在审判长宣告马廷新无罪之后紧接着我又听到审判长说道："将被告人马廷新带回看守所羁押"。

我知道即使是根据当时的法律规定也是被告人一审被宣告无罪后应当立即释放，即便不释放也应该变更强制措施，而不是"带回看守所继续羁押"。

尽管这样，我们还是松了一口气。而当时被害人家里的亲人就炸开了锅，他们在大声喊叫，早有戒备的大批法警赶紧上去维持秩序。

然而，这种惊喜和诧异掺杂的心情仅仅持续了九天，第十天，鹤壁市人民检察院就向河南省高级人民法院提起了抗诉，抗诉书中认为本案事实清楚、证据确实充分，鹤壁市中级人民法院的判决确有错误，依法提起抗诉。

备战二审

这个期间,我了解到对于本案的处理在公检法内部争议极大,他们为了搞清楚案件中唯一的核心证据,甚至都把本案中的公安部足迹鉴定专家请到鹤壁,也认真听取了公安部足迹鉴定专家的意见。至此,所有人均认为如果这个案件没有足迹鉴定,否定它很容易,但是恰恰这份足迹鉴定出自公安部最权威的专家之手,否定这一切就变得难上加难。对于辩护人来说,推翻这份鉴定就摆到了议事日程。

神秘的足迹鉴定

挑战权威的专家鉴定结论,对于一个外行来说无疑是痴人说梦。但是我知道如果这份足迹鉴定结论不能推翻,那么这起公安部督办的案子,现在又是检察院抗诉,二审结果难以预料。

时间紧迫,我马上投入巨大的精力从足迹鉴定技术的理论和实践开始研究,这期间我检索了大量的中外文资料,还针对本案足迹鉴定专家的学术成果进行了全盘的研究,收集到有关他的所有媒体报道和学术资料,通过技术分析后,最终我发现本案的足迹鉴定结论存在重大漏洞,我确信,我能推翻,至少我有说服法官、有使其产生怀疑的把握。

本案足迹鉴定专家王某某,曾经是周口市公安机关的工作人员,之前被聘为公安部刑科二所高级工程师。据报道,他协助各地公安机关侦破了一系列的大案要案,中央电视台还曾播出过以其为原型的电视连续剧。据传,他看一眼脚印就能判断出这个人的身高体重,生活习性等特征,在业界颇具影响力。

那么,这样的一位神人,他的足迹鉴定技术到底依赖的是哪些基础科学,他的核心技术到底是什么?围绕这些问题我开始寻找他的研究路径。我发现,他的足迹鉴定技术是跟内蒙古的一位叫马玉林的"大师"学的,马玉林是谁?原来,他就是中国足迹鉴定的鼻祖。然而这位马玉林老先生根本就没有上过学,那么他是怎么成为国家级足迹鉴定技术鼻祖的呢？这里面还有一个传奇的故事：新中国成立前他是内蒙古一个放羊的小孩，因为放羊的时候羊老丢，羊丢了就要挨打，所以他后来就练就了一双在雪地里凭肉眼看羊往哪个方向跑了的能力。新中国成立后，由于这项特殊能力，他被吸收进公安队伍，并开始研究足迹技术。据说他收集了十万双鞋子做研究，经验非常的丰富，但因为他没有读过书，他的经验没法写出来，所以只好在内蒙古言传身授，这种技术完全凭借经验积累，很难用现代科学的方法表述出来，有种只可意会不可言传的意思。公安部为了推广他的技术就在内蒙古举办了几期培训班。全国很多公安人员去学习，本案的足迹鉴定专家就是从他那个培训班学出来的。

那么这种足迹鉴定技术是否可靠呢，似乎从来没有人怀疑过。于是我就又开始检索足迹鉴定技术有没有出现错误或者不被法院采信的案例。后来发现，足迹鉴定技术并不属于一种绝对的科学鉴定，其带有鉴定者很强的主观判断，这种主观判断往往跟鉴定者的经验以及样本和现场检材的收集有很大关系。

接着，我又发现在中国，从内蒙古公安足迹鉴定培训班出来的还有一位与本案鉴定人王某某同样有名的足迹鉴定专家，他在江苏省公安厅刑侦局任职，也是公安部特聘足迹鉴定专家。比起本案中的几位专家，他无论在行政级别上还是专业层次上或者社会公信度上都要高出很多。然而，有意思的是，不久前这位江苏专家在一起案件中作出的鉴定意见也未被法院采用。在全国媒体上广为报道的被南京市中级人民法院宣告无罪并被江苏省高级人民法院驳回抗诉维持原判的王连伢强奸杀人案中，王连伢在现场留下的赤足足迹鉴定正是出自这位专家之手，但这一意见并未被法院所采信。在那个案件中，他也曾信誓旦旦地对江苏省高级人民法院的法官说：我的鉴定百分百正确！但遗憾的是，在后来公安部物证鉴定中心和最高人民法院司法鉴定中心的复检中，公安部物证鉴定中心的结论是鉴定不出来，而最高人民法院的结论为：在现有条件下，不能认定现场足迹与王连伢的样本足迹同一。

做好这些准备，我信心满满，就等着二审开庭。此时案子在河南省高院已经放了一年多，经过一轮又一轮的举报、反映、控告，终于，河南省高级人民法院决定二审于2004年12月29日再度开庭。

对于这次开庭，我实际上也准备了一年多时间，这期间多次会见马廷新，寻找证人，查阅各种技术资料，向各级机关反映案件中存在的刑讯逼供和超期羁押问题,但是这一切从来都没有得到回应。

蹊跷的"自首书"

这期间在我反复研究了马廷新的"自首书"时,又有了一个惊人发现:

我了解到马廷新文化程度不高,初中都没有毕业,我曾经到马廷新家里收集到他的一本日记,在这本日记中我发现他错别字连篇,突出的一点是他根本就分不清"的""地"的用法,但是看这份自首书,却写得语言通顺,文字熟练,特别是对一些字词的用法非常准确。而且我在会见马廷新时,曾针对自首书中的语言习惯叫他写了几句话,我发现与他在自首书中"的""地"运用自如、文字规范不同的是他根本分不清"的""地"的用法。

于是我就追问马廷新自首书是怎么写出来的。这一说不要紧,马廷新打开话匣子开始讲述一个神奇人物:袁连芳。这个袁连芳就是在2013年浙江高院宣告无罪释放的张氏叔侄案中的"狱侦耳目"。岁月的安排自有它的深意,这个神秘的人物竟然又在十年之后浓墨重彩地出现在我的另一个案件中,再度引发世人关注。

马廷新讲,他被关进看守所后,突然有一天又被关进了一个特殊的号房,13名在押犯全部被调走,专门安排了另外三个人与他一起住在这个特殊的号房里。在这个号房里,他一进去就被告知谁是老大、谁是老二,当时那个号房里就有一个叫袁连芳的被安排为老大,马廷新的一切行动都要听他指挥。而这个袁连芳的情况也比较特殊,作为一个杭州来的外地人,在这里经常烟抽,同号犯人都不得使用带把的牙刷,但是他可以用。更为不可思议的是,每次马廷新被提审说了什么,他也知道。后来他干脆逼迫马廷新按照他说的招供,如不从就会招致一顿毒打。这个袁连芳一方面逼迫马廷新认罪;另一方面又用一种特殊的方法诱使马廷新认罪。他说:现在案子冤也就冤了,但是作为一个男子汉,你总不能把父亲、老婆、孩子都搭进去吧。冤死自己算了,也不能让老婆孩子跟着受罪。这年头冤死的人多着呢。

不仅袁连芳这么说,公安机关的做法似乎也印证了他的判断。有一天袁连芳说今天提审你再不招,明天就要抓你父亲了。第二天马廷新就被带到淇县看守所门口看到其父亲被抓的场景(就是前面所讲到的情况)。有一天袁连芳说今天不招明天就要抓你老婆了,果然第二天警察就拿着马廷新妻子在看守所门前的照片来了。还有一次,袁连芳说你还不招明天就要抓你儿子了。马廷新不信,他知道儿子才16岁,还是一个正在学校上学的未成年人。怎么可能抓他?但是第二天马廷新就被带到公安局楼上,一个警察让他往下看,正好看到他的儿子被一帮警察押着送进了那个给他"上墙""骑马"的地下室。那一刻他彻底崩溃了。回到监室,袁连芳不失时机地前来安慰:我说的不错吧,赶紧招了算了,不然你家里的人全部要被连累。此时的马廷新万念俱灰,只好放弃抗争,只求一死,以求换得家人的平安。

但是不是他做的案,招也不知道怎么招啊。他都几年没有去过死者家里,编也编不出现场的状态啊。

正在这时,袁连芳的主意来了,说:我跟公安的关系好,我能知道现场的状态,这样,我帮你画个图纸,你记下来,下回公安提审你就按照我给你画的图纸来招供。包括人死在哪里、脚印在哪里、哪里是床、哪里是桌子、哪里是沙发等案件细节,甚至教他怎么招供杀人的具体情节、凶器处理的细节等各种问题。

在做完这一切后,马廷新又被袁连芳开导说,光认罪还不行,还得有个态度,我再帮你写个"自首书",你抄一遍。就是在这样的一种心理恐惧和肉体折磨下,马廷新终于按照袁连芳所写的"自首书"抄了一份。这份自首书抄好后又被袁连芳收回去,由他交给警察。

神秘的"证人"袁连芳

这个袁连芳不仅在监室里做下累累恶行,在马廷新的案卷中他又以一个证人身份出现了。

这个神秘的证人,正是后来在浙江张氏叔侄案被揭开了真实面目的"狱侦耳目"。而在当时这个证人的出现就引起我极大的怀疑。因为根据经验,在鹤壁看守所,马廷新是一个涉嫌灭门血案的故意杀人嫌犯,袁连芳仅仅是一个被称为外地临时羁押来的经济类罪犯(当时袁连芳的身份是浙江某厂的厂长,大专生)。那么即便是要安排号长也应该安排马廷新当号长,一来马廷新是本地人,还曾在当地派出所干过治安员,又是"杀人恶魔"。袁连芳是怎么也不可能当这样的一个杀人嫌犯的号长的。

据后来媒体的报道,原来这个杭州的袁连芳果然来路不一般。2001年5月,袁连芳因贩卖淫秽制品牟利罪被浙江省杭州市拱墅区人民法院判刑6年,后来在浙江成为公安机关的"狱侦耳目"。袁连芳也因"多次调派'外地'协助公安机关'工作'且完成任务成绩显著"被减刑10个月。

真是无巧不成书,十年之后的浙江张氏叔侄案也是我代理申诉并且再审宣告无罪平反的。张氏叔侄案中袁连芳再度出现,其在杭州的看守所中对我的另一位当事人张辉采取了与其对马廷新同样的方法逼供、诱供,也同样写好"自首书"让张辉抄写,还同样作为证人做出"某某神态自若地向我讲述了作案经过"的证词。

马廷新曾无奈地表示,如果不按照他们编造的情况供述,也许活不到今天。他说,公安机关惨无人性的刑讯逼供,使他多次想到了死,在死亡和刑讯的痛苦之间他宁愿选择死。但是他又觉得如果就这样死了,自己的冤案将终身不能洗清,真凶也将永远不会归案。

事实上,马廷新所遭受的刑讯逼供比重庆打黑案中的当事人还要重,回顾我所有办过的案件,这个案件的刑讯逼供是最残酷的,他早已超越了人性的极限,所以挺过来的马廷新也似乎对生死无所畏惧了。

在经历过这般煎熬的生死炼狱之后,到了审判阶段,马廷新的心态却出奇的平淡,我每次会见马廷新时他都精心打扮一番,穿着干净整齐的衣服,掉得有些稀落的头发也打理得一丝不苟,看起来反而比我这个千里迢迢、风尘仆仆赶来会见的律师还要讲究。看守所的警官讲,马廷新非常注重形象,自己随身带有一把梳子,时不时拿出来在那日渐稀落的秃顶的头上梳几下。

二审搏杀

2004年12月29日,冰雪袭来,天寒地冻,豫北大地一片萧瑟,刺骨的风雪迎面扑打,满目萧然。

鹤壁市中级人民法院新建的大审判庭再次座无虚席,河南省高级人民法院的合议庭在这里二审开庭。

上午九点,法槌声响起,马廷新案二审开庭审理,比较一审,这次阵势更大,大批的法警和公安特警把持法庭四周,庭外警车林立。经过两年多的折腾,加之一审马廷新又被判无罪,使得这起本就在当地引起高度关注的案件迎来了更多旁听者。

被害人和被告人双方的亲人和朋友也相聚来到法庭。为了防止双方发生冲突,警察如同上次一样将两拨人分开安排进入法庭,并将其隔离在大批警察两边。

庭审开始,马廷新首先控诉刑讯逼供,他声泪俱下,说着还从身上抽出一件带着血水和药水的秋裤出示给法官看,但是法官无一动容。正好这一幕被《成都商报》的记者抓拍下来,但是法警马上就收缴了记者的照相机,后来听说在法警收缴相机的那一瞬间,《成都商报》记者抽出了相机中的储存卡,尔后立即回酒店将照片传回报社新闻中心,后来我们见到的媒体报道也正是借用了《成都商报》记者的这张照片。

请给辩护人一杯开水

这次开庭,我为了保持良好的形象,身着西装,而对面的检察官都穿着厚厚的羽绒服,偌大的审判庭冷气逼人,背后的空调还一直在吹着冷风,我坐在那里浑身发紧。此时我看见法院工作人员给检察官每人倒了一杯开水,而我这里却没人管。在检察官发言完毕后,我开始说话,首先我向审判长提出今天天气异常寒冷,我注意到工作人员给检察官每人一杯开水,但是辩护人这边却没有,法庭上控辩双方的法律地位是平等的,请审判长安排工作人员也给辩护人倒杯开水。审判长诧异片刻,但又无言以对,最终还是说,那是工作人员自己要去倒的,我们的水也是自己带的,但是同时也说了句,请工作人员给辩护人准备一杯开水,接着我开始发言。

但是到了我第二轮发言的时候,开水还没倒来,于是我在第二轮发言时又提到:审判长,法庭上控辩双方的法律地位是平等的,但是今天我们看到我们连喝杯开水的权利都不能得到平等对待。审判长看看我然后说:"工作人员,看看有没有条件也为辩护人准备一瓶开水。"说罢法院工作人员果真给我送来了一个开水瓶和水杯。

二审交锋

本次二审,我们的重点在这三个方面:一是揭露刑讯逼供,认为被告人的有罪供述是非法获取的,依法不应该采信;二是马廷新的"自首书"是在牢头狱霸袁连芳的威胁逼迫下按照袁连芳所写抄下来的,不是马廷新真实的意思表达;三是重点阐述足迹鉴定的疑点和不科学性。

这次庭审中,针对足迹鉴定我提出了以下十个方面的质疑:

1. 鉴定人主观因素太大,鉴定方法也只是简单的肉眼观察,完全靠主观判断,没有数、量、图、谱等定量综合分析。

2. 现场提取的足迹没有关于大小的说明,足迹鉴定也没对现场的足迹大小和马廷新的足迹大小作比对,连最起码的大小都不作比较,何谈同一认定?试想大小不一样的两只脚,即便有相同的某些特征能认定是一个人的吗?

3. 鉴定人认为"赤足印与穿袜足印的本质特征是一致的",但却忽视了袜子因材质和松紧度不同对脚型有不同束缚,因而穿不同的袜子留下的脚印是不同的。

4. 鉴定人认为"拇趾起脚底形成的宽带扫状痕迹具有特殊性,是同一认定的主要依据"。我们知道手指纹鉴定还要找出12条指纹和20处相同的特征,本案专家就凭一处特征就武断地认定了被告人的样本与现场足迹相同,不够严谨。

5. 关于足迹鉴定,先后有不同的鉴定人进行了多次、多人鉴定,为何不见其他的鉴定结论?浚县公安局在2002年8月1日至3日在东马庄中心小学对全村16~52岁的男性和邻村的部分人都进行了足迹比对鉴定,最终根据足迹比对确定的嫌疑人不是马廷新而是马彦民,8月2日公安机关将马彦民抓走,在关押一个月后于8月31日释放,同时又依据测谎结果将马廷新抓走。而此时恰好是公安局限期破案的最后期限。

6. 没有说明检材的提取和运送方法,也未对检材进行核定。在庭审中,辩护人问鉴定人是否到过现场,鉴定人说没到过现场;辩护人又问鉴定人是否见到原始检材,鉴定人说没有见到原始检材。没到过现场又没见过原始检材,凭借一张复原的塑料膜得出的结论是有严重瑕疵的。

7. 庭审中,审判长针对鉴定书上排除30多人的说法问鉴定人具体是怎样取样的,鉴定人没有明确回答。而《公安部刑事技术鉴定规则》对此则有明确要求。

8. 关于足迹鉴定的时间问题,则有可能是为了拼凑证据的需要而匆忙补充的。本案的发生时间是2002年5月30日,如果现场确有明显的带血足迹,那么,为何在案发之初不进行鉴定,却要等到半年之后的12月13日才进行鉴定?特别是在测谎认定被告人马廷新为犯罪嫌疑人的情况下为何还要等近4个月才进行足迹鉴定。

9. 鉴定试验严重违背《公安部刑事技术鉴定规则》第10条的要求,没有严格选用与检材质量、形态相同的材料进行实验取样(用的是动物血,在白纸上行走)。

10. 在院子里的四个脚印形成的三个步幅中,分别为125厘米、107厘米、120厘米,而马廷新的比对样本中步幅均为110厘米,没有一个和现场步幅一致。特别值得注意的是,这几个步幅是在对马廷新无数次的实验取样中精心采集的。

除了足迹鉴定,我在这次庭审中还针对全案证据找到了27处无法排除的矛盾和疑点,彻底动摇了这起由公安部督办,100多名警察消耗大量司法资源"破"出来的惊天大案。这27处矛盾分别为:

1. 浚县公安局的足迹鉴定认定马廷新的足迹与现场足迹不一致。见证据卷第四卷2003年12月27日浚县公安局〔2003〕浚公刑技字第001号。而这双拖鞋与马廷新供述中提到的自己的一双拖鞋一致,甚至连颜色都一样。

2. 第二次尸检报告中,在陈连荣颅骨中发现有一折断的刀尖(公诉卷一第11号证据第2页),而此刀尖是否与公安机关原来认定的凶器为同一材质,卷中未见结论。

3. 控方提供的现场足迹和手印均为右手单只带血的,缺乏另一只脚印和手印或者不带血的手印及脚印材料。

4. 30岁的陈连荣年轻力壮,在和凶手搏斗过程中,为何没将凶手打伤或抓伤,现场没留下疑凶皮屑、毛发等任何痕迹,也没有人听见喊叫。而马廷新的供述中说和陈连荣进行了搏斗,在搏斗中陈连荣大喊救命。案发时为夏季夜里十点左右,是夜静但人还没有睡觉的时间。作为女性,如果同凶手搏斗,会本能地在凶手身上乱抓乱打,在现场必定会留下凶手的头发,受害人的指甲中也必定会留下凶手的皮屑等物证。本案陈连荣的指甲在第二次检验时还存在,但未检见被告人身体物质。

被告人马廷新是脱发发质,一个正常人每天都会掉50根左右的头发,而且夜间掉的更多。脱发发质每天要掉100～300根头发,平均每小时要掉10根左右,但是本案现场经过数次勘查居然没有发现一星半点的这些直接证据,否则做一个DNA鉴定就会真相大白。

5. 公安机关认定马廷新首先将靠在柜门处的陈连荣杀死,马廷新也曾供述将陈连荣杀死在立柜前,但现场勘察发现柜门上的九处血迹均为B型血,而陈连荣为O型血。现场陈连荣也不是死在柜门下,而是死在东南角的小床边。

6. 马廷新供述在现场发现1850元钱,那么这钱究竟去了何处,谁见过带血的钱,没有任何证据。而且马廷新在供述中一会儿说头撞到沙发垫子后就看见钱,一会儿又说是在捡起垫子放回沙发时看见的钱。多次供述不一致。

7. 两次尸检报告均认定陈连荣是被锐器切断右颈动脉致大失血而死亡,马昂系他人用锐器切断左颈动脉致大失血而死亡。在这两人的颈动脉被切断时,现场却不见颈动脉被切断后的喷溅状血迹,只有流出的滩状血迹。人体动脉血管里有相当大的压力,特别是颈部大动脉压力更大,在动脉被切断时必定要有血迹向外喷溅。而本案现场中没有一处喷溅的血迹痕迹。

8. 关于血袜印,公安机关认定马廷新在和陈连荣搏斗时掉了一只鞋,认定马廷新在杀死两间屋里的三个人后,在最后离开现场时才穿上,那么在现场怎么可能只在外间屋里留下一只血袜印,而沾满血的穿袜的脚就不会在里屋留下脚印?

9. 关于院子中的鞋印,公安机关认定马廷新先杀外间的陈连荣,再杀里间的马昂,最后杀外间的马萌。杀完人后又进里屋找布擦刀,在里屋转一圈后出来,才离开房屋经过院子跳墙离开现场。但是里间屋没有任何脚印,令人不解的是外间屋有带血的脚印,进入里间屋就没有了,而一出里间屋到了院子里又有了脚印,这种明显的矛盾无法解释。

10. 2002年6月1日,公安机关介入此案的当天,浚县公安局现场勘查时发现在院墙上、院墙外均有血迹,后来就推测凶手在翻越院墙时留有血迹,所以就有了马廷新的供述说是杀人后翻墙逃跑,直至2003年3月12日对马廷新的讯问材料中也还是说翻墙出来。但在2003年3月14日濮阳市公安局的〔2002〕濮公刑法物证检字第84号刑事技术鉴定书中最后的结论是:"院墙及院外砖上均未检见人血。"也就是说,原来在墙上发现的被疑为人血的物质,被浚县公安局认为是凶手在逃离现场时留下的血迹,现在被濮阳市公安局的这份鉴定推翻了。这足以证明公安机关完全是根据自己的推测逼取马廷新的口供。值得欣慰的是,此时案件已经交由鹤壁市公安局办理,浚县公安局并不知道这个情况。而鹤壁市公安局也未意识到这份证据与浚县公安局的原始勘察笔录之间的矛盾。其实这意味着马廷新的口供是按照公安机关对现场的推测作出的。

11. 2003年3月11日,濮阳市公安局的尸检报告中有"生前陈后侧头部有轻质量钝性外力作用"的内容,这"钝性外力"究竟是怎样形成的,公安机关并未查明。因为这个结论可能表明案情并不是公安机关最初认定的那样。

12. 本案足迹鉴定存在十处重大疑点(详见足迹鉴定部分)。

13. 公安局在马廷新家中提取了被认为是凶器的尖刀,但是此刀刀尖并未折断。而二次验尸时发现死者头部存有刀尖。

14. 公安机关认定的罪证,带血的线手套、带血的衬衣、裤子、袜子、拖鞋等直接证据一件未找到。而收集到的尖刀、衬衣、袜子、裤子、拖鞋等证据又无法与现场痕迹相互印证。

15. 被告人供述:在现场没有翻动物品,而现场床头柜打开,柜门外、沙发上、床上全是散落的衣物,还有血手印,现场有明显的翻动痕迹;现场到处是衣服、被褥等布制品,而被告人却说没找到擦刀的布,最后只好拿了缝纫机罩擦刀,明显不符合现场情况。

16. 被告曾供述将缝纫机罩扔到院子南墙边,而现场勘查表明在院子外边。

17. 被告人供述:杀马昂是在床下,而现场床上却有一摊血。

18. 被告人供述:杀马昂时马昂是光身,而现场马昂身上盖有被子。

19. 被告人曾供述:外间屋正对门靠北墙放着一张方桌,桌子两边一边放着一把椅子。这是一般农村家庭的基本摆设,但现场并未有桌椅。

20. 被告人曾供述:沙发在南墙放着,而现场沙发在西墙放着。

21. 被告人曾供述:里屋南墙有一床,而现场床在东北角。

22. 被告人供述:进里屋时摔倒,头碰掉沙发垫,然后手撑地起来。现场勘查撑地手印距里屋南墙和西墙均为1.5m,而此地点距所谓的碰掉沙发垫点为3.4m。一个人的手和头绝不可能相距这么大的距离。

23. 被告人供述:在晚上第二次吃晚饭喝完酒后,又回到宿舍独自喝了八两白酒,又换上拖鞋前去作案。在5月30日,正值炎热夏季,会有人在吃了两次饭并喝了啤酒的情况下,还一个人独自喝八两白酒吗?况且被告人供述中午还喝多了,如果想喝酒,夜饭时怎么不喝,晚上第二次吃饭时还不喝?这些行为有悖常理。

24. 被告供述在离开现场时关了灯,那么为何不将现场脚印清理掉。

25. 被告人供述为了作案方便,不留下痕迹,为什么他知道戴上手套,却又特意换上拖鞋,难道穿拖鞋翻墙入室杀人更方便吗?这完全不合逻辑。

26. 被告人为什么在赌博的兴头上突然想起杀人,而且在杀人之后回到赌博现场,居然没有一个人发现其行为异常。也没有一个人发现他换了衣服。

27. 被告人能清楚地记得赌博的全过程,包括谁坐在什么地方,谁赢了还是输了多少,如果说他中途离开,那么一定要有人接他的牌,回来后也一定有人把牌转给他。可是赌博的那几个人都记得马廷新在打牌时说了"黑八",却没有一个人能说出马廷新把牌交给了谁,又从谁手中接过牌继续打。这只能说明被告人没有离开过赌博现场。

这27处无法排除的矛盾和疑点,若严格按照法律来处理,是怎么样都无法将被告人认定为有罪的。因为《中华人民共和国刑事诉讼法》规定,对一切案件都要做到事实清楚,证据确实、充分,才能认定被告人有罪。对于证据不足,不能认定被告人有罪的,应当作出证据不足、指控的犯罪不能成立的无罪判决。

所谓犯罪事实清楚,是指凡与定罪量刑有关的事实和情节,都必须查清。所谓证据确实、充分,是对作为定案根据的证据的质量和数量总的要求。犯罪事实清楚,证据确实、充分的证明要求,具体是指达到以下标准:(1)据以定案的每个证据都必须查证属实;(2)每个证据必须和待查证的犯罪事实之间存在客观联系;(3)属于犯罪构成各要件的事实均有相应的证据加以证明;(4)证据之间,证据与认定事实之间没有矛盾,或有矛盾已经得到合理排除;(5)所有证据在总体上已足以对所要证明的案件事实得出确定无疑的结论,并排除了其他一切可能性。在本案中,检察机关提供的证据,经过庭审、质证,我认为,此案存在的诸多疑点不能得到合理排除,现有证据难以形成内在的有机联系,不能达到具有排他性和确定被告人有罪的确信结论,也就是证据的质尚未达到客观性、关联性、合法性的要求,证据的量不足以达到排除合理怀疑的确信。刑事诉讼案件必须要排除合理怀疑,对被告人可能判处死刑的案件则必须要排除全部的怀疑。所以我当时的建议是法院依法驳回抗诉,维持原判。

同时,根据我国刑事诉讼法的规定,审判人员、检察人员、侦查人员必须依照法定程序,收集能够证实犯罪嫌疑人、被告人有罪或者无罪、犯罪情节轻重的各种证据。严禁刑讯逼供和以威胁、引诱、欺骗以及其他非法的方法收集证据。而此案侦查机关和公诉机关仅因为被告人在侦查阶段曾作过有罪供述,有证言证明被告人有杀人的动机、时间和作案用的尖刀,就完全忽视了被告人的无罪辩解,忽视了证明被告人无罪证据的收集,使证据不能全面反映案件的真实情况,导致本案警方将马廷新作为犯罪嫌疑人予以刑拘后,虽然一直无法获取马廷新杀人的直接证据却仍直接将该案移送市检察院审查起诉,最终出现有证据缺陷的案件被移送到人民法院进行审判。以及依据《中华人民共和国刑事诉讼法》的规定,对一切案件的判处都要重证据,重调查研究,不轻信口供。只有被告人供述,没有其他证据的,不能认定被告人有罪和处以刑罚;没有被告人供述,证据充分确实的,可以认定被告人有罪和处以刑罚,一审法院以此精神,在认真审查马廷新的有罪供词之真伪后,认定本案存在的诸多疑问无法排除,是在依法维护法律的尊严。退一步讲,即使本案被告人不翻供,由于未达到事实清楚,证据确实、充分,也不能认定被告人有罪而追究其刑事责任。"疑罪从无"的"疑"一般是指在刑事诉讼中,司法机关对受理的刑事案件经审查,在定罪与否的问题上存在疑问且未得到合理排除的一种状态。一般地讲,就是对刑事案件犯罪事实不能完全确证但又无法完全排除合理怀疑,存在一种认定上的不确定性。这种"不确定的状态",主要是因为司法机关所掌握和主张的证据的证明力不够充分和确凿的情形。"疑罪从无"原则的价值选择不是为了发现犯罪事实,而是为了保护被告人免受无尽的刑事追究。对这个问题的解决就涉及对这种存"疑"案件的证明标准问题及其背后的"疑罪从无"与"疑罪从有"两种刑事司法价值趋向的选择。1996年我国修订后的《刑事诉讼法》确立了"疑罪从无"原则。"疑罪从无"的原则要求即便有一定的证据,但证据不足就不能提出起诉;在审判的时候,就应作出指控不足、犯罪不能成立的无罪判决。贯彻"疑罪从无"的原则,一方面,可防止国家刑罚权的"恶",确保国家刑罚权的动用在法制的规范之中,强化司法人员的人权意识;另一方面,可促进侦查机关及司法人员证明犯罪的能力和技术水平的提高与改进。"疑罪从无"充分体现了保护人权以及"重证据不轻信口供"的原则,最大程度地减少和避免了刑讯逼供及冤假错案的发生。

同时也与国际接轨,充分体现了我们国家对人权的重视和保护。既保证无罪的人不受冤枉,同时也解决了超期羁押、案件"久拖不决"的司法弊端。

在没有确凿证据证明犯罪事实的时候,从司法公正的角度考虑,宁可错放也不要错判。因为错放只是把一个有罪者错误地放到社会上,而错判则在错误地处罚了一个无罪者的同时,还会放纵了真正的罪犯。也许我们司法机关统计的错案率并不高,但对被错判的任何个人和他的家庭而言,都是百分之百。"疑罪从无",是相对于大多数人的大多数利益而言的,对于极少数人的极少可能的放纵是次要的、第二位的。因为我们知道,即使真的因为证据的原因不得不放纵了一个罪犯,那也只是污染了水流。而当我们基于一种"正义"的冲动,忘记了"疑罪从无"的刑事诉讼原则,导致了一次不公正的审判,那么其后果要比放纵一个个案的罪犯严重得多,因为这时我们是在污染水源!我们应该将这种放纵看作是一种代价,一种成本,一种必要的损失。毕竟,我们现在正处在实现社会主义法治国家的历史进程中。由于证据不足,涉嫌故意杀人的马廷新被一审法院宣告无罪,这应当看作是法治进步的表现。

我国当前的大多数错案不是因为适用法律不当,而是因为认定的事实有误,这些都与证据有关。证据是司法公正的关键,从某种意义上讲,轻视证据是一个国家法治不健全的表现之一。"疑罪从无"的原则,可能会使马廷新被无罪释放,但这正是法治社会的要求,是司法文明、进步的表现。

通过这场辩护,我知道我已经动摇了高院法官的对本案有罪的确信。但是,这次庭审并没有当庭宣判。我们再一次进入漫长的等待,而这一等又是两年。

2006年8月22日,河南省高级人民法院做出了刑事附带民事裁定:撤销鹤壁市中级人民法院一审判决,发回重审。

没想到这一鏖战,案子又被打回原形,但是这也给了我更多的时间来准备彻底的最后决战。即便在马廷新一审已经被判无罪的情况下,他又被超期羁押了三年多。

北京上访

当时全国法院、检察院正在清理超期羁押问题,每一年年底最高法院和最高检都会通报全国清理超期羁押的结果,那几年每一年年底最高法院的公告都是超期羁押为零,而同时我们举报超期羁押的行动从来就没有停止过。看到报纸上的数据我只好一次次一笑而过。我记得当时的最高检检察长还将超期羁押上升到犯罪行为,说超期羁押就是非法拘禁。其实这个也不用说,超期羁押可不就是非法拘禁嘛。问题是光说有什么用啊,你倒是抓几个因为超期羁押而被判处非法拘禁罪的犯罪分子啊。

尽管我们知道这样的公告其实并不亚于笑话,但是我们还是很天真地以为万一他们有一天就玩儿真的了呢。

于是我建议马廷新的家人到北京反映超期羁押的情况。

2006年秋,北京南站附近的一个小胡同里,人山人海,这里是最高人民法院信访接待室,有两道大铁门。虽是南二环,这里的环境却很脏乱差。

那天早上,我们一行三人赶到最高院申诉信访大厅的大门前,八点整,大铁门前已经汇聚了来自全国各地的访民,长相形形色色、穿戴五花八门。还没到开门时间大门就已经被堵死了。原来,当大门一开他们就要以百米冲刺的速度跑到院子里的铁栏杆里排队领号,如果晚了也许这一次就白来了。我了解了这一窍门,就挤到第一排,八点整,大门拉开,我和那些来自全国各地的访民们一起如潮水般涌向里院的铁栏杆里,好在那时的我还身强体壮,几乎抢了个头牌。还算顺利,我们迅速领到了接访号,填写好表格后又转去第二个窗口电脑登入。在完成这一切后就进入一个类似火车站候车大厅的屋子,在进入的那一刻起双眼就要开始紧盯着墙壁上的那块大的电子显示屏。那上边记载着当日登入电脑的各地上访人的情况,那屏幕一道道闪过,你必须不得有丝毫的疏忽,因为那里的规定是:当你的名字在屏幕上出现的同时就有可能叫到你的名字,但是也不一定会叫到。如果叫到了你的名字而你没有听见那么你的名字后边就会打上一个叉,两次没听到就打两个叉,然后你就没机会等到法官约见了。如果是这样,你只能等到下次接访时间,而下次接访时间必须是两个月以后(现在改为3个月)。在紧张的等待中我听到访民的讨论,某某人在这里已经上访十年了,但是问题还没有解决;某某上访多年干脆不上访了,就在附近开了个饭馆做起了生意;某某上访因为有点文化就在院子里干起了专门替人填表的营生,填一张表两块钱。那一刻我甚至在想,律师如果在这个院子里摆张桌子,那整天何愁案源啊。正在胡思乱想,一个小女孩走到我身边,从容地和我聊着天儿，旁边一个东北大妈说：这孩子在这里陪大人上访都快有十年了。

临近中午，我们看到马廷新案的名字出现在大屏幕上，于是我们屏住呼吸生怕叫名字没听到。那里确实嘈杂无比，听起来很是费劲。我告诉马廷新的妻子和她的家人一定要高度集中精力，千万别错过了叫号，但是上午依然没有叫到。

中午休息，我们就在附近的一个小饭馆吃了碗面条，原来这家开饭馆的老板也是个上访户，边做生意边上访。出了饭馆我们在路边徘徊等下午上班，就在这时来了一个中年男子看着营素玲手里拿着一把材料，就走过来说你是河南的吧，我看看你的材料，说完一把抢过去营素玲的材料说，河南的问题可以到外边解决，你跟我来吧。我立马联想到这便是传说中的"截访"。

说时迟那时快，我未待搭话，一把又将那个男子抢过去的材料抢回来，然后说了句：滚！他妈的，你知道这是什么地方吗？那个男子悻悻离去。我知道在那个地区有来自全国的截访者，他们身份各异，有公安、民政、信访，还有各涉案单位工作人员，北京本地又有公安、国安、保安等，人员复杂，基本上是井水不犯河水，谁也不明白对方究竟是哪一部分的。但是他们都有一个共同的目标，那就是对付各地访民。

下午我们顺利见到了法官，然而面对营素玲的哭诉，法官无动于衷，在电脑上登记下基本案情后便将我们打发走了。出来的时候我们看见几个穿着少数民族服装的几个人进入接待大厅，未及登记和填表，马上里面就出来一个领导模样的人把他们接到屋子里去了。

上访归上访，等待归等待，我们依然没有收到任何回音，正是在这样煎熬的等待中，时间到了 2007 年 3 月 7 日，由鹤壁市中级人民法院另行组成的合议庭，再次开庭审理。

重审开庭 "神眼"出场

这次庭审鹤壁市中级人民法院的法官显得格外重视，原来那个不愿意收我手续，并强言绝不让我介入这个案子的刑一庭庭长本次担任审判长，在开庭前他专门将我叫到后台说：今天将有鉴定人出庭作证，到时候就看你的了。我没想到这次中院居然会安排鉴定人出庭,我也是窃喜。我本就一直想亲眼看看这个神眼到底是何等风采。此时的我也理解法官的确是因为对此案极为重视,才在当时环境下一拖再拖,也许在当时这是他们所能唯一坚守的底线。某种意义上讲,他们或许也希望在这样的举世瞩目的大案中能遇到一个优秀的律师来给出他们想要的某种确信。

庭审到了鉴定人出庭环节,只见那位公安部的足迹鉴定专家在两位工作人员的陪同下步入法庭,他穿着一身黑毛呢大衣,头戴一顶毛皮帽,真的可用气宇轩昂来形容那一刻的气场,而我也淡定异常,心里早已拟好了发问的题目。

他上场伊始,我就问:专家先生,请问您曾经做出的足迹鉴定结论有没有出过错误,本案的鉴定能否百分百准确。但他不做正面回答,他说这个你可以去调查,公安部的很多大案都是我破的。我继续追问,那你到底有没有作出过错误的结论,他还是不回答。接着我又根据查阅到的一篇新闻报道问:《中国青年报》曾报道说你在30多年的足迹鉴定研究中曾走了很长一段时间的弯路,那么请问你在走弯路的时候是否作出过错误的结论,否则怎么理解这个很长时间的弯路呢?

这一下彻底把这位专家激怒了,他厉声道:朱明勇,我要告你,你把我的名字都发到互联网上去了,全世界都知道了。审判长打断道:鉴定人,现在是你回答辩护人问题的时候,至于你们两个之间的民事官司等到休庭以后你们到民事法庭再说,好吧。

紧接着这位专家又拿出随身携带的一摞证书说要交给法庭。我说我也要求看一下,法警将这些证书拿给我。我随手一翻就发现他所带来的一份公安部刑科所聘其为高级工程师的聘书是1998年颁发的,有效期两年。

于是我就从他的鉴定资格说起:我说你现在不是公安部的专家,现在是2007年,你的聘书早已过期了。所以你不能说自己是公安部的特聘专家。你聘书中虽写到高级工程师,但是你并没有法定机构即人事部门颁发的高级工程师专业技术资格证书。聘你为高级工程师和你是不是高级工程师职称是两个概念,高级工程师是由人事部门认定的职称,而某一部门聘你为高级工程师,并不代表你就是高级工程师。

接着我又问他是否知道足迹鉴定中比较先进的静电吸附技术和MICS提取技术时,他回答只听说过静电吸附技术,对MICS技术没听说过。

我说作为一名权威的专家,你连本行业国际上最先进的足迹鉴定技术都不知道更没有使用过,你怎么就能保证自己的足迹鉴定是百分百准确呢?

这时候他真的彻底愤怒了,他说:我的鉴定就是百分百准确,不,是百分之二百准确!

我又问:你曾经和解放军信息工程大学合作搞了一个三维成像的足迹鉴定课题,还获了奖,但是你在这么重大的一个案子中怎么没有使用你的这项科研成果呢,三维成像不是可以更准确地得到鉴定信息吗?

他说,这个案子很简单,我一眼就能看出来是谁的,不需要三维成像技术。刚才马廷新进法庭时我又看了一下他走路的样子,现场的脚印就是他的,不会错的。

后来审判长又问了他几个问题:我们知道DNA技术鉴定的准确率可以达到99.999%,你这个足迹鉴定的准确率能达到多少?专家没有正面回答这个问题,还是说自己的鉴定破了很多大案。发问完毕后,我开始阐述自己对鉴定结论的质疑。如同高院二审开庭那次,我又再次重述了我的十点意见。

最后我总结道:鉴定不是儿戏,是科学,但科学不是自己说的,科学的基本的规律是其结果必须能得到反复验证。本案的足迹鉴定事实上进行过多次,也出现过多种结果。这种不同人在不同时间就会得到不同结果的东西能叫科学吗?

另外,现场勘查笔录中记载,在案发现场有多处戴手套的血手印,手印和脚印在本质上都是人不同部位作用于客观世界而留下的痕迹。那问题就来了,穿袜子的脚印可以鉴定出来,戴手套的手印为什么不能鉴定出来?按照足迹鉴定的基本要素,穿袜子的脚印和戴手套的手印具有同样的个性特征,而且手比脚更加灵活,也就是说,更具有个性特征。穿袜子的脚印由于没有分开脚趾,肯定不如将五个手指分开来的戴手套的手印更清晰更具有识别价值,那么,在马廷新这个案件中为什么没有看见关于手印的鉴定结论?戴手套的手印究竟是谁的?无非有两种答案:一种是留在现场的戴手套的手印和穿袜子的脚印一样,无法确定穿戴人的身份;另一种结论就是鉴定结果另有其人,这难道不是本案的一个重大疑点吗?况且在这份足迹鉴定中鉴定人也认为检材与样本有不一致的特征,但奇怪的是他们却以此得出检材与被告人足迹样本同一的结论,这难道不是自相矛盾?

这次庭审重点明显回归到足迹鉴定上来了,因此我也更有信心我的观点能得到法官的采信。

果然,这一次开庭后仅仅过了13天,鹤壁市中级人民法院在2007年3月20日作出(2006)鹤刑初字第23号刑事附带民事判决书,第二次宣告马廷新无罪,不承担民事责任。

然而好景不长,不到10天,鹤壁市人民检察院又再次对此案提起抗诉。马廷新案进入第二次二审环节。说实在的,拿到抗诉书那一刻我真的疲惫了,这个案子从案发的2002年5月到被告人马廷新第二次被宣告无罪已经五年了。这个五年,马廷新一直在看守所里关押着,这起我重入律坛的第一起大案也折腾了我四个年头,真的,我感到了疲惫。但是我又想,越是到了这个时候,应该是越要看到曙光了。

这次抗诉之后,案件又到了河南省高院,这一次我们等不及了,在漫长的等待中新一环节的审限又到了。我决定采取一个极端的措施促进这个案件的进展。我建议让菅素玲对河南省高级人民法院院长提起刑事自诉,因为根据法律规定以及当时清理超期羁押的政策,马廷新在这个阶段已经被超期羁押半年多了,那么主办这个案子的法院是河南省高院,自然高院院长对此要承担责任。非法拘禁属于公安机关管辖,但是要让一个基层公安机关立案把一个高院院长给抓了,那一定是一个全国性的新闻,但是这样的可能性几乎为零。不过根据刑事诉讼法的规定,对于有证据证明的刑事案件,被害人可以向法院提起刑事自诉。这样就又会出现基层法院将要直接逮捕高院院长的新闻,但是这种可能性也为零,尽管如此,这种自诉却是我们自己可以做到的,至于法院敢不敢立案,敢不敢逮捕,敢不敢判,那就不是我们关心的了。这样做其实也就是通过法律给予的途径制造新的关注点,但是这个想法最终并没有实施,因为我越发感觉到高院迟迟不准备开庭,也许真的就不会开了。就这样,马廷新依旧在看守所里继续坚守,我记得,这一年的中秋节,我没有回老家与父亲一起过,而是去了看守所给马廷新带去问候。我告诉他应该坚持,也许不久就会重获自由。

又过了一个春节,转眼到了2008年4月17日,下午3点左右,被羁押在鹤壁市看守所6号监舍长达五年零八个月的马廷新突然听到一位民警对他说:"你收拾一下行李回家吧,你被无罪释放了。"在看守所的一间办公室里,鹤壁市中院刑一庭的3名法官向他宣读了河南省高级人民法院刑事附带民事终审裁定:"准许河南省人民检察院撤回抗诉;驳回上诉人的上诉,维持(2006)鹤刑初字第23号刑事附带民事判决书的附带民事部分(马廷新无罪,不承担民事赔偿责任)。"

接到这份无罪释放证明的马廷新没有一丝的喜悦之情。他一个无辜之人,在这个牢监里早已对生死麻木了。

后来马廷新又委托我代理其国家赔偿事宜,根据当时的法律规定,马廷新很快拿到了国家赔偿19万余元的国家赔偿决定书,但是这笔国家赔偿款的执行却用了几年时间。

这个案件给我的感受之深,可能不是用语言能形容的。司法理念的碰撞,人文伦理的冲突,立功受奖的诱惑,丝丝入扣的"案情",神眼、神探的忽悠,狱侦耳目的邪恶,法官的冷漠,检察官的失察,律师的坚守,证人的无奈。这一切都带给我们对于整个人性的思考。

我在二审辩护词中曾这样写道:陈连荣一家的悲剧的确让我们倍感凄凉,也许抓住真正的凶手才是告慰那三个可怜灵魂的最好办法。但是,我想在九泉之下,他们一定也不愿意看到又一个无辜的冤魂来陪伴他们。我们无法忘记在一审开庭时,马廷新要求重新进行足迹鉴定,但是因为家人已无力承担鉴定费用而又被迫撤回申请,马廷新坚决地拒绝在撤回申请书上签字时所显露出的那种无助、绝望的眼神,马廷新在冰冷的铁窗中度过了几年的时间,肉体上和精神上均承受了难以想象的伤痛。每当夜深人静监狱的铁门响起时,他都会不寒而栗,他不知道自己会在哪一个深夜走上断头台,成为冤死鬼。然而,就在这样的心境中,这个坚强的、普通的农家汉子还是在阴阳界上熬到了今天,他始终坚信法律是公正的,所以在一次又一次的超期羁押中他甚至没有怨言,他太善良了,他曾善良地对我说:等我出去之后,我一定想办法找到真凶。每当想到这里,作为专业的刑事辩护律师我都会潸然泪下。其实他不知道,抓住真凶并不是他的责任;他更不知道,如果只有公正的法律而没有公正的执法人,那么他将很有可能面临身首异处的悲惨,而这种悲惨还是以法律的名义赋予的。如果真的有那一天,在这个寒冷的冬日,我们看到的也许不是窦娥冤案的六月飞雪,但我们却无法回避马廷新,我坚强而善良的当事人67岁的父亲老年丧子、40岁的妻子中年丧偶、4岁的女儿幼年丧父的凄惨结局,人生的三大不幸将在一夜之间降临于这个普通的农民家庭,他们将不能承受如此之重的悲剧。马廷新知道在公开审理时,他才会有一个说真话而不会被用酷刑的机会。今天我们终于等到了这一天,尽管这一天也是在经历了又一次长达数月的超期羁押后到来的,也尽管我们都知道,迟来的正义就不是正义,但这一天毕竟还是来了。我想我的当事人,还会善良地把这种超期羁押理解为法院和法官对此案的重视。

这是一起百分之百的错案、冤案和疑案。错案必须纠正、冤案必须昭雪、疑案只能从无。但是对于那些"破案"的人,庆功酒也喝了、办案人员也提拔升官了,要毁灭这一切的确不是一般的人所具有的胆识。

公正是一个过程

这个案子写到最后,我又想到了辛普森案。

1994年6月12日,美国公民辛普森的前妻及其男友被利刃割喉致死。警方在现场勘查中发现了两被害人及辛普森的血迹,同时在现场发现了辛普森的头发和一只血手套,随后警方又在辛普森住宅中发现了一只与案发现场属于同一副的血手套和一双血袜子,并且在辛普森的汽车上也发现了被害人和辛普森的血迹。辛普森遂被作为重大犯罪嫌疑人而遭到起诉。面对"血证如山"的控方指控,辛普森所聘请的"梦幻律师队"居然巧妙利用控方证据中存在的漏洞,说服了陪审团的全体成员;陪审团成员们竟认为"辛普森并不一定是罪犯,案犯极有可能另有其人或辛普森被栽赃陷害"。最终辛普森在刑事上被判无罪。

这两起杀人案的无罪辩护,居然有许多惊人的相似点,辛普森案是两条人命,马廷新案是三条人命;辛普森案有带血的脚印、手套,马廷新案也有带血的脚印、手套印;辛普森案警察有违法的现象,马廷新案警察也有违法的现象;辛普森案有无法排除的疑点,马廷新案也有无法排除的疑点;辛普森聘请了以美国哈佛大学法学院知名教授艾伦·德肖维茨为首的素有"梦之队"的律师团。马廷新也聘请到同样在大学执教的专业刑辩律师。最终两案均得到被告人无罪的判决。

比较以上两则案例所得出的结论:

两起案例所折射出来的东西,既体现了中美两国社会文化传统的不同,更体现了东西方对正义、对司法独立原则和对法治代价等认识上的差异。

只要程序正义,法庭判决就是正义的!

曾在辛普森一案中担任辩方律师的美国哈佛大学法学院知名教授艾伦·德肖

维茨教授说:"正义是需要追寻和求索的,因为我们无法达到一个完美的正义的现实,我们必须去追求。公正不是结果,而是一个过程。"而我到更欣赏德肖维茨的另一句话:只要我决定受理这个案子,摆在我面前的就只有一个日程——打赢这场官司。我将全力以赴,用一切合理、合法的手段把委托人解救出来,不管这样做会产生什么后果。

2009年,我路过鹤壁,特意前去看望已经无罪释放一年多的马廷新,他与妻子在一家路边小餐馆打工,正值中午时分,看到我的到来,他们夫妻立即叫老板安排饭菜,我推辞说已经吃过饭了,走时在小餐馆要了一瓶开水。

此案的故事太多太多了,我依然记得与案件无关的几件事,仅以此作为这个案子的后记:

我曾多次带儿子到看守所会见马廷新,会见时,儿子透过看守所大门缝隙见到了马廷新,回来后儿子说:爸,我看他不像杀人犯。我问他理由,他说看他的眼神就不像杀人犯。我又问杀人犯的眼神是什么样的,他说杀人犯的眼神是看谁恨谁或者看到法官和律师害怕和后悔,而马廷新是感到冤枉求别人放他的眼神。

我还记得二审开庭时,河南省高院在鹤壁开庭审理此案,中院最大的法庭中间坐满了警察,双方当事人家属坐满了两边,我发言的第一句话是:审判长,今天是个寒冷的日子,我注意到在公诉人席位上法庭准备有开水,而辩护人的席位上却没有,法律规定公诉人和辩护人的地位是平等的,在法庭上连喝水平等的权利都没有,何谈平等?审判长看看公诉人和辩护人席位说:法庭工作人员在吗,请给辩护人准备开水。开水来了。

我还记得我的助理在开完庭后说了一句话:朱老师,我再也不想当律师了,太吓人了。

我还记得,开完庭后,现场一片混乱,受害人方高喊严惩凶手、杀人偿命,被告人方高喊刑讯逼供、冤枉无辜,双方纷纷冲到审判台前。大批警察上前控制现场,记者抢着拍照,而又有人抢记者的相机。

我还记得所有记者相机全被扣押了,河南当地记者没能搞到一张照片,倒是《成都商报》记者以迅雷不及掩耳之势在相机被扣之时将存储卡抽出,尔后将照片发回报社新闻中心。河南记者后来还是借用他们的。

我还记得开庭时法警支队专门安排一个警察帮我照看孩子,还在审判大楼里帮他找到看电视的地方。

我还记得二审开完庭法官看现场混乱叫我从法官通道离开。

我还记得离开法庭后走在厚厚的冰雪道路上，有一个人一直追我，边追边说：朱律师，不要怕，我是本地的律师。他追上后说，你真敢说，连开水都敢要，我们根本不敢，我们每个律师事务所都来人了，公安局也安排每个基层单位都要派警察来旁听，他们领导说看看你们办的案子，人家是怎么找毛病的。

我还记得有一年中秋节，我没回去陪70多岁的老爷子，而去了看守所陪马廷新，我知道中秋佳节，他所思念的人他都看不到，而只有我可以看到他。

……

不战而屈人之兵
——胡良友故意伤害案

提及刑事辩护，我不得不提及一起发生在20年前的一件极小的案子，之所以提及这个案子，是因为我想这案子对于那些刚刚开始律师执业的新手来说是具有示范意义的。

即便是在20年后我已经积累了诸多成功的无罪辩护案例，我依然觉得此案的辩护思路值得借鉴，它不仅仅让我律师生涯的处女之辩有了熠熠的光彩，更重要的是，这一案给了我一种在这个领域坚持下来的理由，我开始怀疑他们并不总是"对"的。我相信自己近似万无一失的坚守是这个领域所必备的特质。同时我也给自己一个确信：我就是一个天生的"辩护人"。以至于若干年后，我在很多场合讲到这个案例，都会赢得听众的喝彩和专家的褒扬。按照一位著名法学教授的说法：这个案子虽小，但是辩护堪称经典。

1994年我拿到了朝思暮想的红本本，它的名字叫作"律师工作执照"，与现在的"律师执业证"不同，要显得精致得多。那是我在1993年通过全国律师资格考试后，司法局主动找到我办理的律师证，特别是"执照"二字听起来很是顺耳，感觉自己俨然已是一个有法定牌照的大律师了。

拿着这个律师证后我激动不已，整天把它揣在身上，如果是夏天，那一定是在衬衣口袋里，鲜红色的本本，律师二字隐约可见，尽管没有业务，但是一种莫名的自豪和激动却时刻在内心奔涌，我在等待着，等待着一场属于我的处女之辩。

他打了法官的弟弟

忽然有一天,一位高中同学找到我说,听说你考了律师证,现在家里有个案子很棘手,想找一个有能力的律师。我一听还真的有点兴奋,说什么案子这么棘手,同学说是一个故意伤害案,其实就是两个人因为一件小事打了一架,也没什么大事,但是被打的人他哥哥是法院刑庭的庭长,而打人的人则是我这个同学的远房堂弟。

案由的确简单至极:我的这位后来的当事人从农村到县城,在一个没有固定停车位的地方下车时没站稳就扶了一把路边的一辆三轮车,惯性的力量使得这个三轮车扭了一下。然后开三轮车的小伙子就立马打了我这个当事人一拳,我的这个当事人自然也就还击了一拳头,然后双方你来我往打了一场一点儿也不精彩的"拳击比赛"。比赛的结果是小伙子的眼镜片破了,在左眼角上划了一个小小的伤口,这便是全部的案情。

但就是这一场不精彩的"拳击比赛"居然打出了一起故意伤害案,同时也打出了我执业以来的第一起刑事辩护案,更开启了我无罪辩护生涯的序幕。

但是,我的当事人做梦也没有想到与他发生纠纷的这个小伙子并不是别人,他虽然和那一时代的许多普通人一样经历了下岗,但是他却有一个没下岗的哥哥。要命的是他的这哥哥还是法院的一位法官,不仅如此,甚至巧到这位小伙子当法官的哥哥竟然还是刑庭的庭长。

一切都在那个时间点迅速发生,那一天他哥哥和法院执行法警一起外出吃饭,回来的路上正好遇见了这一幕。于是,后来的故事就不是我们常见的那样:打架、报警、出警,再然后就是调解,双方各罚点钱走人。

很快,我的当事人被控制起来,待被害人做完体检,得出"轻伤"的法医鉴定结论后就直接被法院宣布逮捕了。

在很多普通百姓眼里,很难理解这样的一种处置方式,他们一般会认为法院怎么会管打架的事,不是派出所管的吗,即便打成很重的伤要判刑也要通过公安抓人,检察院起诉啊。

是的,普通百姓自然不知道在刑事诉讼法里还有一个名词叫作"刑事自诉",即对于本案这样的故意伤害等轻微刑事案件,被害人有证据证明的,是不需要通过公安机关的侦查和检察院的起诉,被害人可以直接向人民法院提起刑事自诉,只是实践中这样的案例鲜有发生。

提起刑事自诉后,根据法律规定,人民法院就可以直接决定逮捕涉嫌犯罪的被告人,此案中,也就是我们通常所说的打人的那个人,我的当事人,他叫胡良友。

这样的处理方法自是简便,特别是对于在法院当刑庭庭长的自诉人的哥哥来说,那叫作轻车熟路,专业对口。

接下来的事情顺理成章,我的这位当事人被迅即逮捕,关进了看守所。于是一家人蒙了,好好的一个孩子,怎么上一趟县城,一下车就成了犯罪分子呢,而且他们不能理解的是,这么快就到了法院,要审判了。

他们不希望因为这么一起简单到天天可见的一场纠纷,就把孩子变成了"罪犯"。在农村,一个家庭里有人被关进监狱那将是一件极不光彩的事情。所以,他们也动用了所有的能量找到所能找到的关系希望疏通。但是一切努力全部化为泡影,很简单的一个逻辑,你打的是庭长的弟弟,他要抓你,谁也没有办法,这浑水没人愿意去蹚。但是,尽管没人介入也有各路信息汇总回来,那就是要赔好几万,还要被判刑。

故意伤害罪(轻伤)的法定刑罚是三年以下有期徒刑或者拘役、管制。难道真的就这么一拳头,会导致牢狱之灾吗?

按照被告人家人的理解,他们还认为这个叫作正当防卫,怎么会因为被打的人家里有个当庭长的法官哥哥,就变成了罪犯哩。

一场讼事不可避免

万般无奈,他们找到一位有工作的远房堂哥,而这位堂哥恰好是我的高中同学。

这位很有正义感的同学也实在看不下去这样的一种结局,就建议打官司,说:这不是明摆着欺负人嘛,不行我们就打官司,管他什么庭长不庭长呢,总得要讲点道理吧。但是打官司,谁也没经历过,还要请律师,但是到本地唯一的一家律师事务所去请,人家一听说被害人是刑庭庭长的弟弟就没有下文了。我的同学建议说,实在不行就请外地的律师,即便倾家荡产也要和他们干到底。

当然这是一种出于本能的想法,但是,邀请一个外地的律师,吃住加上律师费也不是一个小的数目,关键是这样一个在法律圈子里被认为属于典型得无聊的案子,人家外地大律师愿意来接手吗?

那个年代,在县城里的小律师里流传着一个段子,是说小律师案子有三类:离婚、伤害加讨债。这不,我这个刚拿到执照的小律师的第一个案子不也正是这个"伤害"案吗。

简单约见家人后我决定首度出征,首先向律师事务所请教老律师们这类案子怎么办,我得知首先要会见被告人,接着阅卷,然后等着开庭。但是几乎所有的律师们都觉得这个案子没什么搞头,按照他们的经验,此案只能想办法与对方达成赔偿谅解协议,然后请求从轻判决。

因为一个伤害案的基本的流水线式几乎都是这样的。

但我还是觉得,难道案子真的只能这样办吗? 如果案子只有这么一种模式,那么当事人请律师又有什么意义。他们自己不会与对方达成调解协议吗?

接下来的日子,我便陷于苦苦的思索中,我想,我能不能找到什么突破口?

一般的惯例和法院的司法实践对于因民事纠纷引发的故意伤害,他们基本不管什么原因,也不管是谁先动手,他们唯一注重的就是双方哪一方伤得要重,当有一方被鉴定为"轻伤"或者"重伤"之后,接下来的事情就简单了。那就是这个案子一定构成了故意伤害罪,也就是说没有构成"轻伤"或者"重伤"的人要对构成"轻伤"或者"重伤"的人承担故意伤害罪的刑事责任和民事赔偿责任。这里面一个极为重要的节点就是"法医鉴定结论",这是唯一的核心证据。

但是,在那个年代,法医管理体制相当混乱,公检法内部都有法医,社会上也有法医,医院里也有法医。而且在实践中往往一个案子会出现多份法医鉴定结论,在有多份法医鉴定的情况下,有的法院会采信自认为比较"靠谱"或者所谓行政级别更高的法医机构的鉴定结论。

而这案子就没那么幸运了,法医就是法院的法医,同时这个法医还是个法官,而且就是被害人哥哥手下的法官。

无法回避

拿到案件的第一天,我就想到了回避,能不能申请这位庭长回避哩?其实仔细研究过刑事诉讼法之后我发现这种想法极其幼稚。刑事诉讼法规定的回避仅仅针对合议庭成员和书记员,而本案中,对于表面上不参与案件审理的庭长哥哥还没有申请回避的理由。其实,我也在想,即便申请了哥哥回避,难道我能回避掉他哥哥和那些审判法官之间的私人关系吗?

想到这些我觉得申请回避这一招显然是没有用了。

那么剩下的问题就是考虑我当事人的这一次行为算不算正当防卫,当我向律所的资深律师们提出这个问题时,他们都笑了说:你真是书呆子,正当防卫?打架的案件里哪有什么正当防卫啊。赶紧想办法多筹点钱赔人家,争取判轻点,早点出来算了。后来我才知道原来胡良友家里人在找我之前就找过所里的很多律师,他们一听说打的是庭长的弟弟,个个都婉言推脱了,所以我一接受这个案子,他们一定感到我是多么的愚昧和无知了。

在没有依靠的时候我只能开动脑子:难道这一拳真的把那个庭长的弟弟打成了法律意义上的"轻伤"了吗?

法医鉴定

这个案子的核心焦点就在于被害人在被打后他哥哥及时赶到现场,经验丰富的哥哥并没有报警通过派出所来处理这个小得不能再小的案子,而是立即把他弟弟送到医院找到一位熟人医生做了个B超检查,得到了一张B超报告单,紧接着这份报告单就到了法院的法医手中,再后来一份《人体伤害法医学鉴定书》新鲜出炉,被害人的损伤程度被鉴定为"轻伤"。

看来这份"轻伤"鉴定书左右着我当事人的命运,但是如果鉴定有误,那么我的当事人是不是就不构成刑事犯罪?

我就从这份鉴定开始寻找突破口。我看到这份鉴定结论里模糊地罗列了三处伤情：一是脾脏损伤；二是颈部创口累计达到 8 厘米；三是眼睑损伤，综合评判得出结论为轻伤。对于这样的一个结论，乍一看来几乎无可挑剔，而且综合三条伤情才定为轻伤，似乎还有点轻。因为这几条中的任何一条都符合鉴定为轻伤的标准。这也正是很多律师从来不会去质疑鉴定结论的缘由，他们认为质疑这样的专业鉴定对于外行来讲就像"狗咬刺猬——无从下口"。

但是，这份鉴定到了我的手里，我就觉得必须要有所作为。

我找到出具法医鉴定报告的法医，跟踪追击，要求查阅法医鉴定的全部档案。我知道在这份报告中所依据的唯一证据就是被害人之前所做的一份 B 超报告单。我就想能不能找出这份 B 超单的原件，看看到底上面怎么写的。法医很顺利地把档案给了我。打开档案一看，我大吃一惊，原来档案里面除了这份 B 超报告单，就是几张照片，除此之外什么也没有了。

现在想来，那时的法院和现在还真的有点不一样，首先法院大门随时可以进去，进法官办公室也无须预约。想找人调查，开个律师事务所介绍信就可以了。这个法医倒也挺配合，看样子像个毕业不久的大学生，他给了我这份包含一张 B 超单的全部档案。

我接着又问法医他是否对这位被害人做过检查，他竹筒倒豆子，快人快语：这是刑庭庭长拿来的 B 超单，我一看 B 超结论是脾脏损伤，就下了个"轻伤"的结论。他还问我，这案子有什么好代理的。

虽然他这么说，我也还是按照规程复印了这个仅有三张照片和一份 B 超单的全部鉴定案卷。回家后，我将这份 B 超单反复研究，我拿着这份复印件一遍又一遍研判着，期望能从中看出什么端倪来。

果然，看着看着，一个奇怪的标点符号引起了我的注意，原来在这份报告单的结论部分最后画了两个不规则的"点"，但是又看不出这两个"点"到底是什么标点符号。我记得那份 B 超报告单最后的结论部分是这样写的：

1. 脾脏被膜下有 $3 \times 2 \mathrm{cm}$ 的阴影，B 型超声波查有异常回声；
2. 脾脏损伤；

那两个点正好在这个结论的最后一行"脾脏损伤"后，但是我想既然这个标点符号画了两个点，那么有两个点的标点符号一般就是冒号、分号、惊叹号。可是怎么看这两个点既不像冒号,也不像分号,更不像惊叹号。那么它到底是什么呢?

我越看越迷惑,大脑在高速地运转着,我反复地分析:在一个结论性的报告意见后的最后一行的最后一个字后面,如果是冒号,那么说明它后面还应该有一句话或者别的什么内容,同样如果是分号也同样会有一部分内容,但是后面却没有了。我又想,难道是惊叹号,是要说明损伤结果的严重? 显然这又不符合辅助性检查的客观描述。

带着这个问题,我联系了一位熟悉的内科医生,希望能在他那里找到答案。

记得那是一个冬夜,我找到这位内科专家家里,希望他能对这个报告单作出评判。这位老专家很是认真地拿出老花镜来看报告单。然后告诉我:从 B 超单上看应该是这个人脾脏被打后出现了被膜下出血。因为从 B 超结论的有阴影和异常回声基本可以判断那个区域就是损伤区。

然后他问我有什么问题,我说,我看到这个报告单最后的结论是"脾脏损伤",但是后面还有两个小点,不知道是什么意思。

这位专家笑道:啊,这个,这是我们辅助性检查得出结论后一般都会习惯性地在后面打个问号,这不是两个点,是个问号。表示通过 B 超的辅助性检查发现脾脏有阴影和异常回声,而判断出脾脏损伤。但是由于 B 超仅仅是做辅助检查的机器,对其得出的数据我们医生一般都会认为是一种倾向性的怀疑,但是究竟是不是脾脏损伤了,还要结合其他临床诊断。也就是说,这个怀疑可以帮助医生作出诊断,但是毕竟这个辅助性检查的结论并不等于医生的诊断。

听到这里,我心头一惊,接着问道:那能不能说通过这份 B 超单我们只能得出被查者脾脏有可能损伤,而不是"确证"损伤?

他微笑着望着我:你要搞什么名堂? 是不是想推翻 B 超结论? 我说正是。

他说你这么怀疑也是有道理的,本来 B 超就是辅助性的工具,不能单凭 B 超报告得出"确证"损伤的结论,一般情况下还要根据临床表现来确诊。所以还要看其他检查情况,否则还要医生干什么。

得到这样的解释,我感到也许这个案子将从此开始翻盘了。

当晚我就决定次日进一步找到当时给这位被害者作 B 超检查的医生,探个究竟。

医院 B 超室,我按图索骥顺利找到了给被害人做 B 超检查的医生。

刚刚上班,来看病的人还很稀少,这位温文尔雅、从容淡定的美女医生正在打扫卫生。我不知道怎么开始这样的调查,就一本正经开门见山地说:同志,你好,我是律师事务所的律师,今天找你有一件事情需要了解。似乎她还从来没有接受过律师的调查,一时不知所措,我接着说,问题很简单,几句话就好了。她示意我坐下后,我掏出律师事务所的调查专用介绍信给她看了一下,就单刀直入:我们在办理一起案件中发现有一份B超报告单是你出的,我们想查一下原始记录,再听一下你的看法。说罢,我向她出示了那份B超报告单的复印件,并问道:这个是你做的吧?

毫无戒备的女医生拿过我的复印件一看就说:这个人啊,你也不用查了,我们这里没有记录。

我问:为什么?

她说:这个人当时是法院的人送来的,还找了我们领导,是领导安排做了B超,是我做的,我就根据当时检查的情况出了个报告,由于是领导安排下来的,这个人就没有缴费,所以我们也没有记录,我们记录的全是缴费的。

听到这,我又觉得似乎这里也许还真的有什么猫腻,就想再往深处挖点情节,就跟她说:你们档案里没有任何记录,但是你却出了这份报告,现在我们怀疑这份报告是一份伪证,所以想请你把这个情况说清楚。

可能在那一刻我的语气有点严肃,这个温文尔雅的美女医生似乎有点不自在了。

我接着说:为了慎重起见,你把当时的情况给我讲述一下,我要做个笔录。她说可以,然后我就开始询问当时的情况。

最后,我想怎么能从她口里得到这个B超报告单里的问号的真正含义,是直接问,还是要拐个弯?我担心问得不好,她的回答也许不是我想要的结果。我的大脑在飞速地运转着,此刻已经有人前来做B超检查了,看着人越来越多,我怕他们领导如果看到,说不定又会使什么绊子,本来就是被害人的哥哥,那位法院的庭长通过她的领导找她做的B超。

我干脆站起身来,直接对着排队的人说:今天上午检查工作,做B超的下午再来。经我这一吼,排队的人陆续开始走了。

也许这一情节让这位姑娘有点害怕,于是,我趁热打铁直接问道:你为什么在这个报告单结论后面打个问号?

她又看了看报告单说:这是我根据当时的检查的情况,怀疑他脾脏损伤,所以就打了个问号。看来基本达到我的目的了,我进一步确认性地问道:你是真的怀疑他脾脏损伤吗?她说:是的。

其实,我的这个问题的本质就是要让她确认,她就是"怀疑"而已,所以我在问话中加入了"怀疑"二字,而且用了"真的""假的"这种选择性发问。

看到她已经有点紧张,似乎也想说明自己仅仅是怀疑而不是"确证",于是我紧接着又问道:既然你做过B超检查,那你为什么没有在报告单里写"确证"脾脏损伤?

她轻声解释道:B超属于辅助性检查,辅助性检查还需要医生结合临床作进一步判断,我自己并不能确认这个人一定是脾脏损伤。所以我的报告单最后结论部分打了个问号。

最后我收尾一句:你报告单最后的符号是问号吧?

她答:是的。

我再补充一句:这是说明什么问题?

她有点不耐烦了:不是说了吗,我仅仅是怀疑患者脾脏损伤。

我还不放心,说:好了,就问最后一句,这个检查为什么不像其他的人一样有档案记载?

她一脸茫然地望着我,不再回答了。

我觉得我应该已经得到了我想要的答案。但是我还不死心,突然话题一转:如果复查发现这个人没有脾脏没有损伤,你怎么办?

她脸色一下变了,文静的脸上也不再显示出淡定平和,依然美丽的一双大眼睛似乎也开始湿润了。

我接着问:你说怎么办啊?

她语调完全变了:我也只是写怀疑他脾脏损伤,并没有说他脾脏一定就是损伤啊。

我说:好了,为了你不被牵扯进这个案子,那如果是这样的话,你就再给我写个说明,说你的B超报告结论为怀疑脾脏损伤。

她只好答应了,尽管我知道,这个温文尔雅的美丽姑娘过后一定会恨死我这个律师了。

原定开庭时间的前一天,我的一份充满质疑法医鉴定的辩护意见就提交到了法庭,这份意见书中我观点鲜明:本案根本不构成轻伤,而且轻伤鉴定违反法律程序,所依据的 B 超报告单在医院查不到记录,甚至连缴费记录都没有。并且作出 B 超的医生还亲笔证实自己仅仅是怀疑被害人存在"脾脏损伤",而不能"确证脾脏损伤"。故我的当事人不构成故意伤害罪,希望法庭考虑立即释放。

这一意见提出的同时,我还顺便提出,如果法院不采纳我的辩护意见,我们还将申请重新鉴定。

之所以用这么强硬的语气表达,是因为我在咨询内科专家的时候还做了另一份功课。即我问过那位内科专家,假如我们申请进行重新鉴定,那还有没有可能查出来什么?

专家当时就笑了笑说,根据目前的情况,有两种可能,如果真的是脾脏大出血,那么绝对不是保守治疗就可以治好的,往往需要做手术。但是如果像 B 超单显示的那样,仅仅是被膜下出血,尽管也可以叫作脾脏损伤,一般认为是比较小的损伤,而且这种出血一般过 7 天左右基本可以自行吸收。吸收之后再复查也不可能看到什么阴影和异常回声了,也就是一个月后通过复查是不可能得出之前是否存在被膜下出血的结论的。

因为有了这样的底线准备,我才敢坚持要求做重新鉴定。法官的回应说要研究一下再说,看来庭是开不成了。

果然第二天一上班法官就打来电话说,法院经过研究不同意重新鉴定,理由说了一堆,其实我心里清楚,他们一定是把法院的那个法医又叫去问了,而那个法医一定会说这个鉴定当时作得太草率了,有很多资料不全,律师已经复印了全部鉴定案卷。况且,现在过去了这么久(两个多月了),恐怕再复查,什么也没有了,还不如不复查。

接到电话后我异常兴奋,难道这个案子就这么给他搅黄了,也太不惊心动魄了吧。

皮肤擦伤

中国有句古话说得好,姜还是老的辣。显然我这个刚拿到律师证的小律师还是被这位老谋深算的审判长给镇住了。

这些老法官怎么那么随便就被一个初出茅庐的小律师给搞定了呢?

一周后的一个下午,审判长打来电话叫我去一趟法院,说还有一个问题要告知我。

满心忐忑的我来到法院,这次没有那么多的激情了,一路上我都在想,他们还会有什么花招呢?

到了法院才知道,原来他们这次强调的是,即便脾脏损伤够不上,那么鉴定报告中还有一处也可以构成轻伤。即除了脾脏损伤之外,法医鉴定报告上还有一处表述为:"颈部创口累计达到8cm",根据这一表征,参照《人体轻伤鉴定标准》也着实构成了轻伤。

当我从老态龙钟的审判长那沙哑而又生硬的口音中听到这个消息时,心里很不舒服,是的,我之前似乎忽略了这个问题,那一刻我实在有些不知所措了。

但是我的思维一直没有停下来,既然在这个案子中确定了驳倒法医鉴定的思路,那么我还是得从法医鉴定入手接招。

回到办公室,我嘴里反复念叨着"颈部创口、颈部创口",这个概念,念着念着,我忽然想到初中《生理卫生》一书中的一个知识点,即"皮肤包括表皮、真皮和皮下脂肪组织",但是我明明看到的照片上是被害人颈部仅有几条类似女人打架似的抓痕,并没有什么大碍。按照我的理解,这两个月之后,也许早就看不见。难道这就是法医学上所认定的"创口"吗?

难题出现,我知道专业问题得找专家解决,一直以来,我一直遵循这一规律,并养成了遇到专业问题首先咨询专家的工作习惯。起码我们也应该知道什么问题是不是专业问题,是哪个领域的专业问题,然后还应该知道去哪里才能找到相关问题最权威的专家。

放下短暂的喜悦和惊恐,我再度找到一位外科专家,这一次我明确提出问题,说:我想知道医学上所说的"创口"和日常生活中所常见的夫妻打架时老婆抓伤老公的抓痕有什么区别,我需要一个专业的解释。

听到这儿,外科专家笑个不停,说,你怎么一来就想到老婆抓人呢。我开玩笑说:我们单位原来有个同事,隔三岔五就被老婆打一顿,而且经常会在脸上、脖子上出现抓痕。我想知道,他老婆每次这样抓他会不会把他抓成法医学上的"轻伤"啊。

专家继续笑道:我明白了,这个问题很简单,我们医学上所说的"创口"一般指的是外伤导致的皮肤创口，比如刀砍的，匕首刺的，这些伤痕都属于创裂伤，也即法医学上所讲的"创口"。人的皮肤一般认为至少包括表皮、真皮和皮下脂肪组织三个层面，如果一般的手指抓伤不可能伤及真皮，更不可能伤及皮下脂肪组织。当然除了梅超风的"九阴白骨爪"。说罢，专家自己大笑起来。然后他接着说，当然你们的那位同事的老婆抓伤的痕迹，我们医学上一般叫作"表皮擦伤"。也就是说"表皮擦伤"和法医学上的"创口"是两个不同的概念。

听到这儿，我又心潮起伏了，我知道明天的法院里，那个声音沙哑的老家伙一定会疯掉的。

现在想来，当时的我还是年轻气盛，次日一上班我就找到了那个审判长的办公室，气喘吁吁的我对着他说：审判长，我告诉你一个好消息，你上次说的本案法医鉴定中的"创口"，其实在医学上不叫作"创口"，而叫作"表皮擦伤"。所以你说的什么"颈部创口累计达到8cm"构成轻伤是不成立的。

奇怪的是这个老法官并没有为我的说法感到吃惊，也许他早就知道这两个概念之间的不同。

审判长带着一脸冷漠，又似在自言自语：不叫"创口"，你说叫什么，是你说了算还是法医说了算啊。

我也声调低沉下来：我找了外科专家，专家说被害人颈部的那个伤痕叫作"表皮擦伤"，不叫作《人体轻伤鉴定标准》里的"颈部创口"。"表皮擦伤"指的是仅仅有表皮损伤，而《人体轻伤鉴定标准》上所说的"创口"指的是包括表皮、真皮和皮下脂肪组织受创。你们法院的法医心里清楚得很，这个鉴定我认为完全是在作假。

听到这里，审判长抬起眼皮，狠狠地看了我一眼说：暂时这个案子不会开庭了，你回去等着开庭通知吧。

就这样纠缠胶着了一个多月，我没有等到开庭通知，却又等到了法院的电话，又是那个法官打来的。他在电话里说：朱律师，您能不能来一趟法院？我问什么事情，不是叫我等着开庭吗，现在是不是要开庭了啊，那你直接告诉我时间就好了。

老法官说：不是开庭的事，你来一下就知道了。

无法推辞，我也想去看个究竟，于是就骑着一辆借来的摩托车，一路狂奔赶到法院，见到了审判长之后，他说：朱律师，这个案子我看还是组织双方调解一下算了，你看如何。

调解,当然好啊,我们也愿意,那就直接说,对方有什么条件吧。

审判长说:我们也征求了一下对方的意见,对方还很不愿意,我们也做了大量的工作人家才答应下来,他们要你们赔偿6万元,撤诉。

一听到6万元,我脑袋一下就蒙了。那可是1994年啊,我立马说:什么?要6万元?就这么个表皮伤?!

审判长接着说:这也是对方的意见,我们也还是要做做工作,你也跟你当事人家属商量一下看看能赔多少钱,但是我看着样子最低也得三四万吧。你有消息给我回个话。

不欢而散,回到家里,我就跟我的这位同学说,法官说可以调解了,但是说要6万块啊。

话没说完我的那位脾气暴躁的同学就发飙了:好几万个屁,我听说对方这个人一共只花了400多块钱的医疗费,什么事情也没有,要6万块,这不就是讹人吗。

为了顺利解决这个案子,我最后说你给他们家人说说给我一个底线,我好心中有底。结果我的那位同学倒是爽快,说:不用问了我就可以当家,如果赔偿顶多两千元,多一分钱没有,你就根据这个底线跟他谈吧。

法官和律师间的调解

过了几天法官又打来电话问:商量得怎么样了,是不是可以调解啊?我也直截了当地说:我问了,当事人家里说只有两千元,同意就可以调解,不同意就算了,爱咋判咋判。也是话不投机半句多,三言两语就挂了,说实在的我也真不想跟法官再磨叽这个赔偿的事情了。

然而,法官却不嫌麻烦,这一过程中又多次电话联系我,询问调解的事情。奇怪的是,这种调解本应该是双方当事人之间的事情,怎么现在变成法官和律师之间的调解了。

也难怪,谁让被害人的哥哥是法官的领导呢。

后续的谈判又进行了多次,法官代表对方的调解意见从六万降到五万、从五万降到四万、从四万降到三万,最后又从三万降到了两万六千元。到了最后,说这也是他们能接受的绝对底线了，不然法院就开庭判了。

很明显，到了后期，法官的语气中带有明显的威胁成分，他甚至还说道：你作为律师不要帮助当事人挑词架讼啊，要想办法把案子处理下去。

我把这些情况再转达给当事人家人，他们已经吃了我那个同学给的定心丸，反而坚定了将官司打到底的信念，说大不了就判三年算了，一分钱也不赔，还说让我放开手办案，不管是什么结果都不会埋怨我。

有了当事人家里这样的信任，我也平静了下来，不承想自己淡定下来正在积蓄力量准备上阵出庭的时候，审判长的电话又来了，他又说还有一个问题需要到法院协商。

我实在记不得是第几次到法院去了，为了这个案子。好在这是我执业以来的受理的第一个案子，反正我有大把的时间与他们周旋。

我实在不愿意再一次踏进那个法官的办公室，但是职责所在，我还是去了。看到我来了，那个老法官居然莫名其妙地起身迎接，并安排一个实习生模样的小姑娘给我倒了一杯茶，然后以一种极为和缓的语气说道：朱律师啊，这个案子你看拖得有点久了啊，我看我们双方再做点工作就差不多算了，你看怎样？

我说：行啊，但是他们家人也给我交了个底，如果赔两千块钱就同意调解，还说多一分也没有，我也是很难做工作啊。况且我还是觉得这个案子不构成轻伤啊。我想我的意见你们都应该知道了吧。

老法官说：知道了，所以我们也很是重视，这不又请你来商量吗，但是，两千，那怎么行，人家住院就花了两万多啊。

我惊诧道：不就是一点眼皮上的伤吗，缝了一针，花了两万多？

哎，老法官似乎一言难尽：后来精神病又发作了，在市里精神病医院住了两个多月，花了两万多。

我说：那，这也不是我的当事人的责任啊。

这个事情还真不能这么说，毕竟被告人打了他，说有责任也有责任，说没责任也没责任。他们认为是被打后诱发的精神病，所以我们还是认为他们的要求有一定道理。

我说，诱发的，说明这个人原来就有啊。打个架总不能把人打成精神病吧？

眼睑损伤

这时候法官话题一转说：朱律师，我们也看出来你很认真，跟其他律师不一样，很难得。但是还有个情况不得不给你说一下，被害人又找法医看了一下，法医说他左眼角有个一厘米的伤口，也是符合轻伤标准的。

说到这，我实在沉不住气了，一腔怒火腾地就起来了：你们自己法医搞的虚假鉴定，结果是一计不成又生一计，还有完没完，如果老这样我就去控告你们法医作伪证。

他说：这不是在与你沟通吗，生什么气啊。但是法医确实说了《人体轻伤鉴定标准》里面还有一条叫作"眼睑损伤影响面容者"也可以定为轻伤。

原来我的当事人打的那一拳正好打在被害人的左眼角上，当时左眼角上有一厘米长的伤口，缝了一针，但是几乎看不到痕迹。

说来也巧，我小时候摔了一跤，左眼角也留下了一个一厘米长的伤口，而且由于当时老家的医院里没有针了，就没有缝针，直接贴一块胶布就长好了。

我一边想着这个突发情况的应对策略，一边说：那不行还是考虑申请重新做个鉴定吧，免得双方分歧太大。

审判长说看情况吧，如果能调解，那就不用做了，说罢，他用一种异样的眼神看了我一眼，然后又快速闪了过去。

那一瞬间，我读懂了他的用意：定伤害没底气，想在"威胁"下调解。

同时我也看到了另一个层面的内涵："轻伤鉴定"的结论的确在法院内部产生了严重分歧。

但是，既然他提及新的法医意见，我还必须得认真考虑，于是说回去再跟当事人家人商量一下再说。

回去后我并没有与当事人家人说明情况，因为他们已经告知了我调解的底线，我也清楚他们给不了我任何可以参考的建议。所要做的就是再次研究如何破解这个所谓的"眼睑损伤影响面容者"。

如同前两次一样，专业的问题专家解决，我再次来到医院，找到一位眼科专家，为了节约时间,我单刀直入:我就是想知道这个位置叫什么。说着我指着自己左眼角上的伤痕部位。

眼科专家不假思索地回应道:这不就是眼睑吗。

我知道再问下去也许就是废话,但是还是心存不甘。我想了想又说:那我就直接说明我的目的吧,我是想知道用医学专业的术语能不能说这个地方不叫眼睑。

我的这个说法倒是让这位专家思索了一下,后来他说:这样,我回去查查资料,然后给你回话。

回到家中,面壁思索,我一个人独自在房间里琢磨后续的问题,开庭怎么辩护,质证怎么进行,不开庭,两千块赔偿真的能搞定吗?

夜色降临,我走出家门,夜晚的天空依然璀璨,我独自走在大街上,无心顾及身边往来的行人,天气渐冷,人们行色匆匆,我缓步慢行在有些清凉的微风中。难道是我错了?为什么这个案子大家都不愿意接手,我接手后为什么他们都以那样的眼光看我?我所做的一切真的毫无意义?同行们普遍认同的办案流程真的就是真理吗?难道,我是强迫症?或者,是偏执性心理障碍?

这样的思索常常在越来越冷的夜空里伴着我,只是依旧没有答案。很晚很晚,我准备睡觉的时候,忽然,电话响了。

眼科专家的,听到声音就感觉他的情绪异常兴奋,他在电话那头迫不及待地说:告诉你个好消息,你是对的。

我还没明白过来我什么是对的,眼科医生情绪激动地表白道:你们律师真是厉害,我这个搞眼科专业的都没重视的细节,居然被你们发现了,你所说那个部位还真的不叫"眼睑"。

我几乎停止了呼吸急切地问道:不叫眼睑,那叫什么,您说的是真的吗?

他说:我骗你干嘛,你不是要我查资料吗,是真的,资料里面写的那个部位叫作"外眦",而不叫作"眼睑"。

习惯性的逻辑思维让我马上又冷静下来:那"外眦"和"眼睑"怎么界定和区分。

他说:你这么问,其实我倒有点不知道怎么回答你了,还是你自己来看资料吧。电话那头的语气有点古怪,他接着说:我也不知道为什么,反正教科书上就是这么写的,还有图上也是这么标注的。

挂掉电话,我心里真是十五个吊桶打水——七上八下,我也不知道我的这个毫无根据的质疑居然真的会有这样的一个结果。这是巧合吗,这是命运的安排吗?

那一夜我没有睡着,倒不是因为窗外呼啸而过的嘈杂的车辆噪音,而是我处在一种难以名状的兴奋中。我闭上眼睛想象着天亮以后我拿着教科书给法官讲什么叫作"眼睑",什么叫作"外眦"。想着想着,我会心地笑了。20年后我记不得那一晚我躺在床上幻想了一个怎样的大律师梦。

我记不清为了这个案子,我多少次去法院,也许那时的法院与法官还是可以有交流和沟通的渠道的,放到现在,这种频繁的交流也许真的不可能了。更多的是到了法庭真刀真枪的"死磕"了。

我拿着眼科专家给我的一本高等医学院校眼科通用教材,翻到带有一个大眼睛图片的那一章节,折叠好,在法官面前摊开,我轻轻地说道:审判长,您好,我给您送来一样东西烦请您过目,说着打开我折叠好的那一页。

他还没有明白是怎么回事,我就开口了,您不是说被害人还有一处伤是"眼睑损伤"吗,那么请您看看被害人的这个部位叫作什么,这个地方不叫"眼睑",叫作"外眦"。这不是我说的,是教科书上说的。

其实我真的不知道,这本教材里的那一张图上,为什么把我们明明认为的上"眼睑"分为三个区域,眼球正上方的部分叫作"眼睑",靠近鼻梁的内眼角部分叫作"内眦",靠近耳朵的外眼角部分叫作"外眦"。

说罢老法官戴上了老花镜,抱着这本书仔细看起来,边看边发出一种怪异的声音:哎,哎,哎,这个书真有意思,明明就是眼睑,怎么变成了什么"外眦""内眦"呢?

那一刻,我就在等着看他那异样的神态,等看完了,我才说:审判长,放人吧,轻伤够不上了,但是人已经关押这么久,你看怎么办?

他放下老花镜说明天开庭。

我说好啊,此时的我胸有成竹,即便我不能左右判决的结果,我想只要有个开庭的机会,我就会在法庭上讲一讲什么叫作"眼睑",什么叫作"外眦",至于什么开庭时间没有提前三天通知,我也懒得计较了。

次日上午八点半,我准时到达法院等待开庭,然而到了九点还没接到开庭通知,我就上去办公室找到审判长,审判长说:等一等,领导正在研究。

正说着,电话铃响了,审判长接完电话,转身对我说:朱律师,还是调解调解吧,都是乡里乡亲的,也不要搞得矛矛盾盾的。

撤诉结案　不战而屈人之兵

我说调解很好,我当事人全权委托我代理调解,但是底线我早就告诉您了,两千元。审判长说:太少了,太少了,一万怎么样。

之前的多次调解从六万到五万,到四万到三万,到两万六,今天干脆直接到了一万。我确信这样的调解节奏只能说明一个问题:刑事部分不好下判,证据有绝对瑕疵,而且补充也不可能了,重新鉴定又不具备条件。所以,他们才会拖了这么久一直不开庭。

试想,一个普通的农民打了一个法院刑庭庭长的弟弟,然后什么 B 超报告、法医鉴定、逮捕决定书,调解威胁,这一环又一环,圈套式的锁链,早已将我的这位当事人紧紧锁住在牢笼里。如果不是我的坚守,谁知道未知的结果到底会怎样。

没想到的是,他们这一步步地紧逼,我一步步地反攻,最终形成他们一步步地退让,我一步步地占领的局面,谈判桌上,我们掌握了主动。

做出这样的判断还要归功于那一个临时的电话,隐隐约约我听到电话那头像是一个领导在指示:这个案子不要硬判,要想办法调解结案。

大势已定,我就坚持说,我们只有两千元,调解也是两千,不调解也是两千。

五千行不行? 另一位法官插话道。

不行,我们只有两千。

四千行不行? 庭长几近哀求地说道。

不行,我毫不退缩。

那三千算了,给我一个面子吧,审判长这回不容置疑地说道,带着一种长者的威严。似乎他说完这句话根本就没有想过我会怎样反应,也许这一招在他的法官生涯中屡试不爽。

对于审判长最后的一锤定音,应该从来就不会有哪个律师会真的坚持下去。

说完后他看我不作声,又接着说了一句,实在不行就开庭,现在十点半了十一点开庭,法警已经去看守所等着了。但是我分明从他那疲惫的声音中听到了投降的音符。

我知道这近乎于最后通牒了,我也曾想过,那一刻是否还有坚持的必要,两千、三千的一千块之差对于一个可能判处最高三年有期徒刑的被告人来说,用一千元换来立即释放是完全可以接受的数额。

可是,我想到了这个案子接手以来,他们步步紧逼又步步退让,仅仅法医鉴定问题就折腾我找了三位专家咨询。我决定分毫不让,当然这种折腾现在看来还真的是一种难得的历练。

否则到今天为止我同样在左眼角上的一处伤痕,我也不知道那个地方叫作"外眦"。

我想到一起简单的民事纠纷,做法官的哥哥竟然可以一手遮天非要弄个什么刑事案件以便索得更多的赔偿;想到当事人家人个个义愤填膺又毫无办法时的愤慨;想到我律师执业的处女之辩;想到那些同事们带着嬉笑般的眼神;我脱口而出:审判长,我们无罪,这一切都是你们搞的阴谋诡计,被害人根本不构成轻伤,你们自己的法医在没有对被害人做任何检查的情况下,仅仅凭借一份没有档案的 B 超报告单就得出致人入罪的结论。然后又偷换"皮肤创口"和"表皮擦伤"的概念。还说什么"眼睑损伤影响面容"。请问,这个案子里有"眼睑损伤"吗?"影响面容"吗?审判长,你看看我左眼角上也有一处一厘米的伤口,而且比被害人的还要大一点,你觉得我的面容很丑吗?

我一口气说完这些,审判长似乎异常冷静,他看了看我的左眼角上的痕迹,笑着说:朱律师,你当然不丑啊,但是这毕竟给被害人造成了一处伤痕,这是事实啊。好了,不说了,你说两千就两千吧,起草个协议双方代表签字吧。

说罢,审判长略微带着点轻松地对另一名法官说:你抓紧填写一份"释放通知书",叫他们家属到看守所等着接人吧。

中午时分,我律师执业生涯的第一位当事人,胡良友走出了看守所的大门。他的家人买了一挂鞭炮,在看守所门口围着他点燃起来。噼里啪啦的鞭炮声响起来,激动驱散了多日的疲惫。

我们在一个小饭店里庆祝他无罪释放,我的这位执业以来的第一位当事人喝了一口酒后狂发了一阵感叹:我靠!真没想到他先打我一拳,我就是还了一下手就被逮捕了,他们提审时说要判我三年刑,这世道真黑啊。

她姐姐笑着说道：你还说冤枉，你也不知道你打的是谁，人家是法院庭长的弟弟，要不是你堂哥的同学朱律师帮忙，你可不得坐三年牢啊。

说罢大家一笑了之。

这场没有真正走上法庭的刑事辩护，正是我拿到律师证之后的第一案，我经常号称这是我的"处女之辩"，是不战而屈人之兵。此后，我的那些律师同行们对我也刮目相看了，他们所有人都认为无可作为的案子，居然被我给搅翻了天，最终赢得对方撤诉的无罪结果。当然也有人说，这个律师，看来是脑子有问题，一个明明是黑的东西，到了他的嘴里，就变成你真的不敢再相信是黑的了；明明是白的，他会让你最终怀疑那不是白的。

我知道，他的这番评价，来自一位美国律师的对自己的调侃。事实上一个真正的刑事辩护律师，必须要能做到这样，我想，这也许就是人们常说的一种专业上的极致精神吧。

两位总理批示的大案
——周洪元票据诈骗案

事实上,刑辩律师的职业生涯很少充满鲜花和掌声,也很少收获荣耀和光环。更多的时候,我们面临的往往是荆棘密布、陷阱不断。也许,你付出了百分之一百的努力,但结果依旧不如人意。

可是,我们不能忘记,自你接受委托的那一刻起,当事人的自由乃至生命将托付于你,为此,我们唯有在风险中求得希望,在绝望中坚守信心。万一,在某一个特殊的节点,我们真的感动了他们呢!

令金融界头疼的十件大事之一

这又是一起公安部挂牌督办的大案。

与众不同的是,这并不是一起平常听起来那么血腥、那么惊悚的灭门、爆炸等暴力性案件。在普通公众的眼里,似乎很多人到最后也没看明白这究竟是怎样的一场犯罪。

但是,它的确是一件大案,大到当时的媒体报道这样开头:

标题:6.7亿惊天金融票据诈骗案告破

金黔在线讯:"经过6个月的艰苦侦查,我省首例央批、部督的'12·03'特大经济犯罪案件成功告破,11名犯罪嫌疑人全部落网。该案涉案金额高达6.7亿元。"

这个报道的第一段就出现了两个很是耐人寻味的关键词:"央批""部督"。

这个"央批"指的就是中央批示,"部督"指的是公安部督办。一起没有任何政治和社会影响,仅仅在银行内部引起关注的普通案件,凭什么会惊动中央和公安部呢?原来,这故事发生的背景更令人惊心动魄。

2004年,中国的金融界注定不平凡,大事一件接着一件,中国金融业改革的很多故事在这一年成为人们不能忘怀的痛楚。在这一年里,不仅有改革带来的欣喜和快乐,同样也有许多纠缠不清的事情令人痛心。萌芽于2002年的这起票据诈骗案在当年告破,加上另外一起我接触过的极其类似的案例,搅得中国金融界不得安宁,面对各界的质疑,银监会的头头脑脑们一筹莫展。这些事件的发生,使得正常的金融秩序被打乱,很多说不清道不明的阴影留在了2004年的记忆里。这些令人头疼的金融事件在唤醒了高层监管层的同时,一场全方位、多层次的预防金融风险及金融安全的预警系统也全线布开。

那么,这一年中国金融界到底发生了什么,我们回顾十多年前的2004年,依稀记得正是下面这样的十件大事集中爆发,才引得我所办理的这起发生在偏远贵州的票据诈骗案最终惊动了中央:

1. 中国第一金融大盗案。国洪起涉嫌利用债券回购,侵吞广东证券股份资产近20亿元,利用虚增国债抵押骗取广东发展银行贷款7亿元,操纵北京嘉利来项目股权抢夺案,诈骗南京禄口国际机场投资管理公司资金3亿元,并在山东、河北等地骗取贷款和抽逃资金。此案震惊高层,被称为全国的"金融大盗"第一案。

2. 引起国务院关注的江苏常州铁本事件。这起事件开创了中国金融界集体"失足"的历史先河。共计6家金融机构协助一个注册资本仅为3亿元小钢铁公司,烘焙着一个投资总额达106亿元的"大蛋糕",最终血本无归。

3. 首富周正毅操纵证券股票价格案。是年5月,上海农凯集团法定代表人周正毅操纵证券股票价格案发,后以操纵证券股票价格罪和虚报注册资本罪获刑。

4. 银行卡"霸王条款"事件被中国消费者协会曝光。当年农行准备对银行卡收10元年费的消息被媒体披露之后,银行卡年费引发社会普遍关注。

5. 德隆事件。曾经被称为"江湖上最后一个大佬"的德隆体系走向全面危机。当年4月开始,上海、重庆、山东、南昌、深圳等各地出现针对德隆的追债潮。而德隆在四大国有银行的贷款额高达200亿~300亿元,由于产业整合不利,银行紧缩贷款,德隆的资金链断裂并使各方陷入了困境。

6. 震惊银监会的国有商行内贼联手作案的两起重大票据诈骗案。这两起票据案件涉及河南、广东、贵州三省的多个城市,以及工商银行、农业银行、建设银行共5家分支机构,诈骗分子以金钱收买银行工作人员,利用商业承兑汇票回购和贴现方式骗取银行资金2.58亿元,损失非常严重,影响极为恶劣。

这两起案件涉及三家银行的多名工作人员,四名行长。被移送司法机关和受到开除党籍、行政开除等党纪、政纪处分的人员达35人。银监会还依据《银行业监督管理法》和《金融机构高级管理人员任职资格管理办法》,对移送司法机关和受到行政处分的有关涉案人员,分别作出了取消金融机构任职资格终身和10年、8年、5年的决定。

7. 震惊审计署的锦州交行与锦州法院联手作假案。

8. 王小石事件,这个把中国证监会推到风口浪尖上的证监会副处级工作人员王小石案发,从而揭开了中国证券市场"发审"制度"潜规则"的黑幕。

9. "网银大盗"克隆假网站事件。使得中国金融安全面临挑战。这一年假的中国银行网站、假工行网站出现,网上银行频遭"李鬼"骚扰,刚刚起步的中国电子银行业务受到巨大影响。

10. 中国版"巴林事件"。中航油演绎的这起事件导致六家中资银行身陷泥潭。因炒期货亏损5.5亿美元的"明星企业"中航油2003年获得1.6亿美元银团贷款,10家银行里,中资银行有6家。

细心的读者在这颇有总结性的罗列中应该已经发现,我所说的两起金融票据诈骗案集中在"令金融界头疼的十件大事"之六。在这个之六里记载的两起大案都与我有缘。第一起1.28亿元的票据诈骗案其中的一位当事人曾通过熟人找到我,希望我担任其辩护人,我也根据当时的资料分析这位当事人应该不构成犯罪。果然,不久,在还未等及进入审判,尚在侦查阶段的那位当事人就因为证据不足被释放了。而紧接着,当另一起涉案达6.7亿元的票据诈骗案当事人找到我的时候,则没有那么幸运了。

后来普遍被媒体称为"贵州周洪元6.7亿元票据诈骗案"便是接下来我要讲的案件。6.7亿元的诈骗数额在十几年前是那样刺眼,诈骗竟能涉案几个亿,的确绷紧了人们的神经:什么样的骗子居然能骗到几个亿,而且骗的还是国有银行的钱。

这个"骗子"究竟是何方神圣,又用什么方法居然整得中国金融界草木皆兵。

看来还得从头说起。

能人周洪元出山下海

"46岁的周洪元,广东珠海人,分别为珠海经济特区红大发展总公司、珠海中元科技投资有限公司总经理",当时媒体对本案主角周洪元的报道就这么简单。但是当我们深入地了解周洪元的个人经历之后,就会发现,这个案子发生在他的身上一点也不稀奇。因为,他的确是一个很能折腾,敢于又善于"吃螃蟹"的一个"能人"。

1975年,湖南隆回县一个偏僻的小山村,16岁的周洪元考上了一所兽医中专学校,三年后他毕业了。但是,他并没有从事兽医工作,而是在村子里开了个"人医"诊所。那时的农村缺医少药,村民们有个三病两痛,哪管他什么人医兽医,治得好病就是好医生。自幼聪慧出众的周洪元勤奋好学,很快就发现所谓人医、兽医,发病和治病的原理都是相通的,唯一不同的就是用药的计量和纯度。善于钻研的他很快就找到了两种不同药剂的计量和折算方法,治疗各种常见疾病已不在话下。

然而,安逸的生活方式似乎并不是这个聪明的年轻人想要的,已经有不错收入的乡村医生生活显然并未浇灭周洪元内心深处那一直扑闪着亮光的火苗。

不久,他就开始研究各种疑难杂症的治疗方法,不几年,成绩斐然,这个仅有中专学历的年轻人就在当地小有名气了。据家人介绍,在那一段时间里,他日夜潜心研究,发明了好几种神秘药方,特别是在治疗一些疑难杂症方面独树一帜。曾经,小诊所里日夜繁忙。靠着这种一传十、十传百的口口相传,远近几个县的人都来他这里看病。说来也怪,那个很年轻的"周先生"几乎是药到病除,一时间美名远扬。

这样一种忙碌、富足的日子过了很长时间,期盼着诊所生意继续好下去的周洪元家人并没有预想到他的人生将会发生什么变化。

闲下来的时候,这个年轻人最大的爱好就是看书,他经常会在忙完活计之后坐在诊所的院子里泡上一壶香茶,在落日下慢慢品味。竹林相伴,柳树依依,春鸟夏蝉。这样的光景即便现在看来也是令人感到惬意的时刻。

但是不久,在当地已经可谓功成名就的周洪元终于在20世纪90年代初期被改革开放的南方热浪冲击了。那时的报纸、电视整天大篇幅的报道海南开发、深圳、珠海特区经济发展的消息,看着看着,周洪元心头闪过一次又一次浪头,然而大潮过后,他又陷入了沉思。

湖南是广东最近的邻省,这里早有一大批年轻人奔赴那片热土开始了打工生涯,尽管那时的打工者多半是农村富余的、没有什么文化的劳动力。但是每次回乡他们所带回的各种信息和美丽的传闻一直在冲撞着周洪元那颗不安寂寞的心。

那段时间他无心思打理他的小诊所了,每当有从广东回来的乡邻,他都要前往拜访,追问着他们所了解的任何一丝关于广东那片热土的故事。

那一年,周洪元不再潜心研制他的秘方,他开始关注起经济类的书籍和报刊文章,收听各种改革方面的报道新闻。经过短暂的心理准备之后,终于,周洪元痛下决心,断然放弃红红火火的小诊所,在一个无人送行的早晨,提着一包换洗衣服,悄然一人踏上了奔赴南方的列车。

那一刻,他并不知道自己的未来。

广州火车站,人流如潮,随着人群下车的周洪元并不知道自己该往哪里去,他只知道,要来广东,要来这片热土。凭着感觉,他辗转来到珠海,在一个小旅馆住下后,匆匆吃了碗索然无味的面条,已是夜幕降临。拖着疲惫的身躯,他躺在五个人一间的客房里,望着忽悠忽悠的吊扇叶子,开始考虑自己的未来。

放弃好端端的诊所,只身一人闯荡广东,并不为家人所看好。但是,在周洪元心里,广东是一片热土,他隐约感到一种新的生活在向他召唤。不甘寂寞的周洪元决意在中国这片已然炙热的土壤开拓自己新的事业。

与其他打工仔不同的是,想了一夜的周洪元并没有去找什么工厂做工,也没有去应聘什么白领管理层。在他的心里给别人打工终究不是他的归宿,他所期待的是一种富有挑战的"事业"。

接下来的周洪元一连几天在珠海的大街小巷游走着,在那个美丽而又陌生的城市,他开始了自己新的寻梦之旅。

那天中午,临近下班,他找到了一家国有企业在珠海的办事处,这个办事处并不招人,但是他们有一件比招人更紧迫的事。原来那时的很多国有企业都在深圳、珠海开办所谓的"窗口",其实就是各种打着办事处名义经营生意。这个办事处进口了一批复印机准备销售,可国有企业那一套销售模式在改革开放的珠海似乎寸步难行。他们的销售员还是实行内地国有企业的定额工资制,销售员没有积极性,一大批复印机占满了仓库,正着急销路的经理终于在周洪元到来的那一天等到了他们共同的希望。

脑瓜灵活的周洪元一眼就看出企业面临的问题,他的销售改革计划给这个国有企业带来了全面的生机,周洪元跟经理谈道,自己不要工资,只要提成,同时还建议给他们自己的业务员除了工资之外也加上业务提成,以调动业务员的积极性。这项小小的改革获得经理的认可,很快周洪元几乎跑遍了珠海的每一家机关、事业单位。不到一个月,积压了一仓库的复印机销售一空,自然,周洪元也收获了到达广东后的第一桶金。摸着厚实的口袋,周洪元感叹道,一个小的销售方式的改善,一个月时间竟然赚了比他在老家辛苦一年还要多的钱。看来这真是一片大有用武之地的热土,他决定,留在珠海,再度开启他的梦想之旅。

周洪元俨然成为那家国有企业的红人,经理高薪挽留,承诺还要做更大的生意,但是,已经熟悉了珠海的周洪元知道那里不可能成就他"事业"的辉煌。

他接下来开办了食品加工厂、面粉厂,还靠着自己聪明的大脑异想天开地发明了系列儿童速食产品。研发了"聪明粥",并申请了专利,甚至还一度作为企业家代表陪同广东省主要领导赴美国考察。

本来,在那片热土,靠着周洪元的聪明才智和勤奋努力,成为一个极具实力的实业家也不过是迟早的事情。但是,也许是那片热土的感染,周洪元看到了另一种更为巨大的商机。

转眼到了2000年,世纪交替,各种机会和传闻接踵而来,变着花样的贸易方式也随着改革开放的深入出现在经济特区。融资、担保、承兑、贴现、票据等一批与金融相关的名词也开始出现在周洪元的脑海,这个兽医出身的"闯海者"很快就摸清了这里面的各种路径,同时也开始大胆的尝试。

于是就像开头所描写的那样,2000年,以周洪元为董事长的珠海经济特区红大发展总公司、珠海中元科技投资有限公司应运而生。

也正是在那一节点,国有企业的改制如火如荼地在全国进行,周洪元敏锐地嗅到一股巨大的商机向他袭来。

当时国有企业的改制热火朝天,但是,很多地方的改制其实就是一卖了之,而在卖的过程中基本上也收不到资金,因为多半要改制的国有企业都处于巨额亏损状态。但是也有一些大型的基础产业,由于盘子过大,改制进行的并不顺利。周洪元感到要抓住这个千载难逢的机会参与到这场火热的国企改制中来。

一些没有什么发展前景的小企业他不感兴趣,效益好的又已经被瓜分得差不多了。在发达地区和大中城市,改制的蛋糕基本分完。于是他将目光锁定在贵州,这个相对比较落后和贫瘠的山区省份。经过几个月的考察,他设计了一个庞大的收购计划,而这个计划的开端就选择了贵州的水电行业,他预计贵州这个水电大省,如果收购顺利,再加上他的管理革新,他的伟大的事业梦想即将实现。

但是这时候,一个新的问题也来了。这些基础产业规模太大,需要收购或者参股的资金量相当惊人。而此时的周洪元尽管有了一些前期积累,但是针对他100亿元的全国收购计划也还是杯水车薪。

这时候,发达的珠海,一些人开始做起了票据生意。他们在无法从银行贷款的情况下,开出承兑汇票,然后又利用承兑汇票的时间差,找经营票据业务的银行提前贴现,这样,钱就出来了,而他们只需要付出较小的贴现手续费。

当时在全国开始做票据业务的银行还很少,主要在发达的广东和江浙一带。但是地处中原腹地的河南在那个阶段忽然也异军突起,特别是相对还很落后的河南的工商银行出人意料地也做起了票据业务,一度其成绩显著还被总行表彰。不过,河南这块闭塞落后的内陆地区显然尚不具备票据业务那样的经济背景,市场活跃程度也满足不了他们的票据业务量。于是,一些金融掮客就开始在不同地区的银行和企业之间高速地活动起来。

广东作为经济开放地区,金融业务极为活跃,那里产生了一些早期的金融掮客,他们也迅速瞄准了河南这个畸形的票据市场。经过一些人的牵线搭桥,周洪元也终于走进河南,开始了这场令他险些丢了性命的冒险之旅。

人物:

周洪元,原珠海经济特区红大发展总公司(以下简称珠海红大公司)法定代表人。

易云,珠海红大公司会计。

石世芳,原中国农业银行贵州省分行瑞金支行行长兼党支部书记。

林凡勇,原贵州东龙实业集团公司(以下简称贵州东龙公司)法定代表人。

李晓燕,原中国工商银行河南省分行郑州市经纬支行副行长。

陈松鹤,原工商银行郑州经纬支行客户部经理。

陆世勤,原农行贵州荔坡支行行长。

农业银行荔波县支行入网

雄心勃勃的周洪元决定前往贵州考察国企收购项目,那天中午,波音737飞越贵州高原,天高云淡,人们进入昏睡之中,喜欢聊天的周洪元在与邻座的一位女子闲谈中得知她是一名会计,正计划在贵州筹备办事处的周洪元恰好也需要人手,当即决定聘任这个叫易云的女子为珠海红大发展总公司职员,负责协调贵州地区业务。周洪元安排给易云的任务就是在当地寻找项目,协助处理公司事务。

很快,熟悉当地人脉资源的易云带其认识荔波县原国税局局长董某,董某找到荔波县朝阳镇经济发展有限责任公司总经理伍英万。伍英万遂与周洪元签订了一份交易额为6160万元的购销合同。

随后,通过董某引荐,周洪元又找到荔波县农业银行行长陆世勤。陆世勤为朝阳镇经济发展有限责任公司开出的6160万元商业承兑汇票出具了担保函,但条件是周洪元将贴现后的2000万元存入荔波县农行。

2002年12月12日,荔波县朝阳镇经济发展有限责任公司开出8笔商业承兑汇票。同日,陆世勤为这8笔商业承兑汇票向工行郑州市经纬支行出具1份《商业承兑汇票(不可撤销的)担保函》。

于是,周洪元、易云带着以上资料和商业承兑汇票找到中国工商银行河南省分行郑州市经纬支行副行长李晓燕、客户经理部副经理陈松鹤。

2002年12月27日,郑州市经纬支行将上述金额总计人民币6160万元的8张商业承兑汇票扣除利息后予以贴现。当日又让周洪元将其中的6000万元转为珠海红大发展总公司单位半年定期存款存入该行,为河南某投资有限公司另办商业承兑汇票贴现提供质押保证。

之后,郑州市经纬支行再次为珠海红大发展总公司开具给河南某投资有限公司的6张商业承兑汇票办理一次贴现,总计金额人民币6000万元,扣息后将2000

万元转入农行荔波县支行珠海红大发展总公司账户。

贵州东龙公司入网

2003年5月,周洪元在贵阳又经易云介绍认识贵州东龙贸易有限公司法定代表人林凡勇。周洪元带给林凡勇一个无本获利的馅饼:周洪元以珠海红大公司的名义与其担任法定代表人的贵州东龙公司签订工矿产品(铝合金)购销合同,贵州东龙公司作为购货方,珠海红大公司作为销售方,合同约定两年的履行期限,货款支付方式则约定为商业承兑汇票支付。办成这些,林凡勇就可以获得50万元的利润。

在贵州,生意做得还算有规模的林凡勇听完后其实并没有反应过来这笔利润是怎么赚来的。相对闭塞的贵州企业对于周洪元所描述的合同融资计划似懂非懂,但是当他知道自己不需要付出任何投入,仅仅盖几个章子就可以获取利润的时候,林凡勇同意了。

6月6日,珠海红大公司与贵州东龙公司正式在贵州签订了5份工矿产品购销合同,即贵州东龙实业集团公司向珠海经济特区红大发展总公司购买铝型材,应支付货款人民币3.99亿余元,支付方式为商业承兑汇票。3天后,贵州东龙公司以商业承兑汇票出票人、承兑人的身份,按照合同总金额向珠海红大公司出具了43张商业承兑汇票。

拿到这些商业承兑汇票只是周洪元融资计划的第一步,因为,一个企业所开具的商业承兑汇票其本质上就等于一张欠条。在中国,不要说是贵州东龙这样的公司,即便是更大规模的国有企业,他们开具的商业承兑汇票,其价值也几乎为零。在基本的诚信体系还没有建立起来的中国经济市场,人们只相信大型国有银行,所以国内企业所能接受的一般就是银行开具的承兑汇票。在一些经济发达地区,人们普遍使用了银行承兑汇票,这样银行不用走贷款程序,企业也无须申请贷款,大家利用承兑期限的"时间差",企业赢得了资金,银行赚到了手续费,急需用钱的企业还可以拿这些银行承兑汇票找到另一家银行甚至个人"贴现",这样的一套运作流程之后,钱就提前出来了。

这种运作模式流行起来之后，人们还不太熟悉，实际上还有一种承兑汇票叫作商业承兑汇票，这种汇票是由企业开出来的，它理论上的作用与银行承兑汇票一样，即"承诺到时兑现"，但实践中却没有人相信它，因为如果到时兑不了现就变成了普通的企业债务，所以某种意义上说其本质与欠条无异。

那时候也几乎没有人在经济活动中会使用商业承兑汇票，而且国家对商业承兑汇票的管理也甚为严格。一般都被纳入中国人民银行的管控体系中。也就是说，能够开具商业承兑汇票的企业在当地一般都极具实力，而且也上了银行批准的可以开具商业承兑汇票的名单，名单里的企业才有开具商业承兑汇票的资格。

林凡勇在贵州尽管小有名气，但是他的企业还远远不具备可以开具商业承兑汇票的资格。

周洪元找到林凡勇开具商业承兑汇票，也仅仅是其整个融资流程的第一个环节，因为林凡勇开具的商业承兑汇票是不具有现实的贴现可能的。当然，如果林凡勇开具的商业承兑汇票有银行愿意担保，出具保函，特别是出具不可撤销的保函，那么，这些商业承兑汇票就自然具有了与银行承兑汇票同样的含金量。

周洪元的策略正是如此：签订合同，购货方不用付钱，出具商业承兑汇票，找一家银行对商业承兑汇票进行担保，然后拿着承兑汇票和银行保函找到另一家贴现银行进行贴现，最终钱出银行。这样的思路一环扣一环，看来逻辑清晰，纹丝不乱。

这条看起来严密的流水线，已经启动，并开始在周洪元的掌控下高速运转起来。

农行瑞金支行入网

2002年6月，周洪元得知中国工商银行郑州市经纬支行可以办理商业承兑汇票贴现业务。

只是，贴现银行也不是吃素的，工商银行经纬支行明确答复周洪元：贴现没问题，但是只针对银行承兑汇票，如果是商业承兑汇票，则需要银行的担保，担保银行必须开具不可撤销的保函。

然后，周洪元就开始在贵州找能开具商业承兑汇票保函的银行，经过介绍，周洪元找到贵州农业银行瑞金支行的行长石世芳,商定由石世芳以瑞金支行的名义提供商业承兑汇票担保函。

按照检察机关的指控,说周洪元约定按贴现金额0.8%的比率支付石世芳的"好处费",但是周洪元将好处费说是石世芳的借款。

5月23日,周洪元将50万元交给石世芳。

但是石世芳也开出了一个条件,即周洪元贴现回来的款要放在其任职的银行里存下来,至少得有2000万元的保证金存在瑞金支行。

同意了石世芳的条件后,根据约定,石世芳以瑞金支行的名义,出具了5份《商业承兑汇票(不可撤销)担保函》,即农行瑞金支行提供担保,保证在承兑人到期未还款的情况下,由农行贵阳瑞金支行无条件支付所有款项。

工行郑州经纬支行入网

即便这样,郑州方面也并不是没有考虑到风险,拿到贴现申请的郑州工商银行经纬支行为此还组织了一次专门的考察,考察完毕之后他们才同意为周洪元办理贴现。

其实郑州方面来贵州考察的意义并不大,无非就是一场形式上的过场,更多的意义也许就是一次旅游。因为他们拿到的贴现票据已经不再是一种普通的商业承兑汇票,这种商业承兑汇票的身上已经加盖了一道金色的护身符,那就是贵州农行瑞金支行的"不可撤销保函"。也就是说如果这些商业承兑汇票到时不能承兑,那么,那道护身符就会发挥作用,贵州农行瑞金支行自然就成为郑州方面的债务人,这样的保证,对于郑州工商银行经纬支行来说在法律上并不具有任何风险。

6月13日,工商银行经纬支行副行长李晓燕等相关人员,为该商业承兑汇票伪造增值税发票复印件并为上述合同项下的7张商业承兑汇票办理了贴现,金额总计人民币6600多万元,其余汇票约定分期贴现。

至此,周洪元完美的融资计划实现了,他从工商银行经纬支行拿到了第一笔贴现款。

只是这样的一笔6000多万元的贴现款对于周洪元宏伟百亿元国企收购计划

来讲依旧是杯水车薪。

他又找到石世芳,请其帮忙"融资",这一次,他提出希望贵州银行能直接开出银行承兑汇票。

2003年11月,石世芳以其他银行借用票据的名义,从农行瑞金支行重要凭证管理员处领取4本空白银行承兑汇票(每本25张,每张可填1000万元)交给周洪元填开。周洪元将其中一本已经开出,总金额人民币2.1亿元。因银行追查较紧,石世芳将其未开出的3本空白银行承兑汇票交回。

随后,工商银行经纬支行又用类似手法再次给周洪元办理了贴现,得款63 973 520元。

神秘的举报电话

也许是命运的安排,如果不是一个神秘的电话,本案也许不会发生。

11月底的一天,农行贵州省分行纪委的电话骤然响起,农行贵州分行纪委接到农行瑞金支行一个神秘的举报电话,称瑞金支行行长石世芳以其他行借用票据的名义,从重要票据管理员处领取了4本空白银行承兑汇票,每本25张,每张可填写人民币1000万元。每本涉及票值2.5亿元,但现在汇票已不知去向,如果全部填写,整整10个亿。

不管理具体银行业务的纪委书记一时还搞不懂这具体意味着什么,但是当他听到10个亿的数字时,浑身都起了鸡皮疙瘩。他绝对知道,在他分管的纪检领域,上亿元的数字一定会跟大案子联系起来。但是上亿元的案子,他可是从未遇到过。想到这个神秘的电话里说到的数额高达10亿元,他不敢懈怠,马不停蹄跑到行长办公室汇报案情。

紧急通报之后,农行贵州省分行当即决定对石世芳停职检查。

11月29日,在省农行交代问题的石世芳还回3本空白银行承兑汇票。两天后,又交回了另外一本。但这一本已全部填写,果然每张填写了1000万元,除了填错的4张,这本承兑汇票已经开出2.1亿元。

收回这些汇票,看着尚未使用,省农行的一干人马松了口气,石世芳也回到了瑞金支行。但此时,省农行的官员们还并不知道,一份从石世芳手里开出的"保函"将把他们带向一个新的深渊。

行长失踪脱而未逃

就在农行贵州省分行纪委继续调查此事时,12月2日凌晨3时,石世芳从瑞金支行消失了。当日下午4时,农行贵州省分行感到背后尚有隐情,当即决定向贵阳市检察院报案。

如此重大的情况,检察机关开始高速运转,不久,侦查人员就得到一条线索:石世芳准备回瑞金支行领取一笔报账款。于是侦查人员迅速赶到瑞金支行周围进行布控,当晚11时石世芳刚下出租车便被抓获。

侦查人员立即将石世芳带回反贪局进行突审,然而石世芳金口不开。就在此时,石世芳的手机接到其在瑞金支行的女友发来的两条短信息:"检察院的人正在找你""你应该早做决断"。

也许是女友的短信使得石世芳醒悟过来,次日凌晨3时石世芳开始交代其收受了珠海经济特区红大发展总公司总经理周洪元的50万元,答应帮其融资的事情。

但是交代了这些事情的石世芳神情异常不安,上午8时他利用上厕所的机会,突然一下推开法警,拼命朝楼梯口跑去。可没跑几步又被法警扑翻在地,抓了回来。石世芳的异常行为让办案人员感到案情的严重,贵阳市检察院何志坚副检察长听取汇报后要求立即成立专案组,尽快侦破此案。

12月3日下午,贵阳市检察院成立了由反贪局全体成员组成的史上最强大的专案组,一场大规模的抓捕静悄悄地拉开序幕。

12月4日上午9时,专案组接到瑞金支行的电话,称周洪元公司的一名女员工正准备在该行提取现金50万元,他们正在设法拖延时间,专案组迅速赶到瑞金支行将该员工控制。

经讯问,该员工交代其叫易云,是周洪元公司的财务人员,住在黔灵大厦。易云称,公司让她来提取现金,对其他事情一无所知。

专案组赶到黔灵大厦,又意外地在大厅里碰到正在办理退房手续的易云的姐姐和姐夫。

在黄金路易云姐姐家院子的煤棚里,办案人员找到一个隐藏的保险柜。打开保险柜后,办案人员吃惊地发现,里面全是合同和票据,大大小小加起来,涉及金额竟高达 14 个亿。

办案人员随即将易云及其姐姐、姐夫带回检察院。就在检察院的办公室里,易云趁办案人员不注意,悄悄从口袋里掏出一张纸条撕个粉碎,丢在墙角的一个废纸篓里。然而这没逃过办案人员的眼睛,通过仔细地拼凑,发现这是一张中国工商银行郑州市经纬支行贴现单据的复印件,上面的金额是六千余万元。

与此同时,保险柜里的 6 份合同引起了办案人员的兴趣,一份是荔波县朝阳镇经济发展有限责任公司向珠海经济特区红大发展总公司购买机械设备的 6160 万元合同。另外 5 份则是贵州东龙实业集团公司向珠海经济特区红大发展总公司购买铝型材的 3.99746 亿元合同。除了合同,还有数份《商业承兑汇票(不可撤销的)担保函》的复印件。

然而,荔波县朝阳镇经济发展有限责任公司、贵州东龙实业集团公司均不在中国人民银行及各专业银行下发的可以签发商业承兑汇票企业名册内。

12 月 7 日凌晨 3 时,连续工作了 7 天 7 夜的专案组里灯火通明,指挥联络组组长胡斌正与贵阳市检察院何志坚副检察长最终研究分析,初步判断这是一起金融票据诈骗案,鉴于涉案多家银行,案值高达数亿元,决定立即通过农行总行向国务院和中国银监会紧急汇报,请求指示。

两位总理批示　公安部挂牌督办

12 月 7 日上午,国务院接到中国农业银行总行、银监委关于贵州发生涉案 6.7 亿元票据诈骗案的紧急报告,其后:

温家宝总理批示　黄菊副总理批示:

"央批"的核心内容是要求:尽快抓获涉案嫌疑人,查清全案。

中央两位总理的批示迅速传下后,贵州全省立即动员起来,接到批示的当天夜晚,省委会议室,各路要员全部到场,省委书记钱运录亲自主持会议。待案情通报和传达完中央领导批示后,省委决定:本案中央高度重视,两位总理均有批示,公安部挂牌督办,贵州省将成立由省委书记钱运录担任组长的专案组,在检察院专案组的基础上扩充力量,将不惜一切代价,公检法联动,银行提供有力后勤保障,务必速破此案。

就在这个会上:贵州省省委书记钱运录,省长石秀诗,省委副书记、省纪委书记曹洪兴,省委常委、省政法委书记、公安厅厅长姜延虎,贵阳市市委副书记、市政法委书记秦如培,分别作出批示。

贵州方面批示的核心内容是:各机关大力协作,务必侦破此案。

跨省大抓捕

省委批示后,贵州省公安厅、检察院选调精兵强将,于12月15日协调贵阳市公安局、贵阳市检察院及农行等单位在吸收原贵阳市检察院专案组的基础上共同组成了新的大专案组。然后,历时数月,跨越五省、市,耗资数千万,开始了轰轰烈烈的跨省大追捕。

专案组兵分三路,一组赶到珠海冻结周洪元公司的一切账户,一组继续提审嫌疑人石世芳、易云,一组前往荔波县抓捕相关嫌疑人。

12月20日,专案组7名成员再次赶往珠海。在当地8家银行查询、冻结周洪元、其妻李帮仪及两个子女的存款,但却一无所获。

专案组从周洪元的公司入手,最后在珠海香洲路一家写字楼内找到了珠海经济特区红大发展总公司和珠海中元科技投资有限公司,但所有的公司账目全部失踪。

周洪元郑州被抓

2004年2月8日,周洪元刚好从贵阳赶到河南郑州,本计划找到行长李晓燕进一步商量贴现的相关技术细节,还未来得及见到李晓燕,2月9日,接到贵州方面协查通报的周洪元在郑州紫金山宾馆被抓获。而此前,贵州农行瑞金支行行长石世芳在贵阳已经被抓。

此时的周洪元,由于对李晓燕不断地提出各种额外条件也有点恼火,这次到郑州本来准备找李晓燕发个最后通牒,他写了张字条:"你拿了100万元,我的事情再不办,我就捅出去。"但是这张字条还未送出,自己反而被抓获了。

周洪元并未意识到自己已经涉嫌犯罪,而且还引起了中央的重视,他只是觉得自己是在下一盘很大的棋:利用各种银行和企业之间的票据管理政策不同,从中融资,但他压根儿没想到这样的融资方法会被定性为可能杀头的票据诈骗犯罪,并且已经惊动了中央。

专案组当即将周洪元及其公司的全部资产进行了查封。然而,专案组从当地工商、税务部门得知周洪元的两个公司2002年、2003年两个纳税年度在税务部门只纳了618元的个人所得税和办理税务登记工本费,被珠海市国、地税机关列为失踪户和非正常户,未进行任何经营活动。

李帮仪珠海被抓　林凡勇贵州被抓

2004年1月10日,在珠海警方的协助下,李帮仪被抓。

同一天,专案组在凯里市将精心化装准备外逃的犯罪嫌疑人林凡勇抓获。

经过全力追缴,贵阳市公安局、贵阳市检察院、郑州市金水区检察院、荔波县检察院共追回资金4840万元。

郑州女行长李晓燕被抓　客户经理陈松鹤被抓　律师张俊超被传唤

2004年2月12日,专案组何志坚副检察长、贵阳市公安局经侦支队黄克俭支队长一行12人抵达郑州,在郑州市金水区检察院的全力配合下,于当日下午6时将工商银行经纬支行涉案人员李晓燕、陈松鹤及郑州金学苑律师事务所律师张俊超等人传唤至金水区检察院办公室突审。

经过20多个小时的讯问,李晓燕供认其收受周洪元贿赂318万元,陈松鹤供认收受周洪元贿赂40万元,张俊超供认其经手为李晓燕收受300万元贿赂款的具体经过。

此刻,涉案人员全部被抓,全案告破。

银监会发预警通告

此案告破后,银监会也在总结教训,他们发现,本案之所以发生,也存在银行业务竞争、管理漏洞等全方位的问题,为此,银监会发出紧急通知,要求各商业银行认真吸取上述案件教训,分析票据业务中存在的风险和问题,切实加强管理,健全内控制度,有效防范票据业务风险。暂停部分银行的票据业务,限期整改。

法庭交锋

接下来的事情进展顺利,案件侦查资料完善后,很快就移送至贵阳市检察院审查起诉,由于贵阳市检察院在早期就介入了案件的侦查,本就是专案组的成员,所以审查起诉也仅仅是走一个法律程序而已。2005年初春,案件移送到了贵阳市中级人民法院准备审判。

本案涉案金额达到6.7亿元,涉及五个省,被称为2004年令金融界头疼的十件大事之一,不仅如此,更为令人感到压力的一个背景是本案曾惊动共和国两位总理:温家宝和黄菊两位总理分别对此案作过批示,公安部挂牌督办,贵州省委书记任专案组组长,这案子的辩护难度可想而知。

周洪元夫妻双双被抓,其远在海南的哥哥只好回来处理后续的法律事务,但是由于他还有自己的生意需要打理,联系找律师这样的事情就落在周洪元在香港上大学的儿子身上。周洪元的儿子正在香港读大学二年级,为了父亲的案子,长期请假也不是回事,干脆,他后来放弃了学业,专门跑父亲的事情。

他奔波于北京、珠海、湖南、贵阳之间,为他爸爸寻找律师,他先后至少接触了五批律师。

他们找到我的时候,案子已经进入了法院审判阶段。

说来也怪,我的很多案子,当事人都是在案件进入到后期,各种努力无望的艰难时刻才会找到我。马廷新案是这样,周洪元案是这样,还有很多很多的案子都是这样。

我介入周洪元案的时间节点只是比马廷新案早了一点点——一审还未开庭。

对于这样的一起大案,自然很多律师认为可以大有作为。对于刑事辩护领域毫不了解的周洪元家人,开始通过熟人也找了很多律师洽谈,但均不理想。这些律师有参加过律师辩论大赛获得第一名的青年才俊,有各种头衔的业界大佬,还有自诩"勾兑"过很多大案的诉讼掮客。甚至还有一见面就胸脯一拍,高声保证道:"孩子,你找到我就找对了!"的京剧演员,更有张口就开出百万元天价的一个山城小伙。

各色人等粉墨登场后,周家人最后还是确定由我出马辩护,但是此时一审开庭在即,他们找我的主要任务是接手二审,因为他们觉得这案子一定会有二审。

2005年3月,初春的贵阳已经叶芽吐翠,柳絮飞扬,迷人的春色荡漾于黔灵湖畔。但是,我们心里依旧冰寒如冬,这样惊天的大案,我们能否有所作为,是一直萦绕周身的一个会令人时不时打起寒战的问题。

尽管我的任务是二审,他们还是真诚地希望我能前往贵阳参加一审的旁听,以便进一步了解案情,为二审做好准备。

3月4日,贵阳市中级人民法院一个很小的审判庭里,周洪元案一审开庭。与想象不同的是,这个被媒体炒作了一年之久的"惊天大案",此时已经失去了应有的热度,媒体记者也仅来了两三家,而且都是本地的。旁听席上除了几个被告人的亲属,并无多少真正的听众。

此时,担纲周洪元一审的辩护人也是他们之前请的一位北京的律师,这位中年男子,相貌堂堂,声音洪亮,完全不需要现场的麦克风。开庭前,他还特意跑到公诉席前主动伸出手来与一位女公诉人打招呼,女公诉人很是勉强地带着极不情愿的表情和他机械性地握了一下手,场景稍显尴尬,如若不是这个细节,我依然会觉得他极具大律师气宇轩昂的风范。

我坐在旁听席上完整听完了这个案子,控辩双方自说自话,庭审一点儿也不激烈。一天时间庭审结束,一切又恢复宁静。值得关注的倒是本案另一位被告人林凡勇的辩护人,他的表现格外引人注目。这位贵州大学最资深刑法教授,同时也是贵州省最权威的刑事辩护律师,个子不高,身材清瘦,年纪在60岁左右。辩论开始后,这个看似无精打采的老人家居然声音高亢,语气抑扬顿挫。他一口气连珠炮般地为他的当事人林凡勇发表了逻辑严密、观点清晰的无罪辩护意见。说完后,不待休庭,也不向审判长请示,这位颇有个性的老人家径直走出法庭,来到走廊里点起了一支烟,深深地吸了一口,用标准的贵阳话轻轻说了句:这哪里是个犯罪。

我觉得,这老人家太可爱了,做律师做到这个份上也是到家了。他那瘦弱的身躯里竟然蕴藏了那么大的能量,他那不修边幅、满口方言的举止在那个法庭上居然会显得那么优雅,而当他发言完毕,起身离席而去的那一刻,留给人们的完全是一种充满孤傲的潇洒。如果他的普通话再好些的话,那辩护,倒也真的堪称完美了。后来得知这位老教授在当地威信极高,一些当地很有影响的大案几乎都会找他辩护,他也有很多学生都在公检法系统担任领导,所以在贵州,也只有他才可以在法庭上这样的挥洒自如。

庭审结束,当地媒体金黔在线发出报道,新华社也发了通稿。

标题依然很是醒目:"特大票据诈骗案贵阳开审。"

未出庭的辩护人

休庭后,我们心里都没了底,当事人家属预感不良,又多次与我商量下一步对策。

按说一审未判,还没到我们约定的工作环节,但是毕竟接受了二审委托,在等待一审判决的日子里,我也在着手二审的准备工作。这期间我们预估票据诈骗罪一定会定,但最担心的就是量刑问题。

我在检索贵州有史以来有关票据诈骗案的判决结果时,吓了一跳。我检索到,在贵州历史上票据诈骗案的最高涉案金额是400多万元,而那个案子的被告人被判死刑,这个情况我并未告知当事人家人,我怕他们经受不了这样着实能把人吓出一身冷汗的资讯。

但是我明白,相对于本案6.7亿元的数额,中央两位总理批示,媒体大规模渲染,如果真按照这样的有罪程序走下去,后果不堪设想。

影响一审法院的有罪判决,刻不容缓。"改变不了,也要动摇",这是当时我定下的方略,我觉得即便大势已去,我们也不能做任何的放松,坚持一刻是一刻,也许就在坚持中,我们会等来希望,至少不是那么绝望。在这种思想的支配下,我开始全方位的工作。

庭后换将

我们分析了本案的可能预期之后,周洪元的家人也紧张起来。我分析,本案是联合专案组办下来的,到了审判阶段,法院怎么可能会否定前边两家的认定,何况还有中央和省委领导的批示。

等下去,凶多吉少。我们唯一能做的就是尽快递交有分量的辩护意见,不仅如此,还要通过可能的途径将本案的一些值得关注的情况和法律分析报送相关领导层,这个案子已经不再是一起简单的事实和法律之辩,更多意义上讲,从政策和理论上寻找突破点,改变本案已经造成的被动局面则显得更为重要。

他们觉得这样的方案很有道理,但是苦于我也并不是一审辩护人,程序上还是没有理由介入本案,如果以我的名义写材料师出无名,我建议要不就等一审判决之后再说。

但他们决定,不能等到二审,提出在这个时候更换律师。

这个场景正如马廷新案一样,我和周洪元的家人一起也开始去贵阳中院递交变更辩护人的通知,同时,我也向法院递交了委托书和律师事务所公函。

贵阳中院的法官自然也是第一次遇到这种情况,对于一审已经开过庭,尚未宣判的案件,当事人提出更换律师的要求,他们不知所措。

我反复向法院解释,被告人的辩护权是法定权利,律师的辩护权和被告人的辩护权如影随形,不容忽视。在案件审理过程中被告人有权随时更换律师。而所谓审理过程应该指的是整个案件审理过程,只要案件没有判决,就应该属于审理过程之中,而不应该简单地将审理过程理解为开庭过程。

另一个层面上讲,根据法律规定,开庭后发现新的证据还需要重新开庭,法院发现需要自行调查核实的也可以自行调查,被告人新提出的辩护意见也应该听取,而这些理论上都应该有辩护律师的参与。

我进一步将"审理"二字作出说文解字般的解读,我说,法律规定的"审判过程",应该包括"审"和"判"两个环节。开庭仅仅是"审"的过程,庭后的合议庭合议,审委会研究则属于"判"的过程。因此被告人要求在案件未判决之前变更辩护人符合法律精神。

实际上早在办理马廷新案件的时候,我就查阅到了最高院的一个"准"司法解释,那是最高院给一个省级高院就同类问题的请示时所作出的批复。这个批复针对的请示内容是:二审期间,法院判决意见已经做出,但是判决书还未下发,被告人要求更换辩护人是否允许。最高院的答复是:二审期间,鉴于被告人和辩护人已经发表了辩护意见,且法院根据控辩双方的意见已经做出判决结果,仅仅由于判决未发,一般不再允许被告人变更辩护人。

但是本案的情况则与此批复的情况有所不同:本案是刚刚开完庭,合议庭和审委会还未研究,更未形成判决意见。那么按照最高院的精神,不属于不允许被告人变更辩护人的情形。我把这些规定和理由讲给贵阳中院的法官们听,但是他们仍然没有一个人敢于决定接下我的辩护手续。

胶着之际,我们选择了另一种方法。

回来之后,我如法炮制,又将律师事务所公函和委托书连同我的一审辩护意见一并用特快专递邮寄给了贵阳中院的周洪元案合议庭。

至少,此时,我完成了成为一个辩护人应该办理的所有手续,我认为,在法律上我就是辩护人了。我知道被告人聘请辩护人,特别是聘请律师作为辩护人是不需要法院审批的,既然不需要法院审批,那么我的义务仅仅就是告知而已,何况这种告知我还用的是"公函邮寄"的特快专递形式,为的就是将来有据可查。

于是,我就开始迅速工作起来。一方面我在北京着手组织专家论证研讨此案;另一方面我们通过各种可能的渠道将我关于此案无罪的辩护意见递交给贵阳中院审委会每一位委员。我知道这个案子至少也要经过贵阳中院审委会研究决定,合议庭那几个法官是一定不会擅自做主的。毕竟这里承载着八名从中央到地方要员的批示,哪一位作出批示的官员都比这几位合议庭法官的领导们高出若干个行政级别。

很快消息反馈回来,贵阳中院对我新提交的辩护意见极为重视,我的辩护意见被分发到每一位审委会委员手里。他们没想到这个没上法庭的编外辩护人竟然提出了全案无罪的辩护意见,这意见不仅有法律层面的论证还有金融政策层面的分析。不仅有现实的法律的规范,还有对未来立法的预期。据说在后来的审委会研究过程中,"极具有前瞻性"成为对我的辩护意见的一种评价,甚至在讨论中,一度认可无罪的意见并不在少数。但是,这毕竟是一起"惊天大案",反复几轮研究并未得出最终结论,也不可能会有最终结论。后来贵阳中院将此案上报省高院请示,高院意见也并不统一,但是谁也不敢拍板判无罪,判有罪倒是人人都没负担的。这样的意见反馈回来,贵阳中院最后还是认定本案周洪元的行为构成票据诈骗罪,但是相对于之前400多万元的票据诈骗罪就判死刑的量刑结果,贵州方面在本案的量刑方面,作出了相当程度的保留。

尽管我在辩护意见里阐述了那么多的理由,但是,我们也隐约感到,本案定罪无疑,但是对于案件性质存在的巨大争议和我的完全无罪的辩护意见,至少会使得对周洪元的量刑不会走到极端。

一审宣判　获刑无期

2005年5月10日,一个紧张的日子终于到来,此案一审宣判,几乎与我们预料相同,周洪元被认定票据诈骗罪成立,获无期徒刑。

宣判当日,《贵阳都市报》的新闻标题为:"巨额票据诈骗案一审宣判　主犯周洪元被判无期",相比较开审时的报道,语气和用词均发生了细微的变化:开审时的报道用的是"特大票据诈骗案",判决则用的是"巨额票据诈骗案"。熟知内情的人已经可以判断出案件审理的结果与之前媒体的报道出入较大。之前媒体报道的用词除了"特大""惊天"之外,再就是"总理批示""6.7亿元"这些撼天动地的字眼。而宣告判决后这些都不见了,只是用了"巨额",而实际上此时的"巨额"已经从"6.7亿元"变成了5211万元。

当天的媒体这样报道:

金黔在线讯　不法分子利用虚假购销合同,与金融系统职员内外勾结,利用票据套取巨额银行资金,涉案金额高达数千万元。日前,曾震惊国内金融界的"周洪元系列票据诈骗案"(本报曾作报道)审理终结,贵阳市中级人民法院对涉案的几名重要成员作出了一审判决。以票据诈骗罪、行贿罪判处周洪元无期徒刑,剥夺政治权利终身,并处没收财产人民币100万元;以相同罪名判处林凡勇有期徒刑15年,剥夺政治权利5年,并处罚金人民币40万元;易云有期徒刑15年,剥夺政治权利5年,并处罚金人民币40万元;以隐藏会计凭证、会计账簿罪、转移、窝藏赃物罪判处李帮仪有期徒刑4年,并处罚金6万元。

判决书认定的事实是这样的:

2002年6月,珠海经济特区红大发展总公司(简称红大公司)总经理周洪元和该公司职员易云得知工行经纬支行可以办理商业承兑汇票贴现业务,遂以考察出票企业及担保银行资信情况为名,邀请工行经纬支行时任副行长李晓燕(另案处理)、客户经理部副经理陈松鹤、客户经理魏璐璐、刘杰到贵州黔南自治州荔波县游玩,借机拉拢关系。此后,经荔波县国税局退休人员董王番(原局长)介绍,周洪元结识了该县朝阳镇经济发展有限责任公司法定代表人伍英万、农行黔南自治州分行荔波县支行(简称农行荔波支行)行长陆世勤二人。2002年11月,周洪元与伍英万签订一份金额为6160万元的虚假机械设备购销合同,伍英万为此签发8笔、金额6160万元的商业承兑汇票;周洪元要求陆世勤为该8笔汇票贴现提供担保,在周洪元允诺将2000万元贴现款存入农行荔波支行,并由易云为其伪造该行上级行授权书后,陆世勤为8笔汇票出具了不可撤销担保函。随后,周洪元、易云找到工行经纬支行李晓燕、陈松鹤、魏璐璐、刘杰等人办理贴现,在周洪元许诺事成后给予好处费并答应李晓燕提出的将部分贴现款存入其指定银行的要求后,李晓燕授意魏璐璐等人伪造了增值税发票复印件,并办理了贴现。

2003年6月,上述8张商业承兑汇票到期前,为归还工行经纬支行贴现资金,同时骗取更多的银行资金,经易云介绍,周洪元结识了贵州东龙贸易有限公司林凡勇并与之共谋,双方签订5份虚假工矿产品购销合同,并开具商业承兑汇票共43张、3.99亿元。之后,经林凡勇介绍,周洪元又结识了农业银行贵州省分行营业部瑞金支行(简称农行瑞金支行)时任行长石世芳,并向其行贿50万元,石世芳越权为此43张商业承兑汇票出具了《商业承兑汇票(不可撤销的)担保函》,工行经纬支行李晓燕、陈松鹤、魏璐璐等人为该43笔中的7笔、6664.7万元商业承兑汇票伪造增值税发票复印件,并于2003年6月13日办理了贴现。当日,工行经纬支行从红大公司账户上扣收了2002年12月27日红大公司贴现票据到期款项。

2003年11月24日,石世芳以某银行需调剂银行承兑汇票为名,从农行瑞金支行骗出4本空白银行承兑汇票,交红大公司周洪元填开。重要空白凭证管理员经多次催还无果后向上级行报告,案件由此暴露。经公安部门立案侦查,将4本汇票全部追回,其中有1本已被全部填写,开出金额2.1亿元,由于及时堵截,未造成损失。

经查,上述2笔共1.28亿元票据贴现资金被红大公司周洪元及其妻用于收购企业和大肆挥霍外,还分别向李晓燕、陆世勤、石世芳等人行贿318万元、192万元和50万元。

法院最后认定周洪元等人利用票据套取银行资金共计5211万余元,造成银行贴现款1557万余元无法追回。

这个看起来在用词上带有一定情感色彩的判决书最后实际上还是提到了周洪元"收购企业"的描述。其实,这才是周洪元试图利用票据贴现换取资金以完成其宏伟的百亿国企收购计划的初衷。

辩词逆天而出　二审纠结难判

本案的巨大影响,让我们在贵州的工作开展得也异常艰难,几乎到了投书无门的地步。那一阶段整个贵州省谈"周"色变。

也难怪,省委书记亲任专案组长,两位总理批示这样的大案在贵州的历史上未曾发生过。我们所希望的通过人大、政协、省委、省政府、农业银行等所有的环节沟通此案的渠道都不畅通,所有的机关接待人员一听是"周洪元"的案子都赶紧像躲瘟神一样避开了。

毕竟一审判的是无期徒刑,没有我们所担心的那样太过绝望。这让我们的二审显得没有那么急迫和沉重。

不久,案件移送到了贵州省高级人民法院。

贵州省高院和贵州省检察院共同挤在一栋破旧的大楼里,两院需要从一个大门进去,这个带有最明显中国印记的旧式建筑是那个年代中国司法关系的真实写照。

大楼虽然破旧,但是高高的石台阶安静地诉说着他们的威严。穿过黑暗而弯曲的走廊,我来到这个案件的二审法官办公室,接待我的是一位杨姓法官,据说是贵州师范大学体育系毕业的法官,第一次见面简单办完相关手续,我开始复制八十多本案卷。伴着四台破旧的老式复印机的丝丝轰鸣,我在不停思索着下一步的行动计划。

虽然我们不知道这个案子的二审是否会开庭,但是我一直等待着,等待的日子里我在收集与本案有关的所有知识。渐渐地,我的一个新的辩护思路出来了:本案要用发展的眼光来看,本案的实质并不是票据诈骗而是利用票据融资,只是在这个融资的过程中,使用了违规的手段。

那么这一课题又带给我新的思考:在中国,票据的功能究竟是什么,我国的票据法与国外的票据法有何不同，国外有没有类似的案例。对于一个正在大规模改革开放，建立市场经济的国度，票据法这种西方的舶来品，在它们的老窝是怎样发展的呢，我必须知道，也许它们的现状就是我们的未来。正如投机倒把罪的历史命运一样，一些暂时还不为常人所理解的模式最会终会被社会所认知。

接下来，我一趟又一趟地跑贵州，会见、沟通，随着时间的推移，我关于此案无罪的辩护意见也在贵州司法界传播开来。一个显著的变化是，二审期间本案的敏感度逐步下降，人们开始敢于和你交谈了，法官也终于可以认真听取你的意见了。

不仅如此，我还为身体不适的周洪元成功地申请到转入医院候审的待遇。

与普通医院没什么不同的贵州武警医院，离机场不远，每一次会见也相对方便，在医院的走廊里我们随意交谈，并无人监视。那些日子，我才开始真正了解这个"惊天诈骗案"的被告人，原来竟有着一个宏伟的报国之梦。

他说通过在珠海的工作和经历，他发现国企资源丰富，发展前景看好，但是又深知国企管理落后，早已不再适应改革开放的现实要求，而他就是想通过自己的能力搞好盘活一些国有企业。但是限于身份的关系，他并不是一个"国家工作人员"，没有资格进入这个领域。后来，风风火火的国企改制在全国铺开，他认为机会来了，注重实业的他也并没有像一些普通的投机者那样看中的仅仅是破产国企的土地或者商标等资产。他想做的就是真正地收购盘活一些大型的有潜力的国企。只是缘于资金匮乏，他才想到了这种利用商业承兑汇票贴现期间的时间差换得资金，他认为这种模式其实是相当于信用贷款。

而这种运作模式在具有融资功能的一些西方国家票据体系中是一种普遍的经济现象。但是没想到，这种超前的运作模式已经超越了中国票据法的规范。

通过一次又一次的了解，我慢慢地发现这个"惊天诈骗案"的被告人内心深处居然还对这个世界怀有一种悲天悯人的大爱关怀。他说自己早年在老家开诊所，为的就是像古人一样悬壶济世，救助乡亲，他经常夜以继日地研究治病的药方，终究发明了几味特效药方，治好了众多乡亲的疾病，说到这里他的嘴角时常会带有一种不易觉察的自豪。他始终不认为自己是诈骗，所以他希望我能将他"根本不是以非法占有为目的"的主观心态一定要向法官陈明。

记不清是多少次会见，我感受最深的是，他每一次都很客气，语气和缓，面带微笑。除了关心家人，他特别担心的是孩子的学业。

而我们一直没敢告诉他的是,他年仅20出头的那个懂事的孩子为了拯救尚在牢狱之中的父亲已经从香港理工大学辍学了。我也曾劝他儿子不要放弃已经读到大二的香港名校。但是他语气轻轻态度淡定而又坚毅地说,学习的途径很多,在香港他放心不下爸爸。案件审理到了后期,他们家在金钱方面异常困难,我后来的住宿条件也从星级酒店转到单位招待所,后来又从单位招待所,转到了小干店。再后来,他儿子甚至租了一套小小的民房在贵阳住了下来,为的就是能及时为患有疾病的父亲送去药品和第一时间知道父亲的消息。

多少年来,我们办理了一起又一起大案,每一起案件中我都会发现其实这些往往被媒体描述为"妖魔"的当事人,他们的内心事实上都没有那么邪恶,有的恰恰非常柔软和善良。当你打开心扉用你的知识和智慧去帮助他们的时候,往往会收获到一种在凡尘俗世中难觅的感动。

我一次又一次前往贵州高院阐述我的无罪辩护意见,每一次我都会试着找一个新的角度,说多了,我自己都确信这是一起典型的无罪案子了,甚至,我都忘记了本案还有行贿的事实。

而高院的法官们每一次也都是关注地听我讲述,并不多插言。我试图用不同的逻辑关系和通俗的比喻来陈述我的观点,偶尔,我也会从对方的一闪而过的眼神里捕捉到一线微妙的希望。

这时候,漫长的等待已经不再让我感到是一种超审限的违法,带给我的反而是一种渺茫之中的信心。

我知道,这样的案子,到了高院一般会很快二审维持。而那时,高院越是长久作不出判决,我越是觉得希望在加码,周洪元的家人与我一样,总是在这般煎熬中又带着一丝期盼,我们都在等待风雨过后的彩虹。

但是,这样的等待一天天继续,一晃就是两年多,依然没有任何消息。审限早已超过,延期时限也早已过期,依然没有来自贵州高院的结果。

后来我们就寄希望于从程序违法入手,希望高院能发回重审,也许,这将是一个新的转机。

但是我们得到的消息是本案在高院已经上过审委会,但是意见不统一,有罪无罪分歧明显。鉴于本案的"央批"和"部督"的背景,高院已经将此案上报到了最高人民法院,他们也在等着"上边的意见"。

法院内部一直以来就有一个饱受诟病的制度叫作"内审",也即下级法院往往会把疑难复杂的案子逐级上报请示,直到等来一个上级法院的明确指示,才会下判。这样的体制并不为外界所知晓,但是它的确存在着,并在全国法院系统发挥着巨大的作用。疑难案件都在上报请示中,这样一旦将来案件出现问题,都会拿出那份装订在一本叫作"内卷"里的批示遮挡自己的责任,本案也正是如此,在这样的"内审"请示中,我们的等待开始变得遥遥无期了。

两地法院判决"打架"

正在我们焦急地等待二审结果的时候,这起案件又因工商银行河南分行的起诉引得河南、贵州两省在案件性质上作出截然不同的判断。河南省高院的民事审判认定本案不构成诈骗,以民事案件作出一审判决,这在两省掀起轩然大波。

河南高院认为不构成票据诈骗罪。

原来,周洪元被抓后不久,珠海红大公司与工商银行经纬支行的协议还款日也到了,经纬支行便自然向珠海洪大公司、中元公司、农行瑞金支行、贵州东龙公司提起民事诉讼,要求行使票据权利,追偿贴现款。贵阳农行瑞金支行就本案管辖权提出异议,后经最高人民法院裁定由河南省高级人民法院审理此票据纠纷案。2005年3月7日河南省高级人民法院作出一审判决。在河南省高院编号为(2004)豫法民二初字第4号判决中有这么一段话对本案作出定性:"瑞金农行称本案属于票据诈骗理由不成立,其辩称李晓燕、陈松鹤等人与周洪元、林凡勇共同谋划、恶意串通、共同实施票据诈骗犯罪证据不足,本院不予采信。"最后河南高院判决贵州东龙实业(集团)公司、珠海经济特区红大发展总公司、农行瑞金支行在判决生效后10日内连带清偿中国工商银行经纬支行汇票款53 479 944元及利息。

河南省高院判决与贵阳中院的判决定性相左,这样的情形极为罕见。在贵阳市中级人民法院的筑刑二初字第9号刑事判决书中,对本案作了这样的定性:本院认为,被告人周洪元、林凡勇、易云以非法占有为目的,采用"汇票的出票人签发无资金保证的汇票"的手段,进行金融票据诈骗活动,两次共计骗取国有银行资金52 110 184元,造成贴现款人民币15 576 750元无法追回的损失数额特别巨大、被告人周洪元、林凡勇、易云的行为均已构成票据诈骗罪。应依法处罚。

也许这样的意外,对于我们正在努力的二审是个机会。我们认为,本案属于一种民事票据行为,河南高院将本案作为民事案件审理是正确的,而且在管辖权方面也得到了最高人民法院的认可。有鉴于此,我们再度加强与贵州方面的沟通,并向最高院反映,希望最高院能在两省不同的判决中作出恰当的处理。

我们给贵州高院的辩护理由中强调:贵阳中院之所以将本案认定为刑事犯罪,是对《刑法》第194条的错误理解和对票据法相关知识的生疏而导致的。贵阳方面认为本案属于票据诈骗仅仅是从本案中有票据行为、有银行资金流出、有到期可能还不回的风险、有无法执行的合同等方面作出的判断。但是这种判断不应是法律的判断,而是普通百姓的感性判断。本案中周洪元的行为包括两个方面,也即本案存在的两个法律关系,其一是红大公司与东龙公司的贸易法律关系;其二是红大公司与郑州经纬支行的票据法律关系。根据票据的独立性、无因性,红大公司用经承兑和有保证的商业汇票到郑州经纬支行办贴现是一种合法的商业行为。贵阳中院的判决书含糊其词地认定周洪元骗取了国有银行的资金,但却不知道骗了哪家国有银行的资金。如果说是骗了工行经纬支行的资金,那么经纬支行自己都不认为被骗,从河南高院的判决书中可以看出事实上也未被骗。那么,在被判犯有诈骗罪的一方不承认自己实施了诈骗,认定受骗的一方也不认为自己被骗。那么贵阳中院认定当事人双方一个是诈骗一个是被骗岂不荒唐?

进一步分析我们还发现,贵阳中院的判决有一个非常奇怪的逻辑,他们将周洪元和林凡勇作为共同犯罪,但是《刑法》第194条"汇票的出票人签发无资金保证的汇票"的题中之意是指汇票的出票人为了骗取收款人的财物而进行的诈骗活动。具体到本案中也即林凡勇的东龙公司如果为了骗取周洪元的红大公司的财物而开出无资金保证的汇票,则东龙公司可能构成票据诈骗。但贵阳中院将出票人东龙公司的林凡勇和收款人红大公司的周洪元这两个票据关系相对方的法定代表人作为共犯认定,就出现了被骗人同诈骗人一起共同自己诈骗自己的悖论。因此贵阳中院的判决就有一个无法解释的矛盾留在了判决书里。

我们期望贵州高院在二审当中能注意到这样的问题。

慢慢地,关注此案的人们已经从法律界转换到法学界和金融界,他们通过不同的视角也在全方位透视着这起"惊天大案"。

一种法学专家的声音是：认为本案实质是一种不规范的票据贴现行为，是票据融资的一种形式，由于我们国家比较强调票据的结算功能，因此不太注重票据的融资功能，加之我国票据法是1995年制定的，已经有很多方面不适应市场经济发展的需要，如票据法中没有规定商业本票，只有银行本票。所以实践中有一些单位就用商业承兑汇票进行贴现融资，这已经是公开的秘密。正是由于法律的滞后，所以在一些地区，特别是不发达地区人们在观念上往往会把这种行为认为是犯罪。但是认定犯罪要严格按法律规定来，因为票据诈骗罪最高可以判处死刑，在认定死刑与无罪之间不能凭感觉行事，要结合目的、手段、是否有归还的行为和意图，是单位行为还是个人行为，是民事欺诈还是诈骗犯罪要严格区分，否则极易出现错误判断。

争辩的声音越来越多，我们自然也感到希望越来越大，后面我又就本案如果作出有罪判决，那么河南高院和贵州高院这两个生效判决的执行也会发生冲突的担忧提交给了贵州高院。我们提出：本案由于出现了两个完全不同的判决，那么在执行中将会出现什么情况就成了人们最关心的问题，如果按照河南省高级人民法院的判决执行，那么农行瑞金支行、东龙公司、红大公司以及中元公司将连带承担归还工行经纬支行的贴现款；如果按照贵阳中院的判决执行，那么则全部由红大公司和周洪元的个人及家庭财产承担责任，并且还要承担100万元的没收财产刑，同时周洪元还要在监狱无期服刑。但是法律规定人民法院的判决都是要执行的，两个判决都执行了就会出现工行经纬支行在本案中得到双倍的利益。即农行瑞金支行等的民事赔款和对周洪元的刑事追缴款。

这种意见并非空穴来风，我们提出的法律依据是：

《刑法》第194条：有下列情形之一，进行金融票据诈骗活动，数额较大的，处5年以下有期徒刑或者拘役，并处2万元以上20万元以下罚金；数额巨大或者有其他严重情节的，处5年以上10年以下有期徒刑，并处5万元以上50万元以下罚金；数额特别巨大或者有其他特别严重情节的，处10年以上有期徒刑或者无期徒刑，并处5万元以上50万元以下罚金或者没收财产：

（1）明知是伪造、变造的汇票、本票、支票而使用的；

（2）明知是作废的汇票、本票、支票而使用的；

（3）冒用他人的汇票、本票、支票的；

（4）签发空头支票或者与其预留印鉴不符的支票，骗取财物的；

(5) 汇票、本票的出票人签发无资金保证的汇票、本票或者在出票时作虚假记录,骗取财物的。

使用伪造、变造的委托收款凭证、汇款凭证、银行存单等其他银行结算凭证的,依照前款的规定处罚。

而根据《最高人民法院关于在审理经济纠纷案件中涉及经济犯罪嫌疑若干问题的规定》第11条:人民法院作为经济纠纷审理的案件,经审理认定不属于经济纠纷案件而有经济犯罪嫌疑的应当裁定驳回起诉,将有关材料移送公安机关和检察机关。第12条:人民法院已经立案审理的经济纠纷案件,公安机关和检察机关认为有经济犯罪嫌疑,并说明理由,附有关材料函告受理该案的人民法院的,有关人民法院应当认真审查,认为确有经济犯罪嫌疑的,应当将案件移送公安机关或检察机关,并书面告知当事人,退还案件受理费;如认为确属经济纠纷案件的,应当依法继续审理,并将结果函告有关公安机关或检察机关。根据这些规定,此案明显就属于后者,即河南省高级人民法院认为此案属于民事纠纷,不构成犯罪,应该继续审理,但是此时,一个尴尬的局面已经出现:河南省是高院认为无罪,贵州是中院认为有罪。而河南高院审理本案恰恰是在贵州高院和河南高院就本案(民事案件)管辖权发生争执时由最高人民法院裁定由河南高院管辖的。

这种本不应该发生的局面一时难以破解。

核心辩点

下面就是我在二审提交的辩护意见的主要内容:

一、本案一审诉讼程序严重违法

首先,本案一审开庭后,检察机关因需要补充侦查而申请法院延期审理一个月。但是在检察机关补充侦查完毕后,贵阳中院并未按法律规定重新审理,更未对补充侦查的证据进行任何质证或说明。其次,被告人周洪元在补充侦查期间也提出了变更辩护律师的申请,但是贵阳中院并未同意被告人变更辩护律师的申请,也未作出任何说明。对变更后已经送达律师公函的辩护律师和辩护意见没有在判决书中列明。最后,本案一审未进行公开宣判。由于一审法院存在以上严重违反法律程序的行为,完全有可能影响本案的公正处理,根据法律规定,我们首先建议二审法院对此案发回重审。

二、被告人周洪元不具备票据诈骗犯罪的主体资格

本案被告人周洪元用经承兑和保证的商业承兑汇票到银行办理贴现是正常、合法的民事票据法律行为,其所持有东龙集团出具的商业承兑汇票是真实的、有效的,并经贴现行查证属实,而且还提供了相应担保。其并不符合《刑法》第194条关于明知是变造、伪造、作废的汇票、支票、本票而使用,也未触及冒用他人的汇票、本票、支票以及签发空头支票或者与其预留印鉴不符的支票骗取财物,更没有触及有关汇票、本票的出票人签发没有资金保证的汇票、本票或者在出票时作虚假记录骗取财物的相关规定。本案中周洪元的红大公司是商业承兑汇票的持票人、收款人,林凡勇的东龙集团是商业承兑汇票的出票人、最终债务人。所以本案被告周洪元不符合《刑法》第194条关于票据诈骗犯罪主体的任何一项规定。因此,周洪元不具备票据诈骗罪的主体资格。

三、被告人周洪元不具备票据诈骗犯罪的主观要件

1. 票据诈骗罪是目的犯,以非法占有为目的是该罪必备的主观构成要件

票据诈骗罪是从传统诈骗罪中分离出来的,作为以非法占有为行为特征的侵犯财产所有权的犯罪,主观上非法占有目的是该种犯罪的题中之意,非法占有目的是票据诈骗犯罪与票据民事纠纷的最本质区别。票据诈骗罪是目的犯,必须具备非法占有目的才可构成犯罪,这是系统解释论和目的解释论的当然结论,对此理论界和实务界已达成共识。2001年《全国法院审理金融犯罪案件工作座谈会纪要》中明确指出:"金融诈骗犯罪都是以非法占有为目的的犯罪。"因此,认定一个行为是否构成票据诈骗罪,必须先考察其是否具有非法占有的目的。

2. 非法占有不包括合法或非法占用

票据诈骗罪中的非法占有与民法上的不法占有意义不同,其侵犯了民法意义上所有权的四项基本权能,内涵是指行为人基于不法所有的意思,排除财物权利人的控制,对他人财物进行事实上的管领、使用、处分。非法占有与非法占用在客观上都表现为行为人事实上对他人财物的控制,但其故意因素有差别,非法占有是基于不法所有意图,不打算归还;而非法占用是基于临时借用目的,有归还的打算,而这也是诈骗型财产犯罪与挪用型财产犯罪最根本的区别,它反映了行为人的不同

主观恶性和行为的不同客观危害。票据诈骗罪中的非法占有目的不包括合法或者非法占用。尽管票据诈骗罪是从传统诈骗罪中分离出来的,但其原有的根本特征并没有也不可能有所变化,侵犯财产所有关系作为票据诈骗罪侵害客体之一,是行为人出于不法占有意图实施骗取他人财物的行为而产生的结果,将非法占用纳入票据诈骗罪目的中,混淆了刑事票据诈骗犯罪与民事票据骗借的界限。

本案被告周洪元共进行了两次贴现,其中第一次贴现款已经全额归还,第二次贴现款在到期前已经归还了部分,并就未归还的部分向贴现行出具了延期付款计划书,并得到贴现行的认可。周洪元与贴现行之间的票据贴现业务是正常的商业行为,从两次贴现情况来看,周洪元客观上均有归还行为,并在到期前对剩余部分做出了还款计划。从其行为上看也完全可以推断出其根本不具有非法占有银行资金的意图,否则在第一笔贴现款到手之后,周洪元完全没有必要费周折再次贴现予以归还。

票据诈骗罪首先要求行为人主观上要有非法占有的目的。票据诈骗罪是诈骗罪的特例,任何诈骗行为在主观上必须要有非法占有的目的,这是刑法理论界不争的观点,此观点也被最高法院认同。我们应当坚持主客观相一致的原则,避免单纯根据损失结果客观归罪,而应当根据案件具体情况具体分析,从其行为推导出其主观心态。

根据最高人民法院2001年1月21日下发《全国法院审理金融犯罪案件工作座谈会纪要》(法〔2001〕8号),对金融诈骗罪中认定"非法占有目的"作出的明确规定来看,周洪元的行为完全不符合非法占有的目的。

四、本案周洪元没有实施票据诈骗的客观行为

所谓票据诈骗罪,是指以非法占有为目的,进行金融票据诈骗活动,数额较大的行为。认定时应当注意本罪的犯罪方法是绝对法定的。除法条所列举的五种犯罪方法以外,其他行为不构成本罪。本案周洪元的行为只是将商业承兑汇票拿到贴现行进行正常贴现,根本没有实施法律所列举的犯罪行为。

五、本案没有对刑法所保护的客体造成任何侵害

票据诈骗罪侵害的客体是复杂客体,一方面它侵犯的是国家的金融管理制度;另一方面它还侵犯了公私财产所有权。本案中检察机关指控周洪元犯有票据诈骗罪,但却指不出周洪元骗了谁。票据诈骗案的受害者是东龙集团还是工行经纬支行,是农行瑞金支行还是红大公司,起诉书根本就没搞清楚。没有受害人怎么能认定刑事犯罪是否发生?本案周洪元的红大公司在与银行的票据行为中并没有任何违反金融管理法规之处,所以本案周洪元的行为并没有侵害国家的金融管理制度。同时周洪元也没有骗取任何公私财物。

如果说本案存在票据诈骗,那么按照《刑法》第194条第1款第5项的规定也应当是出票人出具没有资金保证的汇票,骗取财物,构成诈骗。本案的实质就变成东龙集团诈骗红大公司。的确,检察机关也认定东龙集团的行为构成票据诈骗犯罪,按照这个理论,红大公司就不是诈骗犯罪的主体而是被骗的对象。如果认定红大公司构成犯罪,则必须要搞清楚红大公司骗的是谁。如果说红大公司骗东龙集团,那就会出现东龙集团和红大公司共同诈骗东龙集团,最终出现东龙集团自己诈骗自己的悖论。

本案东龙集团和红大公司是商业合同关系的相对方,在票据关系中,东龙集团是出票人,红大公司是持票人,出票人如果构成票据诈骗罪,那么它只能是骗取持票人的财物。持票人如果构成犯罪只能是骗取其后手的对价。出票人和持票人在逻辑关系上不可能构成共犯。

六、本案并没有给国家造成巨大损失

红大公司和相关银行的行为是企业之间的民事行为,也都是各自意思的真实表示,如果说任何一方有损失,那也只是正常的商业经营风险而已。不能说国有企业发生损失就一定要追究民营企业负责人的刑事责任。况且本案所谓损失只是主观感觉,并未最终出现。本案中工行经纬支行目前并未有损失,它的贴现款是由农行瑞金支行出具了担保的,目前它已经向农行瑞金支行提出了诉讼。需要特别指出的是在两次贴现中,工行经纬支行还在正常的贴现利息外强行多扣除了两次贴现利息,取得了丰厚的利润。再说农行瑞金支行因为业务发展的需要,在企业根据其要求存入保证金的前提下,为商业承兑汇票出具保函也是其为了自身利益所为,况且农行瑞金支行本身负有对企业审核之责,其损失一方面可以向贵州企业追偿,如果追偿得到,那么农行瑞金支行同样不仅没有损失反而有利润,如果追偿不到那也只能说是其经营的风险。但是到目前为止这种风险并没有最终出现,因为农行瑞金支行并未对相关的贵州企业采取诉讼等法律行动。

本案公安机关对被告人采取强制措施的时间是在合同约定的还款期限之前,

这是典型的运用公权力干涉民事主体正常经济活动的行为。也是剩余贴现款未能按期归还的最直接原因。

尽管本案涉案金额大,关注级别高,在一个社会主义法治国家,必须要严格依法办事,特别是在刑事司法领域,坚持罪刑法定的基本原则是不能动摇的。也许一个行为暂时不被一些人所理解,也许一个行为是不符合行政法律或行业规范的,但那不一定是犯罪行为。犯罪的基本特征不仅要求一个行为有社会危害性还要求有刑事违法性和应受处罚性。一个行为即便有一定的社会危害性,我们也不能忘了考察这种行为是否有刑事违法性和应受处罚性。三者必备才可能构成犯罪。

七、票据诈骗罪作为法定犯在认定共犯时必须注意的问题

1. 本案的行为主体是单位,单位不能成立共同犯罪

周洪元的红大公司不是出票人,其不可能构成犯罪是显而易见的。那么周的公司与林的公司是否可以构成共同犯罪,在刑法理论上,刑法并没有规定单位可以构成共同犯罪,那么根据罪刑法定原则,只能理解为即便林凡勇的公司构成了票据诈骗罪,周洪元的公司也不构成票据诈骗罪,否则就违背了刑法中罪刑法定的基本原则。对此在没有修订《刑法》和作出相应的司法解释之前,不能将单位作为共同犯罪的主体。本案检察机关将单位行为和个人行为混为一谈,从而导致定性错误。

2. 本案中法定犯的认定

票据诈骗犯罪属于刑法理论所认为的法定犯,而不属于自然犯。对法定犯的认定相对于自然犯而言更应该遵循罪刑法定的原则。特别是在共犯的认定上,法定犯必须有其更严格的标准。检察机关简单地对刑法总则关于共犯构成的理论作了错误理解。针对本案,根据《刑法》第194条之规定,出票人出具没有资金保证的汇票,骗取财物的构成票据诈骗罪,此项规定只是针对出票人诈骗持票人而言,即出票人出具没有资金保证的汇票骗取持票人的财物,如果将出票人和持票人列为共同犯罪,就会形成被骗人也构成诈骗罪的荒唐结论。就像在认定销售假冒伪劣产品罪时,如果简单地根据刑法总则共犯理论,则买假冒伪劣产品的人也构成销售假冒伪劣产品的共犯。因为买假冒伪劣产品的人帮助卖假冒伪劣产品的人完成了销售行为。但是,在司法实践中绝对不会出现将买假冒伪劣产品的人定销售假冒伪劣产品罪这样的判例。因为在社会公众心理和法官心理中也绝不会形成买假冒伪劣产品会构成犯罪的认识。这就是法定犯和自然犯在认定共同犯罪时的不同之

处。具体到本案,如果东龙集团构成票据诈骗罪,即便红大公司明知东龙集团的行为,也因为其是东龙集团票据关系的相对方,以及票据诈骗犯罪属于法定犯的性质,也不能认定红大公司构成票据诈骗罪。何况红大公司并不明知东龙集团的真实资信情况。

八、正确认识本案分清两个法律关系

本案中有两个法律关系,一是基础法律关系,二是票据法律关系。所谓基础法律关系,即东龙集团与红大公司的合同法律关系。所谓票据法律关系,则包括出票人、持票人、承兑人、保证人、收款人、付款人等之间的法律关系。的确,合同关系是东龙集团出具商业承兑汇票的前提,但是汇票一经开出,就具有了独立性。根据票据法原理,票据是无因证券,票据如果具备票据法上的条件,票据权利就成立,至于票据行为赖以发生的原因,在所不问。基于票据的无因性,票据关系一经形成,就与原因关系相分离。原因关系是否存在和有效,对票据关系不发生影响,票据债权人只要持有票据即可行使票据权利。我国《票据法》第 13 条对此也有明确规定:票据债务人不得以自己与出票人或者与持票人的前手之间的抗辩事由,对抗持票人。票据本身的效力是独立的,这正是票据的独立性、无因性在法律上的体现。在无因性上,票据行为只要符合法律规定的形式条件,就产生效力,不受原因关系或资金关系的影响。原因关系或资金关系有无及效力如何,都不影响票据行为的效力。例如票据法规定汇票的付款人对汇票进行承兑后,即负有于到期日无条件支付汇票金额的责任,无论其与出票人之间有无资金关系,或者出票人是否在到期日将款项划入银行账户,都不影响承兑行为的效力,付款人不得以资金关系为借口,拒绝向持票人付款。这些规定体现的就是票据行为的无因性。

本案检察机关根本没有注意到有关票据的特殊法律规定,始终将合同关系和票据关系纠在一起。甚至还认为贴现款必须用来履行合同才是合法的,之所以出现这种基本错误认识,是因为对票据法律关系知识陌生而产生的。

九、本案的性质是票据融资行为

本案实际上是从一个特定的侧面反映了市场对融资性票据的客观需求。众所周知,在市场经济条件下,有需求就一定会有满足需求的手段,企业合理的融资需求被压抑的结果只能是另辟蹊径。真实贸易背景票据和融资性票据所需要的法律依托是不一样的,我国 1995 年颁布的《中华人民共和国票据法》,把"真实的交易

关系和债权债务关系"作为产生票据的基础关系,以后颁布的《票据管理实施办法》和《支付结算管理办法》中,也没有对真实交易关系与债权债务关系作出解释和定义。实际上,在真实的交易关系中,必然会产生债权债务关系,两者产生的时间可能是一致的,也可能是不相干的。商业票据与融资性票据的基本属性是兼容的,只是在某几个特征上有所区别。这样一来,由于票据法自身存在的理论误区阻碍了票据市场化进程,把融资性票据排斥在商业票据之外,缩小了票据市场的发展空间。所以市场上已经有人习惯地把商业汇票作为融资性票据使用,脱离贸易背景签发和承兑的商业汇票实际上是一种短期债券,而市场对这种融资性票据,既没有及时的法律法规出台,又没有相应的信用评级制度,融资性票据只好以特殊身份进入市场。融资性票据的出现是市场发展的必然,人民银行有关专家也曾表示:"在完善法律环境的基础上,鼓励银行发展融资性票据,从而为货币市场发展作出贡献。票据法总则中强调的是交易结算功能,需要增加融资性功能,并建立票据评级体系和票据中介机构。"

目前中央银行已提出,在逐步推广使用商业承兑汇票的同时,在规范管理的前提下,选择一些地区和具备条件的商业银行试办本票业务,为今后发展融资性票据摸索经验。因此说,给融资性票据合法地位,出台详细的交易规则,引导票据市场朝着正确的方向发展,使中国的票据市场加快走向现代化和国际化,已经摆上了央行的议事日程。

事实上在社会主义市场经济发展的初级阶段,有很多经济行为还是我们不能够完全认知的,有些行为恰恰是促进市场经济发展的有效手段。在中国的历史上,投机倒把曾被作为犯罪打击,现行刑法为了市场经济的发展就已经取消了这个罪名。同样,即使像检察机关认为的那样本案是没有贸易背景票据行为,那么我们想说的是目前在市场经济发达的国家,70%都有这种没有贸易背景的票据行为。不仅不是犯罪行为,反而是为法律保护的。目前我国学者也注意到这种情况,他们也正在研究如何引进这些做法。其实对一个在成熟市场经济环境下的合法的行为在不久的将来也一定会在我国合法出现。这已经是被历史证明了的客观规律,法律有其滞后性,但是法官一定要有与时俱进的精神和促进市场经济发展的思想。对新生事物的判断要有前瞻性。我们不能看到今天刚判了周洪元,明天的法律就认可了他的行为。那样的法律将是悲哀的,那样的执法者也是不理性的。

二审维持　终审落幕

春过秋来，寒暑轮换，在我们等着最高院研究的过程中，又过去了两年，这个两年，我们日夜期盼，希望能有一个好的结果。最高院对于一个省级法院请示上来的案子一拖就是两年多，这是极不寻常的，特别是对于这样一起曾引发中央关注的案子。

煎熬、欣喜、无助、期盼，所有的情感在这两年里交集着、冲撞着，我们也有过多种幻想，我们幻想着票据法的修改，我们在幻想着刑法的修订，我们幻想着河南省高院的判决得到最高院的肯定，我们幻想……

但是我们什么都没有等到。

最终，在所有人都几乎忘记了这个案子的时候，最高院的指示下来了，维持原判。

很快，贵州省高院发下裁定，而此时，已是在案发三年之后。

贵州高院的维持一审判决的裁定下发，也即意味着本案告终。

但是同时一个新的问题也开始出现，即对于同样一个案件，河南省高院和贵州省高院出现了两个矛盾的判决。这个矛盾无人会给你解释，而当事人周洪元却需要靠终生的自由来面对。

反思如潮

这个案子沸沸扬扬折腾了三年多，对于辩护律师来说可谓是呕心沥血。我记得曾跟朋友讲过，我的右鬓角第一根白头发是办理马廷新的案子时出现的，而左鬓角的第一根白发则是办理周洪元这个案子时出现的。

虽然案子判下来了，但是社会上关于此案的声音似乎在一度沉寂之后又再度喧嚣起来。法律界、法学界、金融界都开始关注这个案子引发的中国票据法和刑法中关于票据诈骗罪方面的思考。

这一思考直接导致今日刑法修正案的提出：票据诈骗罪取消死刑。

在关注这个案子的人们当中,有的是关注石世芳,认为他不仅仅是受贿,还构成票据诈骗的共犯。他们认为周洪元之所以送给石世芳50万元,是以票据诈骗犯罪共谋以后、石世芳同意提供保函参加票据诈骗犯罪为前提条件的。石世芳虽然是在贴现以前拿到的50万元,但是这50万的价码是和票据诈骗结果所获得的非法收益联系在一起的,约等于6600万元贴现款的0.8%,它是票据诈骗犯罪所得非法收益的预支,其实质是石世芳按照实际犯罪利益分到的票据诈骗犯罪赃款。

而更多的金融界学者关注的重点则在于银行的违规经营问题,一些文章写道:目前金融系统不良竞争、内控制度不严、存在诸多制度性缺陷等问题,已成为银行业违规经营、大要案件不断升级、频发的主要原因。此案的发生,再次为银行资金安全敲响了警钟。他们认为本案发生的一个重要的原因在于各银行企业之间因为不良竞争而导致经营扭曲,甚至为求"业绩"铤而走险。

一些金融专家针对此案的评述讲道:一些银行急功近利,将存款量作为评价业绩"好坏"的重要指标,过度竞争导致经营行为扭曲,是不法分子能够得逞的重要原因,具有一定的普遍性。在这种不良竞争下,签发银行承兑汇票已成为一些商业银行揽存的重要手段,个别开户银行往往降低条件,放松甚至不对票据贸易的真实性进行确认。诈骗分子则投其所好,答应办理票据业务后对银行提供支持。然后,贴现银行在增加利润和完成考核指标的双重压力下,不惜耍起"帽子戏法",弄虚作假制造"泡沫业绩"。由于更看重票据业务的连带效应和放大效应,银行往往在办理相关业务中放松了对经营风险的控制。

他们认为本案当周洪元等被告人带着以上虚假资料和商业承兑汇票到郑州工行经纬支行办理贴现时,在许诺将部分贴现款存入其指定银行和手续并不完备的情况下,经纬支行原副行长李晓燕为贴现提供了方便。事成后,被告人周洪元按银行要求将一笔6072万余元贴现款划入红大公司在经纬支行开立的账户上。同日,经纬支行指令周洪元将其中6000万元转为公司半年定期存款,为河南一家投资公司另办商业承兑汇票贴现再次提供质押保证。随后,再次贴现后扣息得款5900余万元。按照事前的约定,周洪元将其中1300万元转入工行郑州市二七路支行,2000万元转入农行贵州荔波县支行。这样,银行既能多获取贴现利息,又能通过多次贴现滚动放大存款量,正是相关银行为了制造出虚假的经营业绩。有专家认为,银行应及时调整完善考评机制存在的缺陷,防止重业务发展,轻案件防范。建立科学的业绩考评机制,对于类似"泡沫业绩",应当有针对性地建立稽核措施,一旦发现即将其剔除并加以处罚,打消基层分支行投机取巧心理,防止其客观上沦为不法分子的"帮凶"。

一时间,各种专家建议引发高层关注。

承兑汇票管理的制度构建

鉴于这起案件中出票企业均不在人民银行总行、工商银行总行、农业银行总行及其分行所发布的可以出具商业汇票的名册上。在农行荔波县支行越权违规向郑州的贴现行出具提供连带责任的《商业承兑汇票(不可撤销的)担保函》后,农行贵阳市瑞金支行同样没有如此巨额款项担保权限,而贴现行亦未经工行总行授权办理此类所谓"有银行担保的商业承兑汇票贴现"业务。正是在缺乏有效监督的情况下,这些令人咋舌的违规行为才得以瞒天过海。

此案表明票据市场建立统一的查询、查复平台,规范查询、查复操作程序也显得更加重要。在查询、查复操作中实行三个统一,即统一查询、查复途径和内容,统一查询、查复签章……从而为鉴别银行承兑汇票及相关资料真伪提供更为有力和可靠的手段。

在本案引发广泛的社会关注后,银行系统内部也开始了加大信息平台建设,开始考虑将各分支行所有业务置于有效监控之下,以便及时发现和处理越权违规行为。同时,票据市场营销、票据审查以及事后检查的"分岗分离",这些切实控制票据风险的制度也在逐步建立起来。

肇始于2002年的这一起震惊了中南海的"惊天大案"在四年之后二审告终,尘埃落定。作为辩护律师,我们没有达到自己的理想,没有得到完美的辩护效果。我们所作的任何努力其实都是为了"万一要是实现了呢"的刑事辩护之梦。尤其是对于这样一起一度令世人噤若寒蝉的"央批""部督"大案,某种意义上讲当事人的生命和自由是面临着更大的风险,当我们身处一个创新,一种变革的时代,某种超越传统的经营模式也许不为当下的法律所容忍,但是,也许在某个不远的未来,它正是我们所追寻的方向。

十年炼狱终昭雪
——张氏叔侄冤案

拯救冤狱,凭借的不仅仅是法律的权威,有时候,可能还需要宿命般的巧合。复盘这个十年冤案,也许我们更能清醒地认识到,在这个世界上,还有多少申冤者正在路上。

大年来的喜报

2013年2月9日,冬日艳阳,这一天是中国人民的传统节日——除夕。

我如往常一样,回到了古老的家乡,一座千年古镇。尽管这个老宅子平时没有人住,但是终年萦绕在我心头的思乡情结在每年的这个时候就会愈加浓烈。带着对故土的思念,对故去亲人的不舍,我总是要在这个节日回到那个儿时的欢场,在追思中期盼未来。

中午时分,我决定亲手下厨为儿子做一份糖醋鲤鱼。锅里的菜籽油带着淡淡的清香"吱吱"作响,细微的轻烟袅然升起。我将一条备好的鲤鱼沿着锅边慢慢溜进油中,听着逐渐变得清脆的响声和慢慢焦黄起来的鱼皮,我的思绪仿佛回到了儿时看母亲下厨时的情景。

忽然,儿子的喊声响起:"爸爸,安徽的冤案来了。"说着,他走进厨房将我的电话送了进来。

我的通讯录中有很多奇怪的名字,不是什么"河北杀人",就是什么"广西诈骗",再就是"河南申诉",还有诸如这个"安徽冤案",等等,这样稀奇古怪的名字。这是为了方便我知道来电者身份的同时即刻联想起案情,当然,只有我自己才知道这是谁的电话。

听到"安徽的冤案来了",我就知道这是安徽歙县的张高发打来的。张高发是安徽歙县人,他的儿子和弟弟曾因涉嫌强奸杀人被判处死缓和15年有期徒刑,两人在新疆监狱服刑接近10年,张高发一直在为他们申诉,我代理这个案子已经两年了。

原本我以为这是一个普通的节日问候,就顺手接过电话,准备与他寒暄几句。然而不待我开口,张高发就在电话那头激动地说:"朱律师啊,我们刚刚收到邮递员送来的浙江高院的一份特快专递,不知道是什么意思啊?"

听闻此言,我立马走到院子里对着电话说:"不要激动,你从第一页念到最后一页,一个字都不要漏掉。"他说:"好啊!好啊!好啊!"

听张高发念完邮件内容,我知道这是一份浙江高院邮寄来的法律文书,是对我们申诉的张高平、张辉一案的再审决定书。

我就告诉他:"这是个好消息,说明案子要再审了,可能要平反了。"张高发又问:"朱律师啊,这个文书是什么意思啊?"我接着说:"就是要重新审理张辉、张高平的案件,也就是说我们申诉那么多年有希望了。"

电话那头连声道谢,我挂掉电话,转身再回到厨房的一瞬间,看到客厅里已经去世的父亲和母亲的照片,还有香案之上"祖宗昭穆神位"的牌匾,联想这两年多来,为了这叔侄俩的冤案我数下江南,自掏腰包、分文无收,不仅如此,我还在法院被赶出大门,受尽屈辱而无处诉说。想到母亲生前教诲我《朱子家训》中"见穷苦亲邻,须加温恤","施惠无念,受恩莫忘"的情景,而今冤案昭雪在即,心头一酸,瞬间泪奔。

顿时,压抑了两年多的怨气冲上心头,我扬起手来,"啪"的一声将手机摔在院子里的一块石碑上,仰天长啸:"苍天啊,大地啊。苍天啊,大地啊……"

儿子跑出来看这场景,傻眼了,喊着:"妈妈,你看我爸爸怎么了?"

妻子放下手中的活计,跑出来吼了一句:"疯了!疯了!"

懂事的儿子赶紧补了一句:"岁岁(碎碎)平安,岁岁平安。"

一条火腿开启的申诉之旅

2010年11月24日,天寒风冷。我在河南洛阳为一个曾被延安检察院关押了12年后,因事实不清、证据不足被不起诉的一个涉嫌故意杀人罪的嫌疑人孙新伟商讨国家赔偿事宜。

下午接到一个电话,是安徽歙县一个叫张高发的人打来的,之前他也打过我的电话,但是每一次我都出差在外没有与他见上面,这一次正好我也不在北京。张高发说他又到北京了,找到我的办公室,但是办公室的人说我不在北京,出差了。所以他就打电话来问我在哪里,我说我在郑州。他就在电话里说也要赶来郑州找我。我说,你真要来就来吧,现在还能赶上最后的火车。然后我告诉他我的地址,让他来后在附近找个地方住下。

夜里十点多钟,他到了,给我打了一个电话。我说我正有事情,等我忙完了去找他。

大概晚上十二点我找到张高发住的"旅馆",这其实是在郑州市南郊的一个简易的路边汽车修理部,在狭小的院落里停了几辆破旧的面包车,一盏昏暗的白炽灯在风中漫不经心地摇曳着,散发出微弱的光。我看着一块标有"客房上楼"的牌子却找不到楼梯。所有的人都睡去了,我只好沿着这栋围墙上喷写了若干个圆圈里带着"拆"字的两层小楼转了一圈,终于在最深处的围墙边发现有一处铁架子焊接的楼梯。沿着楼梯上行,第一脚便踩出"咔嚓"的声响,我生怕楼梯不结实会掉下来,就一只手扶着墙边的扶手拾级而上。冰凉的钢管扶手铁锈斑驳,不仅凉而且还带着棘手的锈痕。

二楼第一间房便是张高发所说的"201"客房,我看门并没有关严实,就边敲门边推门进去,见到一个老头连忙站起来问:"可是朱律师啊?"我答道:"是,我是朱明勇律师。"

进了屋里我发现这间房子大概不到五六平方米,一张单人床边上就是门,既没有卫生间,也没有桌子。张高发说着就从一个已经拉不上拉链的黑色皮包里掏出一叠材料开始说话了。

张高发的住处

我转身想找个地方坐下来,才发现这个屋子并没有椅子,再看看门后居然还没有门锁。我就对张高发说道:"你带着材料,住在一个连锁都没有的房子里很不安全,万一材料丢了怎么办?"

他说:"这里便宜,是 30 元一晚上。"看他这么说,我明白这是没钱了的状态,但是看着这地方确实也坐不下去,而且灯光也太过昏暗,就说:"你把东西收拾一下,我带你换个安全的地方。"

说完就带着他找到附近的一个叫作"都市客栈"的快捷酒店,花 120 元开了个房间。

然后我烧了一壶开水,泡了两杯茶,慢慢听他讲起这个充满离奇和辛酸的故事,还有七年来他不停奔波的一肚子苦水。

他在不停地说,我就一直在看他带来的材料。

说着说着，他讲到了一个情节让我颇感疑虑。他说："朱律师啊，你是个好人啊，你把马廷新的案子都打赢了，一定要帮帮我们啊，我们与他一样的冤啊。"然后他又说："新疆有个检察官也很关心这个案子，是他叫我们来找你的，我们找你好不容易啊，都找了两年多啊！"

在我的印象中，案子判了，人在服刑，基本上没检察官什么事了。这年头，很少有人会如此倾力关注一个申诉的案子。

看着我的疑虑，他兴致来了，说："朱律师啊，大漠检察官还真是有好人啊，真是他让我们来找你的啊。"

说着他又从包里找到一张纸，上边写了几行字。是一个人的名字，叫张飚，还有两个电话号码，一个座机，一个手机。旁边还用小字写了一行上班时间。看着这些，我又在怀疑这人是不是又被骗了。一般的公职人员留给当事人的电话只会是办公电话，很少留下手机号码的。我的职业敏感告诉我，办案人员主动给当事人留手机号码的十有八九是有什么不良企图的。

但是看着他那真诚的样子，我又想到也许在"大漠深处"真的会有好人呢。

这一晚我们谈了很多，张高发说到动情之处老泪纵横。听到惊人之处，我则心潮起伏。

特别是当他告诉我，张辉、张高平的案子里有一个证人叫袁连芳，他与马廷新案子里的证人袁连芳是同一个人的时候，我一扫满脸疲惫，来了精神。因为这个叫作"袁连芳"的证人正是我曾经苦苦寻找而不得所知的那个神秘人物。

在马廷新案件中，这个神秘的证人袁连芳曾经作证证明"同号犯马廷新神态自若地向我讲述了他的犯罪经过"。但是几次庭审，这个神秘的同号证人均不露庐山真面目。今天，在张高发讲述的这个冤案中，这个神秘的证人再次出现，同样，他的证词也以"同号犯张辉神态自若地向我讲述了犯罪经过"的方式出现在判决书中。这样出奇一致的"神态自若"句式让我刹那间形成一种确信，又一个冤案来了。

当我从张辉、张高平的判决书里看到袁连芳证词的那一刻，积郁在我心中多年的阴云顷刻消散。

我站起身来对张高发说："材料我先拿回去看看，你放心，这个案子我会想办法，明天上午我再来看你。"

此时双手捂着头坐在床沿的张高发一时竟然没反应过来。也许他太累了，从安徽歙县到黄山,从黄山到合肥,从合肥到北京,从北京到郑州,马不停蹄,连续的奔波令这个年届六旬的老人有点吃不消了。

看到我要走,他赶紧站起来说:"那谢谢朱律师啊,我从老家带了歙县的特产,一条火腿,专门送给你的,你带走吧。"

我这才注意到,张高发随身还携带了一个编织袋,包扎的很紧,封口的一头还绑着一个小木棍子,他是这么挑着来的。我也没怎么听清楚,就听到这是一条火腿,还在想火腿不是金华的特产吗,怎么歙县也有。就顺口说:"我带着这个也不方便,你还是带回去吧。"张高发急忙说:"朱律师啊,你就是我们的救星啊,这是我们全家的一点心意,你一定要收下啊。"看他这样真诚,我也就顺口说好,谢谢。然后叫他回去等我的消息。

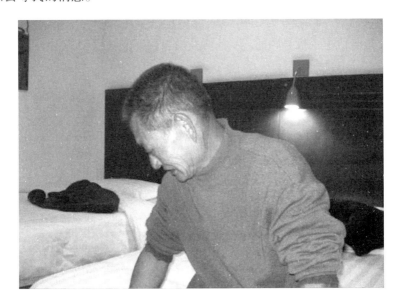

我面前的张高发

这个晚上或者说凌晨,两点钟的时候我才回到住处,再一次将张高发带来的材料看了一遍。盯着"袁连芳"三个字,我心情沉重起来。我想这个冤案该从哪里下手,我需要用什么样的方法,我行吗?

凌晨三点,看完案卷,当时就发现此案疑点太多:

1. 全案定罪仅有口供,无任何物证,而且两人供述的作案细节有多处不同。
2. 两人若有歹意,何必等到被害人到了杭州联系其朋友后再强奸杀人?

3. 在中国的伦理道德规范中,亲叔侄一起作案强奸一名女性,不合情理。

4. 最为关键的是,受害人指甲里检出的DNA混合谱带根本就没有张辉、张高平的。

总结出这几点问题,特别是研究过袁连芳之后,我幻想着一场宏大的平冤场景。当日凌晨三点我在微博上连发了四条消息:

一位60岁的老人从安徽赶到北京,用木棍挑着一块火腿和一包申诉材料,都是给我的。可是他到了北京却找不到方向,通过助理才知道我在外地,于是老人又马不停蹄地乘火车赶到我所在的城市。刚刚看完他的材料,绝对的冤案,而且差一点两条人命归西。我心急如焚。的确,我真的无力承受这样一起又一起的冤案。

2010-11-25　03:07

他住在30元一晚上的"宾馆",我踏着铁皮楼梯,在昏暗的灯光里找到房间,一看房间里仅仅有一张单人床,不仅没有卫生间,还没有门锁,两个人都站不下。我怕不安全,开车带他到一家快捷酒店,120元一晚。在这里听他讲述一起惊天的冤案。我说申诉案子难度太大,不成想说着说着,这位老人竟失声痛哭。

2010-11-25　03:13

一审、二审的律师都做的是无罪辩护,一审死刑,二审改判死缓。通过判决书我感觉到二审法官心里绝对知道这是一起冤案。但是还是判了死缓。此案申诉需要到新疆的南疆和北疆调查,需要到安徽和浙江调查,他一个农民,为此案从2003年奔波到现在,没有任何进展。是检察院告诉他一定要找到我才有希望申冤,我行吗?

2010-11-25　03:21

我在想,有多少冤案可以再审,又有多少冤案在继续发生。每一起冤案都有惊人的相似,那就是刑讯逼供。太晚了,我没敢直接说"不"。说明天上午再谈,我需要考虑,我是否有信心接受这起案子,我需要考量我的良心是否还允许我拒绝。多等一天对于他而言都是煎熬。而揭露这起冤案需要的是何等的勇气和艰难。

2010-11-25　03:30

一夜未眠,我陷入苦苦的思索之中。多年来我接案子有自己的标准,我觉得真正有冤情的，当事人信任的，我有时间的才会考虑接下来，而且不会给当事人任何承诺。

我从来没有把做律师要赚钱当成天经地义的事情，这个案子我知道，他们家里几乎一分钱也拿不出来了。要想申诉，不要说成功，起码的基础——前期调查工作也需要不少费用。当事人远在新疆服刑，委托人在安徽，案子发生在浙江，证人在河南……

但是，听完这个故事，一股热浪在心中澎湃而起，我决定接下此案。因为我已经确信这是一起绝对的冤案。

天色放亮，我匆匆吃了点早餐就又去到张高发的房间，告诉他："这个案子我接了，我知道你们也没钱了，我不要钱，你回去吧，不要到处上访、申诉了。既然我接了，我就会办到底，但是也许时间不会那么快。"

听到这番话，张高发似乎有点不相信自己的耳朵了，他迷迷糊糊地握住我的手说道："朱律师啊，真的啊，你接这案子啊？"我又强调了一次："是的，接了，我接了。看你们申诉了这么多年，也很不容易，我免费帮你们打这个官司。"

2010年11月25日，一整天我都处在一种高度的兴奋中，但同时，联想到案件中的种种诡秘现象，我又感到一种莫名的压力和恐惧。一条又一条鲜活的生命悲惨地消失了，一个又一个无辜的人再次遭受酷刑。真凶抓不住，冤狱继续上演，无辜者申诉无门，"英雄们"纷纷挂上奖牌，这是怎样的现实！

正是知道这残酷的现实，我才时时要求自己，无论任何时候，我们必须要有良知的坚守和道义的留存。也许回天无力，但是我们必须尽到自己的所能，扼住眼皮底下的冤案，让无辜者沉冤昭雪。

中午时分，我决定立即开启这个案子的申诉之旅。查阅当时的微博，我在中午十二点写道：

送走安徽老人，告诉他我会尽最大努力，但是到底会是什么结果真是难说。老人说这么多年以来申诉此案也被很多人骗过，他是个农民本来就没钱，还被人骗。这世道！昨晚上见面他连我的律师证、身份证都没看，就把材料给我了，开始讲案子，万一遇到个截访的，唉，诚实的中国农民。让我担心，揪心。

2010-11-25　12：33

两个小时之后我又发了这样一条微博：

为真相而激动，为正义而疯狂！

2010-11-25　14：12

我知道我的内心已经点燃了一团星火，尽管微弱，但是依然有光，依旧温暖，它照耀艰难的旅程。那星火是克服恐惧，战胜邪恶的一线希望。

于是紧接着我又发了一条自己才明白的微博，给自己加油：

感谢跨省、感谢追捕、感谢陷阱、感谢喝茶、感谢监控，它让我们学会做一个充满风险与魅力的、真正孤独而坚强的刀尖舞者。

2010-11-25　14：45

非典那年的命案

杭州，钱江三桥，这座原本日夜奔袭着来来往往过境车辆的交通要道也因为这一年的非典疫情而显得格外冷清。

2003年5月18日，一个炎热后漫扬着微风的肃杀午夜，17岁的安徽少女王冬的生命在这座桥下画上了句号。而因此案同样莫名其妙在死结里挣扎的还有带她来到这座美丽城市的同乡司机张高平、张辉叔侄俩。

这年夏天，一种名为SARS的传染性疾病正扩散传播，带给这个世界的满是惊恐和不测。成千上万的人因疑似感染而被隔离观察，数百人在严密监控的病房里孤独地离世，一时间人们紧闭家门，出门则带上各式口罩，企图屏蔽那看不见摸不着的"死神"。

安徽歙县，古徽州。这座古城并不因为它的古老而显得轻松，它同全国一样进入了紧急状态，各进出城区的路口都设置了消毒站和关卡。

但是这一切，都没能阻拦歙县人张高平和张辉的生意，他们是大货车司机，两人是叔侄关系。张高平是叔叔，张辉是侄儿。他们看准了很多同行都不敢出门的特殊机会，商议着赌一把性命，乘机跑几趟上海，多赚点钱回家。张高平的女儿正在上学，而已经28岁的张辉正等着筹办婚礼，这些都需要钱。

5月18日晚,出城送货的张高平和侄儿张辉在"老竹铺"小镇的检查站被拦下检查,他们和各种出城的车辆混杂在一起,排着队,等待检查放行。

他们的卡车快要排到出城队列最前端,正等着检查时,检查站的一位熟人敲响了车门,原来这位张高平的熟人请求他们将同乡少女王冬顺路捎带至杭州。检查站的工作人员知道他们前往上海必经杭州。一向热情的张高平未来得及和张辉商量,就同意了。

就这样,这个叫王冬的女孩提着自己的一个小手提包上了车,张辉只好让出副驾驶的座位,跑到后排的一个狭窄的卧铺空间里睡觉去了。

然而,这次离开歙县,他们谁也未曾料到,各自的前路竟然是一场诡异的亡命之旅。

行至中途休息,叔侄吃了晚饭,女孩下车自己买了一袋昌化豆腐干。到杭州汽车西站,已是5月19日凌晨1时30分。张高平特意让女孩用自己的手机联系了亲人,电话通了,对方要她下车打的前往钱江三桥会面。

半夜下车,让年长的张高平有点不放心,出于善意,张高平表示可以将她捎带至离钱江三桥更近的艮秋立交桥。

分手时,叔侄俩又怕女孩万一联系不上亲戚,还是有点不放心。张辉就将自己和叔叔的两个手机号和一个家庭电话号码写在了王冬的小本子上,告诉他万一联系不上亲戚,一定要打电话联系。

次日凌晨,朝阳从地平线升起,叔侄俩车到上海,卸完货,洗完车,稍微休息了一下即返回安徽,沿途叔侄俩轮换开车,盘算着他们下一趟的生意。

搭顺车的女孩下车后并没打来电话,叔侄俩也忘了这件事情。他们依旧在皖浙沪之间相同的路线上穿梭往返着——沿着那条冥冥之中快要断线的生命轨迹。

5月23日夜晚,他们一如既往再次前往上海,还是上次搭载同乡少女王冬的那个"老竹铺"非典检查站,车被叫停了。张高平正想着又是谁要搭顺风车,但是这一回他错了。当他停下车打开车门,一只黑洞洞的枪直接抵在了他的脑门上,一股寒气顿时贯透心底。他这才看清车下已经围上来了一帮警察,有的操着安徽本地口音,有的操着浙江口音。

这是在18日他们捎带那个叫王冬的女孩4天之后发生的事情。这天晚上,张高平、张辉被杭州警方抓获。

还没明白是怎么回事的张氏叔侄做梦也不会想到这一趟的上海之旅竟一去十年。

原来,4天前他们带到杭州去的少女王冬死了。

警方记录显示,5月19日上午,年仅17岁的王冬,陈尸杭州西站附近的留下镇东穆坞村。"头颈部反套黑色无袖背心,下身赤裸,仰卧在水沟内。"

自然这两位捎带王冬从安徽到杭州的叔侄俩成为头号疑凶。

初见律师

叔侄联合奸杀同乡未成年少女的消息,在歙县小城疯传时,刚拿到律师证的王亦文正处于谋生的愁云之中。

是时,"离婚、伤害加讨债"的小律师执业模式充盈着王亦文的律师生计。当张高平妻子找上门时,他尚未做好思想准备。

这起命案的来临,对于王亦文来说不管怎样都是一个大单,但他做梦也没有想到,自己接手的第一个大单,日后竟然成为一起轰动全国的案子。他更没有想到的是,这个案子办起来是如此棘手与艰难,竟耗尽了几多人的茫茫十年光阴。

张高平妻子告诉王亦文,以往叔侄两人送货,她会时常跟车。张高平被抓那一天,她亦在车上。凑巧的是,捎带王冬的那天,她却没有跟去。许是造化弄人,从上海返回之前,这个爱干净的女人特地清洗了卡车坐垫,这也成为"神探们"后来怀疑叔侄俩作案后清洗作案第一现场的理由。不仅如此她还洗掉了5月19日凌晨,卡车驶出杭州城的收费票据,而票据上的时间也许可以证明叔侄俩根本没有时间作案、抛尸。

谁也不会算到这个命势。在张高平和张辉被判罪后不久,这个洗掉了无罪证据的同时又制造了有罪嫌疑的女人打掉了肚子里四个月的胎儿,改嫁了。

办好辩护手续,律师王亦文开始在歙县和杭州之间奔波起来。

第一次会见张高平,王亦文近乎绝望。除了埋头哭泣,这个被控强奸杀人的中年男人,几乎不愿回答任何问题。

"如果有什么冤屈,可以对我说。"

"我没做过对不起家人的事。"

"你因为什么事被刑事拘留?"

"不知道。"

"需要我帮你什么?"

"不知道。"

"你妻子要我问你几件事。"

"不管什么事,我都不知道。"

"我从老家来一趟不容易,你总该对家人有个交代吧?"

"我不知道。"

"别哭。你这样,我回去怎么对你家人说?"

"我没有干对不起他们的事,其他的我什么都不知道!"

一旁做记录的助理愣在那里,呆呆地看着张高平,钢笔从手中滑落坠地。门口不停踱步的警察,叼着香烟的嘴角时不时撇出一丝莫可名状的微笑。

2003年10月13日,王亦文于检察院拿到了杭州警方的起诉意见书。

犯罪事实如是描述:"王冬借用张高平的电话联系亲友时,一旁的张辉听见对方无意立即前来接人,顿生邪念。他向叔叔提议要'搞一下',张高平默许了。于是,张辉抓住王冬的手,试图亲热。王冬反抗,张高平立即帮忙按住了腿。女孩发出求救的呼号,张辉一手掐住她的脖子……最终,张辉得逞了,女孩窒息而死。"

王亦文觉得荒诞。在受熟人之托捎带王冬进入杭州之前的4个小时内,两人都没作案,偏偏在借手机给死者与其亲友通话后"邪念顿生"。难道他们要故意留下详细的破案线索给警方吗?

棰楚之下叔侄认罪

不久,张高平由浙江省看守所换押至杭州市看守所,王亦文律师再次会见时张高平的反应与前一次大相径庭。

"我是被冤枉的。"

"为什么上次见你,什么都不说?"

"那次是在'省看',有警察在,不敢说。说了,回去生不如死。"

张高平露出了胳膊上密密麻麻的"烟疤",随后讲述了从 5 月 23 日到 6 月 17 日的遭遇。不给吃、不给喝、烟头烫、吹空调、"站马步""吊大秤""金鸡独立"、牢头狱霸的折磨和恐吓……

吊诡的是,当张高平的"认罪材料"交出去后,再也没有人来提审他了。他更不知道的是在这场"无懈可击"的侦查预审中,背后的操盘手正是公安系统唯一的"全国三八红旗手",号称"浙江神探"的杭州市公安局预审大队长聂海芬。

王亦文向检察官提交了书面意见:"公安机关侦查活动存在重大刑讯逼供嫌疑,应对张高平身上的'烟疤'进行鉴定,以确定系刑讯逼供所致。"不久,杭州市检察院将案件退回补充侦查。

12 月 17 日,忐忑不安的王亦文等到了承办检察官赵琳洁的电话,说案件又移送至检察院,有关鉴定结果也已出来。

第二天下午,王亦文的目光于赵琳洁递过的一叠材料中飞快地落到张高平的伤痕鉴定上。

"无条件鉴定","结论"栏里是五个潦草的大字。

手抄的 DNA 鉴定

上天似乎有意让他体验在沮丧与兴奋之间轮回的快感。一份《杭州市法医学会关于 DNA 鉴定报告》(〔2003〕125 号)被他眼角的余光扫到。报告的最后一行,赫然写着:所提取的王某(即死者王冬)其余 8 个指甲中末端检验出混合 DNA 谱带,可由死者王某与另一男子形成,排除由死者王某与犯罪嫌疑人张辉或者与犯罪嫌疑人张高平的 DNA 谱带混合形成。

王亦文平静地要求:"让我把这几份鉴定复印一下。"

"不能复印。"

按照当时的刑事诉讼法,辩护律师在审查起诉阶段可以查阅、复制诉讼文书和技术性鉴定材料。而这份 DNA 不就属于"技术性鉴定材料"吗,为什么不准复印?这一疑虑瞬间闪过,王律师还是小心翼翼地提出"那我抄一下"。

"你快点,我还有事。"

控制着不停颤抖的手,当把报告重新扔回赵琳洁手中时,王亦文感到前所未有的轻松。

"放人吧。"

"那也得领导决定啊。"女检察官的语调依旧职业而淡定。

补充侦查

转眼已是隆冬,那一年,黄山脚下和西子湖畔似乎一样寒冷,看守所里的张辉、张高平和在老家火炉旁等待消息的王亦文一样度日如年,他们在冰与火的煎熬中,等来的不是放人的消息,而是杭州市检察院的补充侦查决定书。

一晃又是数月,2004年的初春,冰雪消融,春回大地。

彼时,拿到律师证10年的我在河南已经开始介入与千里之外的张氏叔侄案有着诡秘勾连的马廷新灭门血案。

执业一年的安徽律师王亦文正如同我十年前刚出道时对待案子的精神一样,他选择了坚持,他对张家人说:"即便再熬半年,也值得。"

在熬的日子里,他梳理着受理这个案子以来自己所付出的努力,越想也越感到怪异和压力。

他想到了前往杭州查阅张氏叔侄卡车驶出杭州的二桥高速收费站时的录影,寄期望以此判断张辉、张高平是否具备作案时间。

他开好调查介绍信赶赴杭州,在收费站办公室递交介绍信,提出"调查2003年5月19日凌晨1时30分到2时30分时通行车辆中是否有皖J11260号解放牌货车"。

接待人员漫不经心地读着王亦文手持的律所介绍信,疑惑地问:查这个有什么用?

"打官司用。从来没人到这里调查车辆通行情况?"

"有啊,上个月宁波公安就来调查过。"

"今年非典期间,杭州公安有没有人来过?"

"没什么印象……哎,这个不行。你要查 5 月份的通行记录,早就没有了。"

"为什么?"

"监控录像保留一个月,就自动销毁。我们的系统只能存储一个月,过一天都不行。"

"人命关天,就没有办法恢复吗?"

"确实没办法。我没必要骗你。你运气太差,刚刚从这个月开始,我们开始手工记录车牌号后三位数字。以后来查,还可以查到通行车辆车牌号的手工记录。这是刚刚才有的规定。"

走出收费站办公室,王亦文想,宁波的公安为了办案能来杭州查车辆通行记录,杭州本地发生了命案为什么公安就不来查呢?

再联想检察官并不想让他复制他认为可以绝地翻盘的 DNA 鉴定结论,还有看守所中张高平的一次又一次哭诉,一种不祥的预感袭上心头,在这个春寒料峭的二月,他的心在阵阵收紧。

一审宣判:叔无期,侄死刑

果然,这种预感不幸变成现实。

2004 年 2 月 26 日,杭州市检察院以张辉、张高平强奸致未成年人死亡为由,向杭州市中级人民法院提起公诉。

开庭前,王亦文再次会见了张高平。收到起诉书后的张高平格外平静,似乎比他的律师对庭审更有信心。

"给我喝一口吧。"临走之际,他忽然盯着王亦文手中的半瓶矿泉水,提出了唯一的请求。"这水甜啊,里面喝不到。"

仅仅十几天,接到起诉书的杭州市中级人民法院决定在 3 月 11 日不公开审理此案。

3 月的杭城,春花含苞,新柳透芽。

张高发和家里的几位亲戚被挡在了法庭大门之外。而法庭里面,王亦文这个刚刚执业一年的年轻律师应对着经验丰富的公诉检察官,在全力搏杀。一整天的交锋中,检察官并未出示那份在王亦文看来性命攸关的 DNA 鉴定报告。他只好斗胆在法庭中向法官提出严正抗议。在这般现在看来纯属"死磕"的精神震撼下,杭州市检察院的出庭公诉人才不得不拿出那份被王亦文记下了内容和编号的"技术性鉴定材料"。

检察官极不情愿的念出这份报告,然后发表了一段认为这份鉴定报告与本案无关的质证意见,那一刻,王亦文顿时蒙了。

除此之外,一个陌生证人的出现也引起了争辩。

公诉人指称,这位名叫袁连芳的证人系张辉在看守所关押期间的同监犯,他向法庭出具的证言证明,张辉曾在关押期间"神态自若"地讲述了自己强奸杀人的往事。而张辉却当庭表示,不知道袁连芳是谁,请求法庭传唤,当面对质。

如同绝大部分的法院一样,合议庭驳回了张辉请求证人袁连芳出庭作证的请求。

开庭一个月零十天之后的 4 月 21 日,杭州市中级人民法院的一审判决下达,张辉死刑、立即执行,张高平无期徒刑。在这份判决书中没有采信那份证明案件与张氏叔侄无关的鉴定报告,但是却采信了张辉并不知道是谁的那个同号犯袁连芳的证言。

宣读判决书的也是一位怀孕的女人,从书记员升任法官不久。

杭州市中级人民法院不知是出于何种考虑,将审理这起命案重任放在了这位最年轻的审判长身上,更为不同寻常的是,安排协助审理如此重案的并不是中院资深的法官,而是两名"陪而不审"的人民陪审员。

令人感慨的是,这个案子中轻点朱笔便可以扼杀一个鲜活生命的判官,正是这位即将迎来一个新生命的年轻女人。

法庭外等到这一结果的张高发顷刻失声痛哭,捶首顿足,完全崩溃,他躺在地上滚来滚去,不能自已,也无人问津。

二审张辉保命　张高平改判 15 年

6 月,浙江省高院决定不公开二审。看守所里被戴上手铐脚镣的张氏叔侄烦躁不安,月光黯淡的午夜,他们时常被充盈梦中的血痕惊醒,嘴里还在喊着"冤枉"。

张高发抱着绝望的心四处求人,在一个偶然的机会里他们被介绍到浙江大学法学院一位刑法学教授那里。阮方民是浙江大学法学院的刑法教授,业务水平自不必说,更为重要的是他的很多学生都在浙江省公检法系统工作,也许正是看中了这个因素,张高发向阮方民求救。阮方民也是一位兼职律师,他听完案件之后,也感到证据不足,在二审时他为本案作了证据不足的无罪辩护,但是结果并没有扭转有罪认定的局面,张氏叔侄依然被判强奸罪名成立,只是将量刑减轻。张辉的死刑立即执行改为缓期二年执行,张高平的无期徒刑改为15年有期徒刑。

终审结果稍稍缓解了张家人濒临极限的精神压力,张辉的命算暂时保住了。在缓过来一口气之后,张高发就开始了漫长的申诉过程。

案件的终局让人们逐渐淡忘了这个徽州古城中曾经发生过的故事,就像非典的悄然而去,王亦文在小城漫长而琐碎的生活里也不再提及这场曾经激荡的职场宏大叙事,直到2006年,央视法制频道一期《浙江神探》的节目映入眼帘。

杭城女大学生吴晶晶的死

2005年,在张氏叔侄案件终审判决后仅仅一年,杭州又有一名女大学生被奸杀,后来证实该案系一名叫勾海峰的东北人作的案。

2002年,33岁的勾海峰从东北吉林省汪清县来到杭州谋生。同年12月4日,勾海峰取得了由杭州市客运出租车管理处核发的《杭州市客运出租车驾驶员服务资格证》(有效期3年),成为一名出租车司机。

在杭期间,他妻子一直在吉林老家。勾海峰和另一名女子"搭伙"同居。身高1米75的他性格粗暴,在朋友圈里甚有名气。

2005年1月8日晚,22岁的浙江大学城市学院大四女生吴晶晶考完英语六级后准备回家,19时许她给父母打电话,说已在回家的车上。

据勾海峰交代,案发当晚他将吴晶晶送到家门口附近,两人因车钱起争执,勾海峰动怒,掐住其脖子,将其杀害。事后,他也一度非常惊慌,在杭州城里一圈圈绕着,让自己镇定下来。

勾海峰先开车返回到吴晶晶就读的浙江大学城市学院附近,将能证明吴晶晶身份的证件等物品丢到了树人大学门口的垃圾箱旁。然后他又拿着吴晶晶的手机,在开车的同时,从多个不同地点拨打电话。

此后几天,勾海峰仍然像往常一样正常出车、交接班,并没有收拾铺盖要潜逃的样子。同事亦没有发现他有任何异常。

而在杭州,这座号称国内最具安全感的城市一度陷入空前的恐慌,一度引发危及社会稳定的事件。

3个月后,勾海峰落网。审讯他的依然是无懈可击的"女神探"聂海芬。

聂海芬带领的侦查人员最终排除了勾海峰强暴吴晶晶的可能。认定勾海峰为造成吴晶晶被强暴遇害的假象,故意脱光吴的衣服,将其抛尸他处——仅仅是在1年零7个月前,聂海芬领衔的侦查人员,在同样下身赤裸的王冬体内未发现强暴痕迹的情况下,认定张辉强奸成功。

聂海芬没能查清勾海峰杀害吴晶晶的动机。辩护律师称,勾海峰"激情杀人"。

勾海峰自己则对媒体表示,搭载吴晶晶当晚7时30分许,在通过一座大桥时,一辆大车突然左转撞向他的车。他本能地打了左转,吴晶晶吓了一跳,骂他这样开车迟早要被撞死。

勾海峰所说的那座跨江大桥,正是1年零7个月前(2003年5月19日凌晨),少女王冬于艮秋立交桥从张高平、张辉叔侄大货车下来,要去的目的地——钱江三桥。

擦肩而过的"真凶"?

2005年年初,张高平和张辉尚在浙江的监狱服刑。一天,电视里播出一条新闻:浙江大学城市学院的女学生吴晶晶被出租车司机勾海峰掐死。作案后,勾海峰将吴晶晶的随身物品抛到附近,又脱去了吴晶晶的衣服,开车将衣服和尸体抛进一处隐蔽的窨井里。

冥冥之中的感应,让张高平本能地觉得王冬亦死于勾海峰之手。两者死后的状况几乎雷同,而且当晚他们分手后,王冬也是要打车去钱江三桥。

新闻画面呈现,狱警还给勾海峰过了最后一个生日。而张高平想的是,如果真的是勾海峰杀害的王冬,那么在临刑前警察还给他过生日,这个杀人魔头会不会受感动,把杀了王冬的事也承认了?

同样的作案地点、同样的作案手法,这让张高平把王冬的死与其联系起来。越想越怕,越想越像。就在勾海峰死刑执行前的最后几天里,张高平拼命呼喊、报告、哭闹,请求警察派人去查,说这个人很有可能就是杀害王冬的凶手。但是,喊叫归喊叫,哭闹归哭闹,管教警察听了他的怀疑,唯一的感觉就是这人的神经不太正常了。

很快勾海峰被执行死刑了,张高平的猜疑没有下文。然而一直让张高平觉得吊诡的是,在杭州的看守所里,张高平见得死刑犯多了去了,但是那些自己认罪的、不喊冤的,从判死刑到执行也得八九个月,而勾海峰这个案子,他提出那么大的疑问,为什么从抓获到执行死刑才三个月时间。当然,还有一点张高平至今也没搞明白,那就是在勾海峰被执行死刑后,本来在杭州监狱服刑的他和张辉被莫名地押送到千里之外的新疆服刑,并且叔侄俩一个在南疆、一个在北疆。十年之后,平冤出狱的张高平总是会对记者提及这样的疑问,但是始终没有人给他回答。

大漠深处劳改犯

就在勾海峰被枪毙后不久,张辉和张高平被送到了新疆。张辉被分配在南疆的库尔勒监狱,张高平则被分在北疆的石河子监狱,两地相隔千里之遥,自此叔侄俩天各一方。

戈壁滩无人区的长夏似乎没有尽头。枯坐于监区的土坯房中,张高平常向窗外远眺,视线扫过荷枪实弹的武警,扫过铁丝网,扫向烈日炙烤的大地。

他们并没看过《肖申克的救赎》,也没有智慧和能力如境遇雷同的肖申克那样,巧设机关从高墙内的下水管道逃出生天。

其实,他们并不知道,即便给了他逃生的机会,在荒无人烟的大漠新疆,他们也没有办法活着回来,千里戈壁是他们不可逾越的天然屏障。

辗转至新疆,又等了两年。张高平随身带着一张杭州地图,一有时间就摊开,逢人便讲当年自己的行车路线,说明自己没有作案时间。

但这里是距离石河子 500 公里外的戈壁深处,能见到的人,除了厌烦他的管教和武警,就是和他一样必须出卖苦力改造灵魂的囚犯。

那几年,新疆各地的监狱里接纳了一批批从内地调集的重刑犯,尤其是在需要充足劳力完成某项浩大工程之际。

"引额济克(乌)"无疑是这些宏伟工程里最为浩大的工程之一。它位于新疆北部,旨在通过埋设数百公里的饮水渠,使额尔齐斯河的河水穿越古尔班通古特沙漠,直达克拉玛依和乌鲁木齐。

张高平尚算"幸运",赶上了"引额济克(乌)"的扫尾阶段。

两年前从 4000 公里外的杭州,被押至石河子服刑,张高平很快投入到这片戈壁无人区的防风固沙作业中。

而性格内向的张辉,在南疆的监狱里盘算着自己是否还会活着走出去,张辉是死刑缓期二年执行,也就意味着两年之内他不再故意犯罪,即可活命,但是要走出这风沙飞舞的大漠回到水韵徽州远远还没有纳入他的规划。顺利的话,他两年之后才有可能减为无期,无期之后再过两年才有可能减为有期。而减刑也并不是理论上那样的顺理成章。实际上到了 2013 年,张辉在已经服满 10 年刑罚后还有 19 年的刑期未满。

驻监检察官张飚

张飚是石河子市检察院监所科的驻监检察官,是典型的兵团后代,1979 年,全国检察机关恢复重建。1980 年,张飚调入石河子检察院,从此,于中国最基层的检察岗位一直工作到退休。

他的工作职责是监督检查监狱管理工作,了解服刑人员状态,保障监狱管理秩序。

2005 年的一天,早上上班后张飚如往常般赶到几百公里外位于戈壁腹地的监区时,正是一天中最热的午后时分。

"有个犯人情况特殊,情绪很不稳定,成天喊冤,顶撞管教,对劳动改造有抵触情绪,影响监狱管理,对其他犯人的改造很不利。"监区负责人介绍了服刑人员状态

检察官张飚

后,"刺头"张高平被带到张飚面前。

孤傲而脆弱的"刺头"一见面就给了老检察官一个下马威——他拒绝按照监狱服刑人员的管理流程,主动报告姓名、罪行、刑期、余刑等情况。

"罪犯张高平,向检察官报告你的情况!"管教喊道。

"我不是罪犯,没什么可报告的。"

"不报告就不报告吧。"检察官不仅大度地摆了摆手,还给了桀骜的囚犯一个特殊的礼遇——示意他坐下说话。

依照监狱对服刑人员的管理,平常他们只能蹲在地上接受问话。

张高平长久凝固的心理在坐下的瞬间即崩溃了。他又开始诉说重复了无数次的冤屈,所不同的是,这一次,任他痛哭不止,无人打断他。

做了25年检察官的张飚,见过太多重刑犯的哭冤。而那天,他格外清晰地记得张高平最后的话:"不管你信不信我,我相信你,相信法律,总有一天会还给我清白。"

A 类顽危犯

回去后,张飚着意调阅张高平的案卷,向监狱管理方详细了解张高平的日常表现。

张高平系监狱里最有名的"A 类顽危犯"(顽固危险的罪犯,易逃脱、自杀),需要三个狱警严密监视。

他不向狱警"报告",不背监规条令,不写思想汇报,不唱劳动改造歌,不要减刑,也不参加强制性的劳动——除非有人愿意听他的故事或者答应为他代转申诉材料。

他是监狱里写申诉材料最多的人,多到"可以装满一麻袋"。他也是对报纸杂志上的冤假错案最熟的人,熟到可以记住佘祥林、李久明、杜培武、赵作海入狱、出狱的时间。

他坚持服法但不认罪,劳动改造故意出工不出力。遇到劝说他遵守监规争取减刑的干警,他就有股怨气,称"一写认罪悔过书,就心如刀绞,痛不欲生"。

"顽危犯"的倔强,触动了张飚,他找到了隐藏在判决书中的疑点。

首先,除去认罪口供,全部 26 条证据中,唯一一条指向张辉、张高平强奸致人死亡的证据,是一名与张辉同监的犯人的间接证言。其次,有利于张氏叔侄的关键性证据——从死者指甲中提取的一名男性的 DNA,经鉴定排除了系属张辉、张高平的可能,但这份证据却被二审法院莫名其妙地认定"与案件并无关联"。最后,全部证据中,无一条对张辉、张高平不利的证据。

张飚将这一情况向领导汇报后,石河子市检察院决定以一级检察机关的名义,正式向浙江省检察院发函,温和地提醒"此案部分疑点","希望贵院予以重视"。

函件中附录了张高平的申诉材料和检察官与张高平谈话的详细笔录。

知道检察院转交了申诉材料给浙江方面,张高平笑了,那是这个"顽危犯"数年高墙生活中最为开心的日子。他的劳动积极性空前提高,每次见到狱警和管教,都主动替大家端茶倒水。监狱内亦欢欣鼓舞,在积极改造的光荣榜上首次有了这名"顽危犯"的名字。但是张高平又不干了。"我干活是自己乐意,凭什么说我改造积极？我没犯罪,谁要你的表扬？"狱警哭笑不得。

公函发出近半年,却如泥牛入海,悄无声息。

张高平的情绪陡落谷底,张飚则面临更为尴尬的处境。作为驻监检察官,他认真听取了服刑人员的申诉,并将之逐级上报,极其艰难地取得了领导和同事的支持。体制内能走到这一步,实属不易。

他开始害怕去监狱,害怕面对张高平一次次的询问。更要命的是,他们的接触,引起监狱的不满。一次狱情通报会上,有狱警直指张高平仗着检察官"撑腰",越来越难管教。

作为体制内工作的人,如何保持分寸让张飚无所适从,他开始沉默起来,甚至经常半夜失眠,起身独处。老伴害怕他患上了抑郁或者老年痴呆症,敦促他去医院检查。

马廷新的故事

2008年夏天,他再次到监狱例行巡视,张高平请求见面,汗津津的手里紧紧攥着一本杂志,要他看其中的一篇文章。

这是一本2008年第13期的《民主与法制》,文章的标题叫"被疑'灭门杀手'终判无罪释放",署名"章涵"。文章讲述的是另一个离奇故事——"马廷新灭门案"。

文中,马廷新告诉该记者,2003年春节,他被转到河南鹤壁看守所的1号监室关押,三个同监犯正在等着他。特别是号子里领头的"大哥",对他的一切了如指掌。

"你叫马廷新,你杀了陈连荣。"

"你……你怎么知道？"

"你还是认了吧,写个'自首书',不要连累老婆孩子。公安抓了你父亲和你老婆,你不承认,他们都要遭殃的。男子汉大丈夫,一人做事一人当。"

马廷新全身颤抖,半晌回过神来,自言自语道："我没杀人,我连他家都没去过,怎么写'自首书'？"

"这个好办,我帮你写。你看看觉得合适,就抄下来。不抄也没关系,就和你家人一起受罪吧。"

读完"大哥"长达数千字的"小说",马廷新瘫倒,眼冒金星,不敢相信这是真的:杀人的顺序、手法,现场物件如床、沙发的位置,甚至是作案路线图,都一清二楚。

马廷新甚至怀疑自己是替这位"大哥"坐牢的。他试图抗拒抄写,却被"二哥""三哥"修理得死去活来后。后来他想通了。与其生不如死,不如早点解脱,保全年过花甲的老父和体弱多病的妻子。

抄到半夜,依然不得休息。"大哥"监督他连夜背会,一直到次日警察提审,方算过关。

我和马廷新

2004年的春天,张高平的律师王亦文在浙江为张氏叔侄辩护,我在河南为马廷新辩护。按常人的理解,浙江的经济要比河南发达,司法环境也要好一些。张氏叔侄在杭州所受到的刑讯逼供远远不及河南的马廷新所承担的痛苦。至少他没有因为自己的案子连累父母妻子儿子全被抓。但是结果马廷新却比张氏叔侄幸运。我也比王亦文幸运。法庭上,我历数案件的27处疑点:现场只有左脚印,而没有右脚印；公安机关认定马廷新首先将靠在柜门处的陈连荣杀死，马廷新也曾供述将陈连荣杀死在立柜前，但现场勘察发现柜门上的9处血迹均为B型血，而陈连荣为O型血；现场勘察，陈连荣也不是死在柜门下，而是死在东南角的小床边；所谓"自首书"与马廷新本人的文化水平和写作风格差异极大，不能反映马廷新的真实意愿；凶器与血衣这些最关键的物证至今没有找到……

我甚至深入研究为马廷新案测谎专家的背景，我找到了他曾在国内其他案件中做过错误的判断，向法庭提出质疑。

艰难的辩护起到了至关作用。5年间，鹤壁市法院先后两次顶住压力，坚持对马廷新作出无罪判决。2008年3月29日，河南省高院终审裁定：准许河南省检察院撤回抗诉，一审无罪判决生效，马廷新沉冤昭雪。

"证人"袁连芳马脚显露

或许是命运的安排，2008年4月17日，马廷新无罪释放后，河南《东方今报》的一位记者写了一篇《被疑"灭门杀手"终判无罪释放》的报道，不久这篇文章又被《民主与法制》杂志选中，刊登在2008年第13期。恰巧此时的《民主与法制》杂志一年前刚开始在新疆监狱系统订阅发行。这篇介绍马廷新案的文章里提到，胁迫马廷新抄"自首书"的证人"大哥"名字叫作袁连芳。

该报道还原了河南鹤壁浚县2002年5月发生的一起灭门案被告人马廷新洗冤昭雪的全过程。报道中提到一个名叫"袁连芳"的证人，挑动了张高平、张辉的神经。这与张高平、张辉的"认罪"经历极其相似。在庭审时，张辉坚称自己的认罪材料是看守所里一个牢头狱霸代写、进而逼

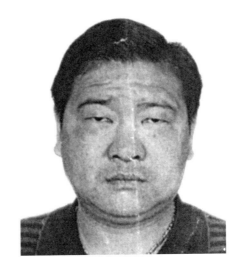

袁连芳

他抄的。直到拿到判决书,他才恍然大悟,原来那个逼诱他抄写认罪材料的人,也叫"袁连芳"。

张氏叔侄案的一审判决书上也记载:张辉的同室犯人袁连芳书面证言证实,张辉在拱墅看守所关押期间神态自若地向他详述了强奸杀人的经历。这一证言被法院采信,成为两被告人口供之外,整案中唯一直指张辉杀人的证言。

这样的巧合太过蹊跷。如果两个袁连芳是同一人,既然在马廷新案中作伪证,也有在张氏叔侄案中作伪证的可能。

各种法律类的报纸杂志在监狱往往会有一种魔力,那些觉得自己很冤的犯人特别喜欢看,张高平几乎搜集了所有报道过的冤案案例。但是2008年的这一天,他看到《民主与法制》第13期的这篇文章时,他惊呆了。文中"证人袁连芳"五个字,如匕首插入张高平的心脏,令他窒息。这个名字曾两次写进他和侄子张辉的判决书。

几乎与此同时,远在南疆服刑的张辉也看到了这份杂志,文章里的袁连芳让他倒吸一口凉气。难道河南这个逼迫马廷新认罪的人和杭州那个逼迫自己认罪的袁连芳是一个人?不可能吧,毕竟这是发生在两个省的案子,而且时间上也差不多。

但是看着报道里的描述,这个袁连芳与杭州的袁连芳干的事情怎么就那么相似呢?

张高平撕下那篇报道,狂喊起来,专责监视他的三名特警听见狂叫,围拢过来。他们很难理解这个"著名"的"顽危犯"内心发生了怎样的荡涤。

情况再次反映到张飚那里,仔细看完张高平拿来的文章,张飚紧紧锁住的眉头慢慢松弛下来。不会这么巧吧,张飚在心里说。

石河子市检察院监所科立即召开了碰头会。科长魏刚要求立即通过公安系统的户籍信息排查"袁连芳";张飚提出向杭州方面调阅袁连芳的原始案卷材料及其羁押情况,同时向河南浚县检察院发函,请他们协查马廷新案中的"袁连芳"。

最先传来的是公安系统的户籍信息。在公安系统录入的全国登记人口中,符合"浙江省杭州籍""男性""有犯罪记录"的"袁连芳"仅有一人。

接着,杭州市拱墅区检察院寄来了袁连芳贩卖淫秽物品案的相关材料和身份信息,与公安系统登记信息一致。

但杭州方面的材料仅包含袁在拱墅区看守所的服刑情况,未提及袁是否曾调往外省服刑,无法判断相继出现在浙江、河南的袁连芳是否是同一人。

为了进一步确定两个"袁连芳"是否系同一人,张飚还把多个人物混在一起的大头照寄往河南浚县检察院,请求他们根据新疆石河子市检察院发出的协查函找到马廷新进行辨认。结果马廷新从一堆大头照中,一眼就认出了袁连芳的照片,"他烧成灰我也认识"。于是河南方面的电话回复是"我们已经调查清楚了,但事关重大,调查材料不能给你们,但可以告诉你,两个'袁连芳'是同一人"。

石河子的来信石沉大海

这样的调查结果让石河子检察院感到张氏叔侄的案子疑点极大,按照程序他们只能向浙江方面寄送相关材料。

3年中,他们5次将张高平的申诉材料和检察机关的调查笔录,连同检察院对案件众多疑点的意见,寄往4000公里之外的浙江。

最初寄平信,后来又走"内部加急通道",均无回音。

到此为止,以石河子检察院的名义推进案件重审的所有努力已走到了尽头。

时间到了2010年的秋天,张飚59岁高龄。开春,他就要退休了。激烈的思想斗争后,他有了从检以来第一次以私人名义展开的公务活动。

他舍弃了以往以单位名义发出的公函,写下了一份充满"感情色彩"的私人信件(恰好,一次在单位翻报纸,张飚偶然看到了一篇对浙江省检察院检察长陈云龙的专访)。

"我是新疆石河子检察院一名老检察官,从事检察职业30年,明年就要退休了。退休之前,我想向您反映一件事……"

收到来信的陈云龙,指示浙江省检察院控告申诉处负责人回电张飚:来信收到,材料已按程序转交浙江省高院等相关部门。

又一个无力等待的隆冬。张飚拨通了浙江省检察院控告申诉处的办公电话。

起初的一两分钟里,双方的交流还算平和顺畅。很快,监所科科长魏刚看见张飚脖子的青筋忽然间粗了起来,他一把抢过了话筒,电话里传来一个女声:"不要说了,我们浙江从来没出过冤案。"

"中国历史上最大的冤案,杨乃武与小白菜就是你们那里出的。"科长魏刚毫不客气地挂掉了电话。

检察官的嘱托

早在 2008 年,张高平和张辉在那本杂志里发现了袁连芳的蛛丝马迹后,他们一方面向监狱反映,另一方面也向家人写信提及了此案和我的情况。

事实上,张飚在 2008 年就对张高发(张高平的哥哥、张辉的父亲)说:"你弟弟和儿子是冤案,不能放弃,砸锅卖铁也要坚持下去。"他建议去找"律师朱明勇",说"他是你们家最后的希望"。在检察官张飚看来,找到我,无疑是解开张氏叔侄案的一把钥匙。

2008 年的北京,律师的工作早已经进入网络化时代了,常年奔波在外的我几乎很少回到办公室。早就抛弃了传统的电话信件往来的我基本上都靠网络联络工作。这也让不会上网的张高发在北京找我就好似大海捞针。那个午夜他从北京找到了郑州,见到我的时候,已经是张飚建议他们找我的两年之后。

这七年间,他卖掉了张高平叔侄心爱的重卡,还清了家庭债务,瞒着狱中的弟弟、儿子,为哭瞎了眼睛的母亲送终,还独自抚养张高平的一对女儿完成了九年义务教育。

这个农民血液里同样流着倔强的基因,最初的几年里,他经常往返于安徽、浙江、北京,一路上访,一路找律师,散尽了出事前多年积蓄——颇为乡邻艳羡的数十万家财。

他甚至带上了一对侄女,在国家信访局附近的地下旅社住了一周。每人每天 5 元钱,没有单独的床,一块床板上,男女老幼蚕蛹般团挤于一起。

此间若干年,申诉途中的张高发寻找律师的频率也越来越高,但是这位老人在见到我时已经无异于一个沿街乞讨的乞丐。那一晚,他弯着腰,驼着背,挑着一条火腿在郑州找到我的时候已经是 2010 年的 11 月。那一晚他除了带来材料还特意强调是检察官张飚让他们来找我的。

我拒绝不了张高发,亦拒绝不了一个素昧平生的检察官的信任之托。

随后，我与张飚联系上，了解一些张高平那里的情况，也及时与他沟通一下我们申诉的进展。转眼到了 2011 年，我接手这起案件已经几个月了，依然进展缓慢，或者说根本没有进展。

重启申诉程序

但是我并没有想到放弃，我计划用三到五年的时间一定将此案平冤。

此后我们组建了一个团队，专门负责张氏冤案的申诉工作。

我们首先从原来的律师那里调来了本案的全部一二审卷宗，收集了张高平和张辉二人分别写给家人的信件。与新疆的检察官和原来的承办律师沟通。在漫无边际的线索中寻找突破。

转眼到了 2011 年，又是一个春天的来临，我们的工作团队经过细致的分析研讨和准备，将此案纳入 2011 年的攻坚计划。第一步就是我亲自前往杭州，到浙江高院查询张家七年来申诉的进展。然而，当我听到浙江高院申诉庭的法官告诉我，电脑里根本没有这个案子的申诉资料时，我崩溃了。

因为张高发告诉我，此前他连续七年，几乎每个月都要到杭州申诉，但是今天我才知道，原来他们七年来的奔波在法院的申诉通道中尚未入门，也就是说七年来他艰难的申诉记录为零。

我无法接受这样的事实，问道为什么多年坚持申诉的案子，居然没有记录！申诉庭的法官告诉我说，这个案子大家都知道，但是没有证据证明无罪，谁也不敢决定受理申诉。听到这样的逻辑我心中充满怒火，但是我还是冷静地告诉他们，那我今天就算是第一次来申诉，你按照法定的程序马上给我办理登记，有没有结果或者什么样的结果我不管，但是你必须给我录入计算机系统。说完我现场写了一份申诉状，填了一张《信访登记表》，盯着他们将此案录入计算机。

走出申诉庭，我和张高发坐在浙江高院大门前的石凳上，一言不发，张高发甚至还没有明白七年来他的申诉重归起点的意义。我也不再向他解释，看着这位老实巴交的农民，我让他回安徽去，等着我们的消息。

办完申诉登记的第二天，2011 年 3 月 9 日，我在微博里这样写道：

昨天在浙江省高院查询一起安徽当事人已经申诉了七年的案件,到立案庭发现居然电脑里没有记录,于是立即填写一个表补录进电脑。但是接待法官很清楚这个案子,具体案情都知道,但是他们有一个重要的观点就是要当事人证明自己没有杀人。公安机关都证明不了当事人杀人,却要当事人证明自己没有杀人。

2011-03-09　10:34

考虑到与接待窗口法官已经没有可能通过对话说服他们立案再审。先让当事人回去,过后再继续努力,逐步揭开一起差点灭掉两个无辜性命的重大冤案。本案堪称浙江最大的冤案,当然在全国也可以算得上,除了人命保住了以外,一切都可以用绝对震撼来表示。

2011-03-09　10:58

刑事案件本就风险大、收费低,而代理这样的申诉案件几乎就是自讨苦吃,在杭州申诉期间,一些在当地工作的同学还问我,代理这样的案子不累吗,我饭后发了一条调侃的微博:

浙江的同学席间笑谈我抢案子都抢到他们地盘了,他们哪里知道这些案子有的连差旅费都付不起,哪里是他们本土精英看得上的啊。多年不见,那几位当年一起骑着30元的二手破自行车在外讲课,现如今居然个个都是博士教授了,而我还在"流窜"全国"作案",人老色衰,真是惭愧啊。

2011-03-09　11:09

四天之后,我在微博上开始披露这个案情:

快报1　2004年杭州市发生一起命案,公安机关破案无能,刑讯逼供,并运用卑鄙伎俩逼当事人认罪。一审时两被告人翻供,在法庭揭露真相,居然被判死刑。二审时浙江高院发现此案为假案,但是却改为死缓,不敢判无罪。两被告被投送新疆服刑,在新疆七年来两人天天申诉,拒绝劳动改造,拒绝减刑。

2011-03-11　23:50

快报2　新疆检察院驻监狱检察室对此案当事人的行为极为重视,经过慎重调查,发现此案有重大疑问,遂向浙江省检察院发函建议抗诉,几年来浙江省检察院并未抗诉,浙江高院在收到当事人家属申诉后,至今未做任何处理,不仅没有立

我在法院门口

案再审,甚至连多年前的申诉资料也没有输入系统,也没有裁定驳回申诉。

2011-03-11 23:55

快报3 前天我随当事人父亲到浙江省高院查询申诉情况,才得知浙江高院根本没有考虑本案再审,理由是当事人没有证据证明自己没有杀人,并要求律师在七年之后去调取案发仅一个月后公安机关就没能调取的录像证据。而原审律师电话查询时得知总是正在审查中。

2011-03-12 00:01

快报4 浙江高院法官还说,本案死者不能像赵作海案那样会"复活"了,要是真凶出现就好办了,现在找不到真凶,谁敢放人。还反问我说你要是领导,你敢吗?我无语。

2011-03-12 00:12

快报5 当事人父亲到浙江省检察院问询,被告知:没判你儿子死刑,你还搞什么搞,知足了吧。当事人父亲,一个老农民,连个申诉登记表都不会填,在浙江高院门口老泪纵横,两名当事人一个是他儿子,另一个是他弟弟。本案已经有确凿证据可以排除两人作案可能,但是放了没人顶罪,命案又变成没破。

2011-03-12　00:16

快报 6　说当事人强奸,但是没有查到两个当事人任何一人的精液成分;说强奸后杀人,没有两当事人的任何一人现场脚印、指纹等痕迹;最终最有力的证据是在死者的十个指甲里发现八个指甲里有一个男人的 DNA 成分。但是鉴定的结果是该 DNA 成分与两被告人无关。

2011-03-12　00:23

快报 7　当事人在服刑时听新闻说杭州同一地段又发生了同样手段的强奸杀人案,激动不已,认为可能是同一人所为,但是反映此情况后如石沉大海。再次抗拒执行被关禁闭。

2011-03-12　00:26

快报 8　当事人请求杭州公安机关查询其进入和离开杭州的时间,以便排除其有作案时间,公安机关说查不到,但是杭州公安机关居然查到了当事人到达上海的时间。当事人又请求公安机关做侦查实验,看能否在一定时间里完成开车掉头、强奸、杀人、抛尸、洗车等过程,没人理会。

2011-03-12　00:33

快报 9　本案我已经接手几个月了,一直在研究相关资料,我通过证据和各种资料反复判断,与原审律师沟通并与新疆检察官沟通后内心已经确信绝对是一起惊天冤案的时候我才决定逐步予以揭示,我计划用三至五年的时间揭穿此案。之所以要用这么久的时间,因为我所说的其实是本案中最不重要的部分。

2011-03-12　00:43

快报 10　我将运用报告文学的形式来展示本案中那些惊心动魄的故事,还将第一次向世人揭露全新的"侦查圈套"。

2011-03-12　00:48

后续的申诉工作紧张而又有序地进行,我们每个月去一趟杭州,分别联系检察院和法院,督促案件进展。

正在此时,我又收到一条新疆检察官的短信,是张飚发给我的。

"我马上就要退休了。有关张辉、张高平的案件,只能拜托你了。申诉很难,你千万别放弃。每到深夜,想起张高平哭诉被刑讯逼供的情景,我就整夜难以入眠。"

这条包含情感和无奈的短信让我陷入了沉思,我并没有及时回复这条短信,我在想,这位检察官到底是一位什么样的人物。因为,在我的字典里,常年与各地的检察官打交道,对于一起申诉案件,大都会像避瘟神一样躲着,而这位检察官居然会对一位申冤的劳改犯如此用心,不能不说这条短信触动了我内心的柔软,也坚定了我坚持下去的信心。

但是,又是半年过去,一切如同七年之前。

现实的司法状况让我们深知通过这样的日常申诉工作想要将一个判了死刑(缓期执行)的案子全盘否定无异于痴人说梦。

为此,我的团队在北京召开了一次又一次的专题会议,反复研究哪里才是本案的突破口。

媒体的力量

2011年的夏季,河南省高级人民法院正在开展颇具新意的"案件评查工作",他们邀请人大代表、政协委员、专家学者对历史上的陈年老案翻出来分组评查,我也在应邀之列。对这项创举感兴趣的《东方早报》派出记者来郑州采访,我的一位师弟介绍了他们报社的一位年轻记者来找我采访相关情况。

正是在这次案件评查工作中,我偶然看到了"赵作海案件"的案卷(当时赵作海案件已经平反),看到赵作海的九次有罪供述和他即便在开庭时也认罪的态度,我想象到了张高平在申诉材料里写到的各种"刑讯逼供"。

在接受采访的时候,我的重点并不在于河南的案件评查工作,我决定顺便给这位新见面的记者讲一个传奇的神话故事,故事的主题叫作"神秘的专职证人",我希望这样的传奇能带来他更大的兴趣。

作为刑事辩护律师,在中国特色的司法背景下,我始终认为我们必须要争取一切可以发声的机会为我们的当事人说话,我们的战场不仅仅在法庭,还在任何一个可以喊出冤情和呼唤正义的地方。

《东方早报》记者　鲍志恒

案子到了这个时候,通过媒体披露袁连芳这个神秘的"专职证人"是我工作的重要一步,通过挖出袁连芳这个神秘人物才会引起人们对这个案件的关注。而此时的袁连芳在河南作证的案子,被告人马廷新经过河南省检察院的两次抗诉四次审理已经无罪释放,我认为这是一个好的条件。将这两起案件联系起来也许就有可能动摇浙江高院的张氏叔侄案的判决。而张氏叔侄案件的证据条件比马廷新案件更为不靠谱。

所以那阵子我的主要工作就是频繁地接触媒体,给他们讲故事。有的媒体已经在开始研究此案。

当《东方早报》的记者鲍志恒第一次出现在我面前时,我其实并没有抱太大的希望。

当年的鲍志恒刚从《东方早报》北京记者站调回上海,还未正式涉猎政法报道,亦无重大案件的报道经验。况且,我已经将线索给了几位资深的深度调查记者,但是他们都还没能理出头绪,这个看着像刚毕业的大学生的小伙子行吗?

当时我的团队不仅在代理张氏叔侄案,同时也在开始启动对聂树斌案的关注。在与鲍志恒的交谈中,我看到了他的犹豫。"我们救不了一个死去的聂树斌,还不能努力救救活着的张辉、张高平?"我试图用各种方法说服这位年轻的记者。

没有想到的是,刚回到上海的鲍志恒就打来电话说选题通过了,而且报社还非常支持。他还说希望能和我们一起前往新疆采访。的确,这样的决定出乎我的意料。

我原本想着他们能看透材料写一个故事性的报道就很好了。

前往新疆采访,张飚是一个很重要的信息源,我们试着联系张飚,他却一口回绝。"案子申诉成功之前,我不能接受媒体采访。"

鲍志恒说:"没关系,我不只是一个记者,也是朱律师的朋友,就算不做报道,也想了解一下案子究竟是怎么回事。"

如果他再次回绝,我们不确定是否还能继续下去——他是可以采访的核心信息源。幸运的是,当张飚听闻记者是我的朋友时,他没有再次拒绝。最后,他甚至邀请记者适时去新疆面谈——显然此时的张飚已经意识到,当体制内的程序走到山穷水尽,媒体的介入或许是张氏叔侄冤案得以解决的唯一机会。

新疆、河南、安徽、浙江大调查

张高平和张辉叔侄俩一个在北疆的石河子,一个在南疆的库尔勒,相距上千里。大漠荒滩,气候异常。为了赶在冬季到来之前完成调查,亲自听一听这两位当事人自己口述的冤情,我们决定一定要见到他们本人。尽管条件艰苦,张家人也没有可能陪同前往,我也没有告诉张高发具体的行程。

决定前往新疆后,怕夜长梦多,我们马不停蹄地开始部署这场辗转千万里的大规模调查。

我安排团队的一名律师前往新疆,会见当事人,接触检察院。安排另一名律师前往杭州,继续督促再审。《东方早报》也决定增派记者协助。我则坐镇北京协调几个区域的工作进度。

不久之后我得到消息，新疆方面的工作进展顺利，记者也有了重要的收获，得到可靠的信息。

揭开"专职证人"袁连芳的神秘面纱

我们的工作团队高速运转着，经反复探讨后，我们一致认为，这个案件的突破口就在于"证人"袁连芳，突破他，这个案子就会出现转机。所以，接下来的工作就是首先揭开这个"专职证人"神秘的面纱。

我在北京的办公室拿出媒体联络通信本，挨个地向我的记者朋友们讲述即将有一个劲爆的故事出现，希望能与他们分享。

很快，除了《东方早报》外，还有《南方周末》《南方人物周刊》《潇湘晨报》《成都商报》《民主与法制》《法制晚报》《新京报》《大河报》《羊城晚报》等媒体表示了高度的兴趣。

2011年的金秋十月，攻坚时刻来临，我将专案办公室移至西子湖畔的半山坡上，一座掩映在秋叶枫林中的幽静客栈，我的平冤专案组拉开了一场大戏的序幕。

调查分为公开和秘密两线推进，我们以已经"暴露"的《东方早报》记者打前锋，其他记者暂时不暴露身份，我们担心这种案件的调查一旦被有关单位知道很有可能通过各种渠道和关系将已经调查的报道取消。这样做是考虑到假如某一家媒体被公关了，我们还有没有暴露的媒体也已经完成了调查工作。只要不是中央级别的新闻管制，就不怕消息屏蔽。

官方的调查由《东方早报》记者鲍志恒出面进行，显得更为年轻的《南方周末》记者刘长则假扮《东方早报》记者的实习生陪同调查。其他媒体记者兵分几路各自开展工作。我们决定不惜一切代价，即便挖地三尺，也要找到袁连芳这个神秘的"专职证人"。

短短几个星期，各路信息汇聚上来：

袁连芳，1962年生于杭州，父母均为工人。兄弟五人中，他排行老末，从小由姑姑带大。他的第一份工作是在杭州市下城区商业局下辖的国企——杭州武林浴室工作，从锅炉工一路干到公司骨干。之后，他成为下城区某粮油站的副站长，这是他一生中最辉煌的履历。

早年,他曾与一位医院护士结婚。离婚后与莫建芬相识,两人一起生活了近10年,一直未正式登记。

2001年1月12日,位于杭州市湖墅南路的浙江省广电市场和往常一样喧闹,中区35号摊位前亦人头攒动,摊主正是袁连芳。两年前,他和女友莫建芬租下这里,经营电子器材生意和甜蜜的二人世界。后来看着卖淫秽碟片利润很大,袁连芳开始和女友贩卖起淫秽碟片。

好运不长,那天刚一出手,袁连芳就被擒获。警察从他的摊位、仓库和住处搜出的碟片共计3600余张,其中3474张被鉴定为淫秽碟片。

袁连芳和女友分别被投进了看守所。法院判决他们各有期徒刑6年。

莫建芬被送往浙江省女子监狱服刑,直到刑期届满。袁连芳则没去监狱,一直在拱墅区看守所"留所服刑"。

莫建芬的哥哥是一名汽修工,时常为当地警方维修车辆。一次去看守所探视时,他无意间说起"留所服刑"的事,袁连芳记在了心里。

"要留所,就必须为公安办事。"审讯他的方警长看起来很欣赏袁连芳的"口才"。袁不但能说会道,头脑灵活,还会讨好管教。

袁连芳削尖脑袋想留所时,远在河南督战的公安部专家正头疼于一名叫马廷新的嫌疑人。

被测谎专家测定为河南浚县灭门血案凶手的马廷新,经受两个多月严酷刑讯,仍"死不认罪"。

看来要撬开马廷新的嘴,非得选调一名有能力的"耳目"。

命运有时候就是这样的随机和偶然。远在浙江的袁连芳自己也不会想到会被选中"到外地执行特殊任务",但他确实莫可名状地被选中了。很快,专人护送下,袁连芳横跨几省被调派到河南鹤壁的看守所,安插在"不老实交代杀人罪行"的犯罪嫌疑人马廷新身边。

细节在马廷新案中有详细展示,此处暂且不表。

2003年4月8日,袁连芳顺利完成在河南的任务,"搞定"了马廷新,帮助河南的公安拿到了马廷新的认罪笔录和"亲笔"书写的"自首书",之后踏雪无痕,他的名字也从鹤壁市看守所羁押人员档案中自然消失。此次出马,袁连芳抢下头功。

此事在杭州中院的法律文书中得到确认,杭州中院裁定给他减刑一年半。

再次回到杭州,袁连芳又在他熟悉的拱墅区看守所,住进了15号牢房。

刚刚安顿下来不几天的袁连芳就接到"专管员"布置的新任务,他需要"再接再厉"。

2003年5月30日,袁连芳再次幽灵般地出现在张辉的号房里。

几乎与对付马廷新一模一样,很快袁连芳又"搞定"了张辉。如同翻版,在协助浙江公安拿到张辉认罪的笔录和"自首书"之后,袁连芳与同在马廷新一案中模版一样地写下了有关张辉"神态自若"讲述强奸杀人经过的证言。

此番辛苦,袁连芳再立一功。2004年8月,杭州中院再次裁定袁连芳减刑,并称:袁在服刑期间,认罪服判,认真遵守监规……服从分配,不怕苦不怕累,积极完成生产任务,多次调派"外地"协助公安机关"工作",完成任务成绩显著,准予减刑10个月。

当年9月12日,袁连芳刑满释放,告别了囚徒生活。

与湮没在高楼林立的社区中的杭州市拱墅区看守所旧址一样,出狱后的袁连芳遁迹人海。他与女友莫建芬断绝了来往,并卖掉了入狱前二人置办的房产,偿还了债务,一个人租房过着隐居般的生活。

这些就是我们和记者一起在杭州挖掘的资讯,调查过程既惊心动魄,又如履薄冰。

在这期间:

《东方早报》的记者鲍志恒在杭州中院采访袁连芳立功减刑问题时被警告,如果敢报道此案将"走不出杭州"。

《南方周末》记者刘长的报道引来公安部对报社的问责。

《南方人物周刊》的女记者赵佳月曾深入袁连芳租住的小区被其发现,并第一时间报告到他的警方"专管员"。

《潇湘晨报》的记者搞到袁连芳的电话。

《成都商报》的记者探访到了袁连芳的亲属和原来的同事。

但这些风险并没有中断我们的调查,袁连芳的老底子一点点被挖掘出来。2011年11月21日《东方早报》破例在同一天的报纸里连发两篇专题深度报道《跨省作证的神秘囚犯》和《一桩没有物证和人证的奸杀案》掀起第一轮舆论高潮。不久《南方周末》接着爆出专业性极强的雄文《狱侦耳目》,再度引爆世人眼球。

后来的事实证明,正是《东方早报》的报道引起了杭州市公安局领导的重视,当即决定重新比对王冬指甲里残留的 DNA 成分,成为此案日后翻盘的重要一环。

央视上的女神探

2006 年,中央电视台一期栏目的名字叫作《无懈可击》,讲述的正是杭州女神探破获张氏叔侄强奸案的故事。

报道说,她是杭州市公安局最有名的"预审专家",面对形形色色的嫌犯,几乎没有她突破不了的心理防线。

她成名已久,不仅受聘担任杭州市警校兼职教官,还自编教材,向新人"毫无保留"地传授自己多年的预审经验。

2006 年 3 月 3 日,张辉、张高平二审判决后 1 年零 4 个月,中央电视台《浙江神探》节目播出前 1 个月,这位"神探"成为 1960 年以来唯一荣获全国"三八"红旗手称号的女民警。

"我的座右铭是'不冤枉一个好人,不放过一个坏人',谢谢。"镁光灯闪烁那一刻,她朝着镜头露出甜美的酒窝。

杭州当地党报如是报道描述:若非是置身颁奖现场,记者很难相信,这个有着一双亲切笑眼、一对甜美酒窝的窈窕女性,就是传说中那个专与死囚对话的现代女"提刑"。

报道称,在 21 世纪初的五年里,她牵头主办的重特大案件达 350 余起,准确率达到 100%,经她审核把关的重特大恶性案件,移送起诉后无一起冤假错案。

这其中,既包括王冬被害案,也包括吴晶晶被害案。

考量人性的再审决定

2011 年 11 月 22 日,《东方早报》刊载的《跨省作证的神秘囚犯》和《一桩没有物证和人证的奸杀案》横空出世,震惊了整个浙江公检法。

报道刊出的第二天,杭州市公安局立即将王冬指甲中残留的 DNA 样本重新取出,在警方数据库中比对。

真是不比不知道,一比吓一跳。

结果令人惊骇:王冬 8 个指甲末端擦拭滤纸上分离出来的一名男性 DNA 分型,与勾海峰 DNA 分型七个位点存在吻合。而这个时候,勾海峰已经被枪决了八年!

杭州市公安局的领导们面对这样的结果,谁也不敢表态,谁也不敢离开实验室。最终他们决定连夜将样本送公安部物证鉴定中心重新比对、鉴定。

12 月 6 日,公安部物证鉴定中心出具《物证鉴定查询比对报告》:经查询比对,从王冬指甲中提取的 DNA 检出的混合 STR 分型中包含有勾海峰的 STR 分型。"上述鉴定意见具有科学依据,符合客观性要求。"

但是这样的结果让杭州警方,甚至说整个浙江政法高层都不愿意相信。万一公安部也出了错呢?

于是,他们决定再将样本送到司法部设在上海的物证鉴定机构鉴定,但是结果依旧相同。

即便这样,相信这样的结果本身也是令人纠结的。于是他们再次派出领导前往公安部,找到鉴定专家,亲自求证在保存 10 年的王冬指甲中分离出的男性 DNA 分型是否存在被污染的可能性。专家回答:不可能!

报道出来后,我们感到一阵轻松,起码这个案子的问题已经暴露,谁也不敢再轻易遮掩。这对于一起已经申诉了九年的案子我们保持了谨慎的乐观,例行的申诉工作还在继续,我们寄希望借助媒体的力量能够促进申诉再审的进展。

但是,愿望总归是愿望,一阵激动之后,申诉的情况依然毫无进展。

没想到,《东方早报》的报道在浙江政法系统引起了这么大的轰动。但是轰动过后又很快平静下来,没有人敢做出决定启动这个案件的再审。

舆论的影响是有时效性的,我们不希望这个事情就如风一般过去。

《东方早报》的两篇文章报道之后,《南方周末》一篇极具大片色彩的名为《狱侦耳目》在 18 天之后的 2011 年 12 月 9 日横空出世。该文的出世虽然确实惊到了世人的眼球,同时也惊动了公安部。

公安部对记者在这篇文章里提及的"狱内侦查""耳目"等字眼颇为重视,认为这是公安机关的工作秘密。要求《南方周末》解释清楚是否存在泄密问题。好在年轻的记者在写这篇文章时查阅了大量的资料,而这些所谓的敏感内容的出处又全部是公开的出版书籍和学术期刊。当记者按照学术论文的规范将这些内容标注给他们时才算化解危机。

撬动正义的轮盘

2012年2月,浙江省政法委专案组远赴新疆,听取张辉、张高平的申诉,浙江省高院立案复查。

2012年7月,浙江省高院前往安徽歙县走访被害人少女王冬的父母。

2012年8月,浙江省高院办案人员赴疆提审张辉、张高平。

2012年10月,浙江省检察院提出张辉、张高平申诉有理的书面审查意见。

2012年12月,浙江省高院前往河南郑州、鹤壁,了解马廷新案审理过程。

2013年1月,"流放"边疆的张高平叔侄被同机换押回杭州。

2013年2月,浙江省高院审判委员会讨论决定,对案件提起再审;除夕那天张高发收到再审通知。

其后我再赴杭州,商讨庭审事宜。

2013年3月20日,浙江省乔司监狱临时法庭开庭再审。

此时,再审结果已无悬念,无罪早成定局。

浙江省检察院出庭检察员宣读出庭意见:正义虽然迟到,但没有缺席,正义就在眼前,历史不会重演。

我发表了半个小时的辩护词,强调这个案件曾有七次纠正的机会,但是都被错过,十年冤狱需要反思。

张高平在最后陈述时忽然面向审判席发表了一段极其高大上的演说:你们是大法官、大检察官,你们的子孙不一定是大法官、大检察官,如果没有法律的保障和制度的完善,他们也可能像我们一样,蒙受冤狱,徘徊在死刑的边缘。

2013年3月26日10时,浙江省高院再审宣判,宣告张辉、张高平无罪,浙江省高院副院长俞新尧向他们鞠躬致歉。

再审宣判时的张氏叔侄

2013年3月26日11时许,走出高墙的张高平高喊"我们清白了!"一旁的张辉,满眼噙泪。

张高平

十年炼狱天命轮回

张高平和张辉获得 220 万元的国家赔偿和一笔相当数额的法院补偿,至今闲居在家,没有工作。

张氏叔侄

马廷新出狱后性情大变,木讷寡言,守着妻儿过着平静的生活。从电视报纸上获知张氏叔侄的故事后,他曾托我捎话,邀请张辉、张高平赴河南一叙,共话遭袁连芳陷害的艰难岁月。

"耳目"袁连芳独自租住在杭州胜利河美食街一个 10 平方米的房间里,中风偏瘫,病痛缠身,几乎足不出户,形同自囚。他向一位同吃同住半个月的记者袒露心声:"我现在就是在这间屋子里坐牢等死……外面发生什么和我没有关系,也没有人理我了。我曾经帮过的那些人,都不管我了……我很想说当年的事,但现在不能说……没什么好怨的,路是自己走的,没有希望,没有过去。"

袁连芳的专管员"方警长"至今还隐匿在真相背后,不为人知。

"女神探"聂海芬在媒体的追问下,浙江省政法委几度表示要追查责任,但是在 2015 年媒体曝出其将要晋升警监的消息,追责不了了之,晋升不得而知。

王亦文依然坚守在小城歙县,偶尔会与逛街买菜的张高平擦肩而过。

张飚已退休两年,荣获了从中央到地方的"全国模范检察官""最美检察官""全国法治人物""模范共产党员""先进工作者"等称号,还和魏刚、高晨一起荣立了二等功,当年指责他为顽危犯"撑腰"的狱警,正在学习他的先进事迹报告。全国的冤假错案当事人纷纷赶赴新疆找他申冤,石河子检察院又将其请回来并分配了一间办公室接待来访。

一年之后媒体报道张氏叔侄各自买了一辆宝马汽车,我则又一次谢绝了他们要支付的感谢费,继续在全国各地"流窜作案"。

记者鲍志恒担纲了最具影响力的新媒体"澎湃新闻"的法治报道部主任,仅仅一年,其主持报道的一起又一起冤案得以平反。

《南方周末》的记者刘长则以高分通过了司法考试,离开媒体,开始了律师生涯。

在这个案件中有过交集的朋友们也在偶尔的茶叙中会聊到,这个堪称大片的故事背后的主旨,显然还不能说就是法治的进步与英雄般的救赎。事实上,更多的故事并不能写在纸上,我们似乎都认可,张氏叔侄在十年炼狱之后得以平冤恰恰是一连串的巧合彰显的天命轮回。

为"刑讯逼供者"辩护
——黄山警察职务犯罪案

长久以来,在刑事辩护的第一线,我们接触到很多刑讯逼供的故事,迄今为止在媒体上广为流传的影响最大的刑讯逼供行为有相当一部分是我揭露出来的。一个是关于重庆打黑的大面积刑讯逼供行为,一个是极端残忍的河南南阳杨金德涉黑案。这两起案件的披露,使得人们震惊,他们所不曾想象过的这种古老而残酷的刑罚在中国依旧存活着,并具有相当的生命力。

可以说,知道我的人,知道我所办理的案子的人,几乎都知道我最痛恨刑讯逼供。

但是,那一天,一个特殊的人物走进了我的办公室,委托我办理一起特殊的案件。一年之后,当这个案子经过最高人民法院核准后改判时,那些关注过我的人都在说,这才是一个真正的职业辩手。

"陷警门"背后的警检博弈

2011年,一条题为"安徽黄山惊现'陷警门'"的帖子在各大论坛火了起来,这个帖子讲的是安徽省黄山市祁门县的两名刑警因为办理一起盗窃案件,在讯问一名犯罪嫌疑人时,发生意外事件,这名嫌疑人死亡。于是他们被检察机关以涉嫌刑讯逼供启动刑事追诉程序,并迅即被逮捕。但是两名警察的家人则认为这是检察机关的构陷，他们没有实施刑讯逼供。

故事的主角一个叫方卫，一个叫王晖，他们两位原来都是安徽省黄山市祁门县公安局刑侦大队刑警。

毫不避讳地说，如果把刑警和刑讯逼供联系起来，社会上也极少有人会对此提出质疑。

翻开近几年来的冤案平反史，不难看到，在"佘祥林杀妻案""赵作海杀人案""张高平、张辉强奸案"等一系列的冤案报道中，几乎每一起冤案的发生都与刑警的刑讯逼供有关。特别是这几年来，随着网络的迅猛发展，不时会有一些涉嫌刑讯逼供的案例曝光出来，刑警似乎成了刑讯逼供的代名词，警察职业也不可避免地面临着极大的负面评价。尽管近几年公安机关内部加强了严禁刑讯逼供的教育力度，并出台了一系列相应的措施，但是，刑讯逼供这种现象仍旧未能绝迹。

而司法实践中，检察院一般都会被认为是"护着"公安机关的，案件审理时，在众多的辩护律师和犯罪嫌疑人、被告人提出申请启动非法证据排除的时候，检察院往往当作耳旁风，或者干脆让公安局的警察自己写一份"文明办案"的书面说明交到法庭了事。

但是，这也仅仅指的是一般的情况，一旦侦查机关出现极端事件，比如死亡、自残等，那么一直"休眠"的检察机制就会立刻唤醒。因为检察院和所有的机关一样，在他们的领域同样会有一个业绩考核指标体系。警察刑讯逼供这样的案件正属于检察机关内部的反渎职犯罪侦查局管辖的范围。事实上这个渎职犯罪侦查局也很为难，他们并没有多少案件可办，检察机关为了找到几个可办的案件，防止在连续的业务排名中不至于再次落到排尾，往往也是费尽心机。

但是即便这样，一些反渎职案件的查办也很艰难，因为他们面对的是同样懂法律，而且侦查经验比他们还要丰富得多的警察。不仅如此，这些案子大都也是因为工作原因发生的，出了事，他们背后一定还会有一个强大的警察组织在积极协调。

故事正是在这样的背景下发生的：

检察院反渎部门预想，这个死了人的案子，不会有什么障碍，等他们将两名警察送上法庭，绳之以法后，就可以结案了。

但是这一次，他们没想到真的遇到了麻烦的对手。那些平日里不怎么搭理他们的警察们，竟然还敢在真的死了人后坚称没有刑讯逼供，并且还由此引发了一起声势浩大的"陷警门"舆论风波,这实在是他们始料不及的。

于是,一场发生在公安和检察机关的博弈就此展开,双方都动用了自己最为强悍的力量和机器,在美丽的黄山脚下摆开战场。但是一年多的厮杀下来,公安机关败下阵,最终,两名警察一审被定罪量刑,各自获刑10年。

这种结果,不仅方卫和王晖这两位当事人不服,整个黄山市的警察也不服。一审开庭,他们围住了审判法庭,法院只好将审判庭大门锁住。其后,上千名警察联名写信,声援两位战友,他们认为夜以继日坚守岗位破案,出了意外事件就抓人判刑,太不公平。一时间警检冲突升级,案件直报最高人民检察院和公安部。

然而,对于已经进入二审程序的案子,各机关的协调似乎并不顺利,从最高检、最高法到省检、省法院直到黄山市公安局和黄山市检察院,无数次的协调沟通没有实质进展。的确,在现行体制下,抓人谁都敢批,放人则无人担当。对于已经卷入司法机器的个案来讲,结果如何,有时不得不看运气。

已经看不到任何希望的黄山市公安局决定聘请好的律师争取二审,他们也曾对两名警察的家人讲道,我们已经竭尽全力且已经无能为力了,但是二审为你们聘请到了全国最好的律师,结果就看命了。

接下来的第二季战役便是我们出场,替这两名警察,或者可以说替整个黄山市警察辩护,讨回他们的公道和尊严。

在一切传统意义的协调和沟通无果后,一场法庭上的较量便拉开序幕。介入二审后,我们启动了刚刚实施的新修订的刑事诉讼法中专家证人出庭作证制度,在全国第一次尝试在刑事案件中申请辩方的专家证人出庭作证,经过激烈的法庭交锋,最终本案得以上报最高人民法院,二审在法定刑以下改判,二被告分别从10年有期徒刑改判为3年和3年6个月有期徒刑。二审结束后不久,二被告因羁押期满,先后走出看守所,回归自由。

警察打死人了?!

2010年9月25日,安徽省黄山市祁门县公安局刑警队,一个专门盗窃摩托车的犯罪嫌疑人被抓获,经过讯问,犯罪嫌疑人被送进了看守所。这是一起团伙盗窃摩托车案,该团伙共有三名犯罪嫌疑人:熊军、李政、潘世讨。犯罪嫌疑人李政、潘世讨先后于2010年12月14日、12月17日辨认了犯罪现场,并均已供述三人合伙盗窃五辆摩托车的犯罪事实。

按照程序,这个案子的基本证据差不多齐了,再带犯罪嫌疑人熊军前往作案现场拍几张照片,案子就可以移送审查起诉。

2010年12月21日下午,祁门县公安局刑警队方卫、王晖、王奇(刑侦大队副大队长)三人携带相关手续提解熊军出看守所辨认现场。

这天下午,他们像往常一样从看守所办完提审手续带出犯罪嫌疑人熊军,没有任何障碍,也没有得到任何提示。但是熊军上车后突然称:"记不清现场"了,因之前熊军供述时对地点描述很清楚,几名警察推测熊军是想以此为由逃避法律追究,所以当即开始做其思想工作,试图让其转变思想,继续辨认现场。此时,车子已开至公安局门口,方卫见暂时无法完成辨认现场工作,就叫王奇将车开进局里,并将熊军带至三楼刑侦大队方卫的办公室(兼讯问室)。

12月的黄山脚下,寒气袭人,祁门县公安局办公楼里并没有暖气,但是装有空调,有的干警还自行配备了电暖器,室内倒也不显得很冷。

方卫带熊军进到办公室,将空调、电火桶打开取暖,让熊军坐在讯问椅上,用手铐、脚镣对其进行约束后继续做其思想工作。

不料,熊军情绪异常激动,身体剧烈晃动。考虑到之前发生过犯罪嫌疑人受讯时用前额撞击讯问椅挡板进行自残的情况,为防止类似情况发生,刑警大队的讯问椅上都备有一根皮线,必要时可约束犯罪嫌疑人,以防止其自残。由于熊军情绪不稳定,为防止其自残,方卫就用讯问椅上的皮线斜跨过其胸部对他进行约束性保护,皮线距离胸部有几厘米的距离,这样既可以保证熊军前后左右都有一定的活动空间,同时又能阻止他弯腰用头撞击挡板。约二三十分钟后,熊军情绪渐趋稳定,但仍称记不清现场,或者沉默不语。

晚上六点钟左右,公安局食堂送来饭菜,方卫和王晖打开械具带熊军去小便。回来后,方卫盛了一碗饭给熊军吃,但熊军称不想吃,方卫又倒了杯水给他喝。直到晚上九时左右,熊军思想工作仍未做通,方卫就拿出之前李政、潘世讨辨认现场的照片给他看。熊军见两名同案犯已辨认过现场且又交代了合伙盗窃另三起摩托车的事实,思想逐渐转变,同意配合警察辨认现场,并主动交代了合伙盗窃另三辆摩托车的犯罪事实。

方卫将此情况向队领导王奇作了汇报,王奇叫方卫将情况问清楚形成笔录后再把熊军送回看守所,早点回家休息,明天再辨认现场。王奇因为第二天要去江西出差,就先回家了。九点半左右,看守所民警胡晓晖打电话给方卫,问何时还押,方卫告诉他可能还有一段时间。胡晓晖说,看守所看门的老头怕冷,让方卫早点送熊军回去。方卫见一时结束不了,再考虑到还押后第二天还要去指认现场重新办手续(需中队长、大队长、局长签字)很不方便,心想就算是到明天中午还押也还在审批的规定时间内,就告诉胡晓晖,明天再送熊军回去,让看门的早点休息吧。

接完电话后,方卫问熊军是否吃饼干(办公桌上有一袋饼干),熊军仍称不想吃,想喝水,方卫就倒了杯水给他,并解开手铐让他自己拿着喝。晚上十二时左右,方卫做完了笔录便和王晖将熊军械具打开,方卫倒了杯水给他,让他边喝水边核对笔录。

大约22日凌晨一时左右,熊军开始打瞌睡,方卫和王晖便在办公室内整理卷宗,上公安网,同时看住熊军,其间未发现他有异常表现。

一直到凌晨六时左右,方卫发现熊军脸色苍白,口唇发紫,牙咬住嘴唇,表情痛苦,呼之不应。身为法医的方卫立即紧张起来,赶紧上前探其脉搏,发现很慢很弱,又用听诊器听其心跳,同样慢弱。方卫感觉情况不妙,就招呼王晖赶紧一起打开械具,将熊军抬到办公室床上进行人工呼吸及心脏按压抢救。几分钟后,方卫听其心跳已不明显,就拨打了120急救电话,又拨打副队长王奇电话汇报此事。打完电话后又抢救了十几分钟,王奇赶来了,救护车随后也赶到了,三人便将熊军抬上救护车,王奇随救护车去了医院,让方卫和王晖留下接受调查。过了一会儿,王奇打电话告诉方卫,熊军抢救无效,已经死亡。

2010年12月22日上午,方卫和王晖分别就熊军死亡向祁门县公安局作了书面汇报。

公安局启动自查

祁门县公安局对此事件格外重视,在接到熊军死亡的报告后,他们当即向黄山市公安局和祁门县检察院、祁门县委、县政府进行报告。

很快,黄山市公安局副局长钱丰赶到祁门调查此事。

犯罪嫌疑人在公安局的办公室里死亡,两名办案民警难免遭遇是否有刑讯逼供的质疑,尤其自云南"躲猫猫"事件之后,公安部也对在押人员非正常死亡展开严查,近期各地多次被曝光的警察刑讯逼供,无不引起舆论的高度关注。

赶到祁门的黄山市公安局副局长钱丰第一时间将方卫叫到身边问:"你们有没有动手打他?"方卫说:"没有动手。""真的没有吗?现在你们一定要说实话!"钱丰说。方卫语气肯定地回答:"真的没有。"

"那是怎么死的?"他继续问,法医出身的方卫回答他:"可能是猝死。"为了证实民警说话的真伪,也为防止尸体发生变化,他随即指派黄山市局刑警支队技术人员对熊军尸表等情况进行了记录固定。

祁门县公安局至少已经连续5年没有发生过警察对犯罪嫌疑人动手的事情了,但此案毕竟人死在公安局办公室,局领导心里也有些疑问。

检察院介入

2010年12月22日下午,黄山市人民检察院反渎局的检察官们也开赴祁门调查此事。方卫和王晖分别接受了调查问话,他们将事情经过作了详细汇报,并提出熊军死亡突然、迅速,极有可能患有心脏病。

12月26日,应黄山市公安局的邀请,黄山市检察院的法医对熊军尸体进行了检验。

黄山市检察院人员赶到后,即对熊军组织尸检,当看到尸体没有体表外伤,体内也没有检验出内伤之后,黄山市公安局和祁门县公安局的领导才稍微放心。

实际上,之所以通报检察院,并由检察院的法医进行尸检,正是出于公正的考虑,本来公安局自己就有法医,但是他们并没有让自己的法医参与尸检。为了更加客观公正,公安机关在检察院法医对熊军尸体进行检验的同时,还请来了熊军的家人,现场参与了全部尸检过程。尸检结束后,当发现体表没有任何外伤,体内也没有受伤,并发现熊军患有心源性心脏病后,熊军的家人也并未表示任何异议,也接受了公安机关对于这起突发的不幸事件给予的经济补偿。

本来,故事到此即可结束。但是后来的发展,是谁也未曾想到的。

12月27日,法医鉴定尚未作出结论,黄山市人民检察院的法医初步怀疑熊军为机械性窒息死亡(皮线勒死)。在此推测下,黄山市检察院当即将熊军死亡一案立为刑讯逼供案件,并于当晚17时对方卫和王晖进行传唤。

这一情况使得祁门县公安局和黄山市公安局有点措手不及,于是他们又紧急将此情况通报给安徽省公安厅。实际上,几乎与此同时,黄山市检察院的案情通报也到了安徽省检察院。

此后,事态升级,风云突变。

久未办理大案的黄山市检察院反渎职犯罪侦查局的检察官不容置疑地认定这就是一起刑讯逼供案。

仅一天时间,2010年12月28日7时,在熊军死因尚未彻底查明,法医鉴定报告依然没有作出的情况下,黄山市人民检察院作出对方卫和王晖刑事拘留的决定,按照法律规定,副局长钱丰无奈地亲手签发了执行拘留他的两位手下的命令。

当天,黄山市人民检察院的办案人员程祖俊、郭环宇即展开对方卫和王晖二人的审查讯问。办案人员问方卫和王晖在看守熊军时是否睡着了,方卫回答:没有睡觉。该办案人员说方卫撒谎,又问熊军睡着后是否出现皮线勒住胸部,方卫回答没有发生这种情况。该办案人员武断地说:"人睡着的时候身体是软的,身体肯定会往下滑,熊军肯定被皮线勒住胸部。"方卫觉得检察院的询问方式是典型的指供、诱供,并且也不懂医学常识,对他们的讯问方式提出抗议,并表明如果再指供、诱供将拒绝在笔录上签名。

原来,检察官最初的判断是方卫和王晖睡着了,导致熊军在睡眠中身体下滑被皮线勒紧,导致窒息而死,并以此对他们实施刑事拘留。

元旦刚过,人们还停留在节日的气氛中,方卫和王晖失去自由已经10天了,原本想问题应该查清楚了,10天是检察院刑事拘留的最长期限,他们在等着回家与家人团聚。

但是,就在这一天,2011年1月7日,他们被黄山市人民检察院批准逮捕。不仅如此,他们还被转到外地,异地关押。

那时,他们还不知道,此案已经由省检察院亲自指挥,并在黄山市检察院、阜阳市检察院、马鞍山市检察院抽调了一批精兵强将,一个要将此案办成铁案的专案组已经成立。

省检察院法医鉴定出炉

对于熊军之死,法医作出的鉴定结果并不一致。在第一次尸体检验后,安徽省人民检察院司法鉴定中心的法医作出一个推断性意见,认为熊军系"体位性窒息死亡",也正是依据这一意见,方卫、王晖两人被检方采取刑事拘留,后被逮捕。

正式形成文本的法医鉴定在两民警被逮捕后10天,也即2011年1月15日,由安徽省人民检察院司法鉴定中心出具的[皖检技鉴(2011)2号法医学尸体检验鉴定书],根据的材料有《黄山市检察院关于熊军死亡的传真报告》、黄山市人民检察院调查材料若干份、祁门县气象局气象资料证明、熊军尸体,受理日期为2010年12月23日,开始鉴定日期2010年12月26日,检验地点在祁门县殡仪馆。

这份报告中显示,熊军的衣着上身从里到外分别为:灰色内衣、紫色羊毛衫、黑色夹克、黄色马甲;下身从里到外分别为:黑色三角裤、黑白条纹羊毛裤和长裤;脚穿棕色棉袜、棕色棉鞋。气象证明环境温度在0℃左右,但考虑到当时被鉴定人处在室内,穿着有羊毛衫裤,不至于冻死,但尸检所见足以证明机体处于寒冷状况。

在检验中虽然发现熊军右腕部、右肘关节等处有一些表皮损伤,但鉴定认为上述为机械性轻微损伤,不致造成机体死亡,诊断机械性窒息死亡依据不足,这也否定了最初作出的"体位性窒息"致死的推断,同时也排除药物、毒物造成死亡的可能。

这份鉴定调阅了熊军的看守所体检表上有"窦性心动过缓"的病情诊断,病理检验也见心脏较正常人超重,镜下检验见部分心肌细胞核大深染,提示熊军具有潜在性的心脏疾病。

对于造成熊军死亡的原因,这份鉴定认为,熊军死前被固定在审讯椅上长达十多个小时,使机体处于极度的疲劳状况;另外尸体检验见胃内有稀糊状内容物约50ml,案情调查其在被固定体位期间未进食,认为可以证明机体死前处于饥饿状态,因而认为属机体处于极度疲劳、寒冷、饥饿状况下,"内环境"出现紊乱,诱发了潜在性心脏疾病,致心源性猝死。

2011年1月28日,黄山市人民检察院将安徽省人民检察院司法鉴定中心的《法医学尸体检验鉴定书》的鉴定意见告知方卫和王晖,二人均对省检察院的鉴定书提出异议,特别是身为法医的方卫当即提出要求保存尸体以备重新鉴定,但是此时黄山市人民检察院的办案人员告诉他们,尸体已经火化了。

这份鉴定结论也确定了案件的走向。2010年12月30日,黄山市人民检察院指定黄山市辖下的休宁县检察院侦查。2011年3月8日经黄山市人民检察院批准延长侦查羁押期限一个月,4月8日又经安徽省人民检察院批准延长侦查羁押期限两个月。6月7日,休宁县人民检察院以方卫、王晖涉嫌刑讯逼供罪移送审查起诉,不过到了7月13日,安徽省人民检察院又将该案指定由马鞍山市辖下的含山县人民检察院审查起诉。

更名异地再换押

已经被异地关押的方卫,在2011年3月11日,又被秘密转移到含山县看守所,化名"黄伟"羁押。对于这样一起简单的涉嫌职务犯罪的案件,检察机关动用了他们办理恐怖组织犯罪才会使用的化名、异地关押办法,这让方卫感到很不理解。他一直在想,本案的关键问题不就是熊军的死亡原因吗,而这又完全是个技术问题,技术问题需要专业鉴定,现在,疑问没搞清楚,尸体已经火化,重新鉴定已经不具备条件,靠这种化名关押能找到熊军死亡的真正原因吗?他百思不得其解。

当晚七点多钟,体检结束,准备进看守所时,方卫感到肚子饿了,他提出没吃晚饭,想要点吃的,但是,在那个场所,不会有人理睬他。

那一刻,他想到了在祁门县公安局,他和王晖审讯熊军这个盗窃案犯罪嫌疑人的时候还给他准备饭菜和饼干,而自己,一个干了十几年的警察,当无辜蒙冤,身陷囹圄的时候,居然要不到一碗饭吃。随着看守所铁门挂锁的声响,他被关进了一间几十个人的号房,躺在昏暗的地铺上,这位干了一辈子刑警的"犯罪嫌疑人"浮想联翩,他想到昔日并肩作战的战友,想到了活泼可爱的孩子,想到自己经常在抓捕罪犯的一线冲杀,想到了文弱的妻子……再看看身边这几十口本应是他对手的号友,这位铁血汉子,不禁潸然泪下。

羞辱的提审

3月12日下午,省检察院、阜阳市人民检察院的检察官前来提审,方卫提出要会见律师和申请取保候审,当即被拒绝。阜阳市人民检察院的检察官说,很长一段时间内你将见不着律师,如果不认罪,再把你羁押到阜阳看守所和艾滋病人关在一起,他们最仇恨警察,让他们整死你。方卫提出要把以上言语记录在案,遭到拒绝。为此,方卫拒绝在该次笔录上签名。

还有一次提审,因为他不愿意在记录不实的笔录上签字,检察官"啪"的一掌拍在电脑键盘上,说道:认罪吧,不要指望你们领导来救你,你信不信我们随时也可以把他抓起来。

一次又一次的提审,不仅有威胁、有逼供,甚至还有诱供和欺骗,这个审讯了一辈子犯罪嫌疑人的刑警彻底体验了一把"犯罪嫌疑人"的滋味。

2011年4月7日下午,阜阳市人民检察院一郭姓检察官和阜南县人民检察院的检察官王冬提审方卫时,拿出一份笔录,称是王晖的,说王晖已经承认了刑讯逼供,王奇、吴丽国(侦办摩托车盗窃案的另一民警)也已经承认了刑讯逼供。前期公安和检察院闹了误会,现在省检察院和省公安厅领导已经协调好了关系,决定不予追究王奇、吴丽国的刑事责任,只要认罪态度好,也可以从轻处理,起诉时可不定故意伤害(致死)罪,而定刑讯逼供罪。为了取得信任,阜阳市人民检察院这位姓郭的办案人员还拿出工作证件,说他同时兼任省检察院特别侦查大队大队长职务,可以此作担保。这样的方案也许是真的,也许是假的,但是,坚信自己无罪的方卫对此未予理睬,检察官们只好悻悻而去。

最高检察院鉴定出炉

鉴于对安徽省检察院法医鉴定的质疑,虽然黄山市检察院对方卫和王晖重新鉴定的申请未予答复,但实际上,心中也没底的黄山市检察院在2011年7月3日还是委托了最高人民检察院司法鉴定中心再次鉴定。该中心出具的[高检技鉴字(2011)89号法医学检验意见书]显示,委托的要求是从法医学角度进一步查找熊军生前是否存在受冻的证据,综合分析论证导致熊军死亡的主要原因。

该中心的鉴定始于7月15日,鉴定书中所列简要案情中记载称:"黄山市检察院办案部门在提审熊军同案犯时了解到其他嫌疑人审讯时有被冷冻的过程。"这份于当年8月2日作出的鉴定分析结论中称,尸体具备一定的冻死表现,依据目前的送检材料确定"冻死"尚缺乏充足的依据(如死亡现场情况、衣着、尸斑等),综合分析认为,熊军符合因饥饿、较长时间固定体位、寒冷,机体处于高度应激状态,在心脏潜在病变的基础上突然死亡,外来因素和其心脏潜在病变共同参与了死亡过程,其中寒冷等外来因素起主要作用,心脏潜在病变起一定的辅助作用。

在这份鉴定报告出具之后,根据含山县检察院起诉书介绍,因部分事实不清,证据不足,含山县检察院于2011年8月15日将案件退回休宁县人民检察院补充侦查;同年9月14日休宁县人民检察院补充侦查完毕重新移送含山县检察院;10月15日,又依法延长审查起诉期限半个月;直至2011年12月8日,在两民警被羁押350多天之后,才开始第一次庭审。这一切做法,无非是在拖延时间,因为,检察机关他们还需要更为扎实的证据。

果然在开庭前,检察机关终于找到了他们自认为是"宝贝"的证据,那就是熊军的两名同案犯证实方卫和王晖以及祁门县公安局的另外两名警察存在对他们采取"冻""饿"等刑讯逼供的行为的证词。

案件在司法流程中运转着,坊间的各种传闻也散布开来。一种未得到确认的说法是,该案进入审判阶段,安徽省高级人民法院内审后最初认定无罪,但由于安徽省人民检察院、最高人民检察院个别人的干预,最终本案还是被起诉到法院。审判,即将开始。

一审交锋　公安败阵

2011年12月8日,含山县人民法院一审开庭审理本案。

逮捕两警察依据的罪名是刑讯逼供,但进入起诉之后,罪名改变为故意伤害。

那么,在熊军留置祁门县公安局的十多个小时内,两警察是否对熊军实施刑讯逼供行为,成为12月8日在含山县法院庭审辩论的焦点。

含山县检察院的起诉书中描述称,熊军自2010年12月21日16时许被强令坐在铁椅上后,除了上厕所外均如前所述状态被固定在铁椅上,并一直未进食。

同时检方列举提审熊军同案犯李政、潘世讨的证言,称两人于2010年12月14日和12月17日同样被方卫、王晖带至祁门县公安局刑警大队一中队办公室进行讯问时,用手铐、脚镣、电缆线将李政、潘世讨捆绑固定在该局自制的铁椅上,用塑料袋装上冰块并用胶带捆绑在胸、背、腿等部位,同时使用电风扇吹风降温。

检方还称:另查,2010年9月25日,李政、潘世讨因涉嫌盗窃被祁门县公安局抓获,方卫、王奇等人为获取口供,在讯问时对李政、潘世讨的胸部、下身阴部喷射催泪瓦斯,导致其二人下身阴部溃烂。

检方依据这些指控称,两警察均构成刑讯逼供,而李、潘二人提起的证言似乎显示,方卫、王晖有一贯性刑讯逼供行为,且手段极为恶劣,应对两人处以10年以上有期徒刑。

检方出具的两份鉴定意见结论不同,安徽省人民检察院司法鉴定中心认定熊军死亡的主要原因是"心源性猝死",死亡诱因为"长时间固定体位、寒冷、饥饿";而最高人民检察院司法鉴定中心则推翻上述对熊军主要死因的认定,将死因重新认定为"外来因素和其心脏潜在病变共同参与了死亡过程,其中寒冷等外来因素起主要作用,心脏潜在病变起一定的辅助作用"。两人的律师则在庭审中困惑地询问检方,起诉到底以哪份意见为准?

两名警察却在庭审中坚决否认指控,并辩称无罪,两人的一审律师也为两人作无罪辩护。对于检方的鉴定结论,律师在庭审中认为,报告中称熊军受饿、冻,但证人王奇等人的证言证明:看押熊军的房间确实开了空调、电火桶,室内温度正常,民警与熊军同在一室,并不存在民警故意"冻"熊军的行为;当时曾给熊军准备晚饭和水,中间也曾让其吃饼干,但熊军只要求喝水,称不想吃饭,且尸检中胃里尚有50ml食物。因此,并不存在故意"饿"熊军的行为。

对于"长时间固定体位",检方认为熊军所坐的审讯椅属于"刑具",被以"刑具"长时间固定体位,是熊军死因之一。律师则认为,让犯罪嫌疑人坐在专用椅上,是防止其自杀、自残、袭警,合法合规。该椅子由公安局统一配发,属于"械具",且在2010年12月21日晚至22日晨这段时间内,熊军有过两次休息,包括小便、喝水,械具全部打开,每次持续数分钟。因此,对熊军的实际约束时间,每次均不超过6个小时,未超出正常界限。只因坐着不够舒服、坐上去让人难受,就算椅子有缺陷,也是单位责任,追究个人的刑事责任不符法理和情理。

法医对法医的质证

针对控方出示的两份法医鉴定结论,辩方原本申请法院传召最高人民检察院的三名法医出庭,但遗憾的是,无一人依法出庭。仅有安徽省检察院的法医陈某出庭,就其作出的一份《法医学尸体检验鉴定书》给予说明。

法医陈某在接受辩护人询问时,详细阐明了熊军突然死亡的原因:死者有潜在性心脏病,系"心源性猝死",死亡诱因为"长时间固定体位、寒冷、饥饿"。对"心源性猝死"的结论,辩方予以认可。但对鉴定人所列举的死亡诱因,辩方质疑:"长时间固定体位"并不是鉴定人从尸检本身得出的结论,而是检察办案人员在鉴定前告诉鉴定人的案情。该案情并不属实,辩方有证据证明熊军在死亡前每6小时有一次休息,并非"长时间固定"在审讯椅上。对此,鉴定人无奈地声称"案情是否属实,这要去问公诉人",于是把脸转向公诉人,引起庭审哄堂大笑。辩方还对鉴定人提出的死亡诱因提出质疑:可能诱发"心源性猝死"的原因很多,鉴定人只列举了"寒冷""饥饿",而未排除情绪激动、疲劳等因素,因而其鉴定结论仅具或然性,不具有确定性。

辩方还对控方出示的最高检司法鉴定中心的一份《法医学检验意见书》提出强烈质疑:该检验意见上记载:"黄山市检察部门在提审熊军同案犯时了解到其他犯罪嫌疑人审讯时有被冷冻过程",而实际上,所谓"其他犯罪嫌疑人审讯时有被冷冻过程"并无证据支持,辩护人调取的相关证据也能够否定该事实的存在。因此,检察办案机关委托鉴定时,向鉴定人提供的案情不客观、不真实,极有可能导致鉴定人先入为主,从而影响鉴定的客观性、科学性。再加上,鉴定人无视人民法院的通知,拒不出庭。因此,辩护人提出:最高人民检察院出具的这份《法医学检验意见书》缺乏客观性、科学性,不能用作定案的根据。

这一质证环节,基本揭示了熊军在祁门县公安局死亡的真相:死者患有潜在性心脏病,死因是"心源性猝死",而非暴力导致的死亡。

作为该案主要证据的两份法医鉴定意见的鉴定程序问题,法医出身的被告人方卫也是不遗余力,为了准备庭审,他找来了大量的法医学书籍,在看守所等待开庭的日子里"重操旧业"。2011年12月8日,含山县法院的法庭上他自己针对两份法医鉴定提出了自己的质疑:

(一)鉴定程序问题

1. 根据《人民检察院刑事诉讼规则》第201条规定:"人民检察院应当为鉴定人进行鉴定提供必要条件……但是不得暗示或者强迫鉴定人作出某种鉴定结论。"而黄山市人民检察院却将无中生有、互不相干的材料(李政、潘世讨2人被冻)提供给鉴定人,其目的明显是想让鉴定人作出熊军也受冻的鉴定意见,而鉴定人也确实出具了熊军受冻的虚假的鉴定意见。

2.《人民检察院法医检验鉴定程序规则(试行)》第2条规定:"法医检验鉴定是指人民检察院鉴定机构的法医鉴定人运用法医学原理、技术和方法,对案件中涉及的人身、尸体及相关场所、物证进行勘验检查、检验鉴定,并作出意见的一项专门性技术活动。"第30条规定:"检验鉴定文书应当语言规范,内容完整,描述准确,论证严谨,结论科学。"检察院两份法医鉴定文书将委托单位提供的"长时间固定体位"这一案件调查情况作为鉴定意见明显违反鉴定规则。因为,任何一个法医都不可能运用法医学原理、技术和方法得出死者生前被"长时间固定体位",就如法医不能推断死者姓名一样,检察院法医鉴定人员将"长时间固定体位"作为鉴定意见,既违背科学也违反鉴定规则。

(二)鉴定文书内容与事实问题

鉴定文书记录熊军面部呈"苦笑面容",事实上熊军面部未见"苦笑面容",而仅口部张开。其口部张开正好与方卫当时对其进行人工呼吸抢救时人为打开的说法相符,鉴定人认为是"苦笑面容"纯属牵强附会,"苦笑面容"可见于冻死尸体,鉴定人捏造这一尸体现象,目的是证明熊军受冻。

(三)鉴定意见质疑

1. 检察院两份鉴定文书认定熊军处于饥饿状态,结论错误

医学表明,人进食6小时后,胃及十二指肠已完全排空,而根据尸体检验记录,

熊军胃内有约50ml稀糊状内容物,内有少量腌菜叶,不完整饭粒。熊军自进食至死亡共历时18小时左右,胃尚未完全排空,仍存留部分食物,这说明熊军自离开看守所后其胃的消化排空功能即基本停止,他没有"饥饿"感,即使进食,也不会被消化。究其原因应当是巨大的精神压力导致其植物神经功能紊乱,胃排空功能被抑制了。

2. 检察院两份鉴定文书认定熊军处于寒冷状态,鉴定意见错误

认定熊军受冻依据不足。

依据之一:"苦笑面容"。根本是无中生有。

依据之二:"立毛肌收缩"。立毛肌收缩不但见于活体受到寒冷刺激的反应,也见于新鲜尸体受到寒冷刺激的反应,最早在死后30分钟出现,多数在死亡后5~6小时发生(参见黄光照、麻禾昌主编《中国刑事科学技术大全——法医病理学》,中国人民公安大学出版社2002年版,第96页)。熊军在病发后不久即从温暖的室内被转移到零摄氏度左右的寒冷室外,无论其当时是否死亡,均会出现"立毛肌收缩",鉴定人据此认定熊军生前受冻根本站不住脚。鉴定人陈洪出庭说明"死后温度的变化不会造成立毛肌收缩"的观点,更是与法医学知识相悖。

依据之三:"胃黏膜大片散在出血点,心肌细胞,肝细胞,肾小管上皮细胞均可见空泡样改变,肺及肾上腺应激性改变,气管支气管有泡沫样的改变。"鉴定人认定以上机体受冻的结论同"立毛肌收缩"一样站不住脚。因为以上这些改变并非机体受冻的特异性改变,而是急性死亡尸体的普遍改变。任何猝死尸体都会出现以上改变,检方法医鉴定以急性死亡尸体上普遍存在的现象推断死者生前受冻显然是一种错误的逻辑。就好比不能仅根据某个动物有四条腿就推断它是马一样,它有可能是鹿,也有可能是其他动物。

检察院法医鉴定人根据以上来推断熊军生前受冻显然是不科学、不公正、不客观的,而事实上在熊军尸体上反倒有许多现象与"受冻"是相互矛盾的。

其一,受冻尸体心外膜下有出血点,右心内含有凝血块,而尸检时熊军尸体"心外膜未见有瘀点性出血","血液呈明显流动性"。

其二,受冻尸体胰腺多出现急性胰腺炎,而尸检时熊军胰腺正常。

其三,受冻尸体髂腰肌多处出血,而熊军尸体未见出血。

其四,受冻尸体尸斑呈鲜红色,而熊军尸体尸斑呈淡紫色,指甲青紫。

其五,受冻尸体上可检见冻伤,而熊军尸体未见冻伤。

其六,受冻尸体胃黏膜糜烂,黏膜下有弥漫性斑点状出血,而熊军尸体是胃大弯前壁见散在出血点。

以上六个方面的情况均不符合受冻表现,但却符合急性死亡尸体的表现。

综上,方卫提出了检察院两份法医鉴定文书认定熊军生前受冻与尸体检验情况不符,尸检提示熊军符合急性死亡。

这种专业分析也恰与警察王晖对案情的陈述相吻合的:熊军自始至终都处于开着空调、电火桶制热取暖的室内,情况一直正常,出现异常后突然死亡。

3. 检察院两份鉴定文书关于死因的主次关系相互矛盾

熊军的体检表和病理检验有三个异常之处:(1)心脏重311.6g(正常成年为250~270g);(2)心窦房结体积偏小结内起搏细胞较少,而多梭形纤维细胞;(3)心电图提示窦缓55次/分(正常人60~100次/分)。这三个方面的情况证实熊军患有潜在的致命的心脏传导系统疾病。说"潜在"是因为熊军之前身体一直看起来很"健康",未发现有病,说"致命",是因为窦房结是心脏搏动的源头,窦房结细胞变性,坏死或者数量减少,均可妨碍起搏冲动形成,引起心搏骤停(参见赵子琴主编《法医病理学》(第四版),人民卫生出版社,第430页)。

然而,这样一个致命的隐患却被检察院法医鉴定人员轻描淡写,甚至认为"在死者目前年龄不应对其生命构成威胁"。

根据统计表明,猝死有以下特征:心血管疾病占猝死的原因首位;青壮年男性显著多于女生;高峰年龄段为30~50岁。熊军不但患有极危险的心血管疾病,更是处于猝死高峰年龄段。最高人民检察院法医鉴定人员的观点无疑是违背科学的。所以熊军死亡的根本原因是潜在性心脏病(窦房结发育异常)。

法医病理学将死因按作用大小依次递减分为:根本死因(原发性死因)、主要死因、辅助死因、诱因。

诱因,即诱发身体原有潜在疾病恶化而引起死亡的因素,包括各种精神情绪因素、劳累过度、吸烟、外伤、大量饮酒、性交、过度饮食、饥饿、寒冷(有些疾病在睡眠中会突发猝死,无明显诱因)等。这些因素对健康正常人一般不会致命,但对某些重要器官有潜在性疾病的人却能诱发疾病恶化引起死亡(赵子琴主编《法医病理学》(第四版),人民卫生出版社,第32页)。由此可见,"饥饿、寒冷、长时间固定体位"(姑且不论是否存在),是属于诱因范畴,而最高人民检察院法医鉴定人员却认为"寒冷等外来因素起主要作用,心脏潜在病变起一定的辅助作用",这一鉴定意见不但与法医病理学关于死因的分类相悖,更是颠倒了主要死因和诱因的主次关系。

方卫在法庭上大声提出一个疑问:这种连法医专业的在校学生都不可能犯的低级错误,为什么居然会出现在最高人民检察院的三位法医联名作出的鉴定意见中?

那么,熊军死亡的真正原因到底是什么?

通过对法医鉴定意见的全面分析,方卫认为熊军系潜在性心脏病(窦房结发育异常)猝死。根据猝死的统计学资料表明,半数以上的猝死无明显的发病诱因(赵子琴主编《法医病理学》(第四版),人民卫生出版社,第407页)。熊军患有致命的窦房结发育异常,这个病变完全可以不需要任何诱因就能猝发身亡。如果非要给熊军心脏病猝死找可能性的诱因,那么结合本案,两个最有可能的诱因即巨大的精神压力和睡眠,但是这两个原因恰恰被检方鉴定人给抹去了。

方卫进而分析道,熊军系累犯,多年的牢狱生涯使其对坐牢产生了强烈的恐惧感,所以他便以忘记现场为由企图逃避法律追究,此时他的心理一定是处于恐惧、紧张、侥幸、担心等非常复杂的状态。巨大的精神压力导致其植物神经功能出现紊乱,胃停止排空。也刺激着潜在病变的心脏。另外,睡眠也是一个重要的诱因。某些猝死便发生在睡眠中,比如"青壮年猝死综合征",又叫"睡眠中猝死",常发生于男性青壮年,多死于睡眠中,死亡突然迅速(赵子琴主编《法医病理学》第四版,第455页)。而该案中,熊军也是在睡眠中突然病发死亡(我国著名的小品演员高秀敏也是在睡眠中猝死),其原因是睡眠时迷走神经兴奋,对心脏起抑制作用,本就不堪重负的心脏雪上加霜,终致心搏骤停猝死。

在这个法庭上,方卫穷尽了自己所有的法医学知识,并找到了一系列法医学专业书籍来佐证自己的观点。但是,作为一个身陷囹圄的被告人,他已经不再是一个可以出具法医鉴定意见的警察了,他的这些质疑,如泥牛入海,并未能力挽狂澜。

千名警察上书陈情　二被告一审获重刑

　　两名刑警被审判的消息在黄山公安系统引发强烈反响。开庭当天,赶来旁听的来自全市的警察达近千名,含山县人民法院哪见过这阵势,法院几个法警一见这场面当即"晕了"。法律规定公开审理的案子允许旁听,但是这么多警察来旁听——而不是来维护秩序,这种事情他们从来也没有遇到过,法院为了防止出现不可控制的事态,只好用一把铁锁将法庭大门锁上,这又更激发人们的不满。法庭外人声鼎沸,热议纷纷,法庭内激辩热烈,场面撼人。

　　该局多名旁听过该案的中高层干部和刑警称,这些年,公安机关对刑讯逼供和非正常死亡进行了多次专项治理,要求很严,刑警不会为破这种小的盗窃案去冒丢掉饭碗的风险,尤其在带有更多文化气息的皖南地区。多年来,该市还没有发生刑警刑讯逼供的案件。刑警被问罪的事情之前也有发生,但除了表示惋惜和遗憾之外,并没有人表示过支持。而此案却不同,此案侦查工作均是在公安机关的工作场所和具有执法权的民警中进行的,案情容易了解。特别是通过旁听,法庭上控辩双方的证据全部展示,案情昭然已揭。虽然现在法院并未宣判,但事实已证明刑警是无罪的。因为检方没有"确实、充分"的证据证明两刑警有故意加害死者的具体行为,所谓"冻""饿""固定体位",不值一驳,死者熊军应该是因为潜在性心脏疾病,因刑警无法预料的诱因致心源性猝死。他们还对检方在死因正式鉴定尚未出来的时候即对民警刑拘、逮捕,以及多次违反诉讼程序,甚至不惜威胁、引诱在押嫌犯诬陷民警的做法,表示极大不满。

　　而在此前,黄山市各区县公安机关还曾以全体千余名警察的名义,联合致信安徽省高院院长,表达对该案不同的看法,认为方卫、王晖两民警不构成犯罪,并"强烈要求"对熊军死亡原因通过中立的权威机构进行重新鉴定,还两民警清白。

　　但是,对这些行为,安徽省检察院表示:谁违法,谁犯罪,法院的判决最权威,该院将于近日进行宣判,届时将举行新闻发布会向外披露相关情况。对于两警察家属的上访及其他的反映,他们认为是在制造声势,向检察机关施加压力。

　　在拖延一年多后,该案于2013年2月18日宣判。起诉书指控的数起刑讯逼供事实,一审法院只认定了其中一起(熊军死亡案),两被告人均以故意伤害罪被判处有期徒刑10年。宣判当日,被告人当庭喊冤,表示上诉。家属情绪激动,法庭一度混乱。法官、检察官沉默离场。

局长出马海选二审律师

一审两名警察各被判10年有期徒刑,对于黄山市的一千多名警察来讲是个巨大的打击,一时间消极办案的情绪在警察群体渲染开来。因为他们知道这个案子与其他的刑讯逼供案不同,最简单的道理就是他们知道被害人没有任何外伤、内伤。而且自身还确实有心源性心脏病。这样猝死的意外事件居然给两个没动犯罪嫌疑人一根指头的刑警判了10年徒刑,实在难以理解。

在他们的记忆里,即便哪里真的发生了刑讯逼供案,办案的警察也不过被判个刑讯逼供罪,判个一年半载甚至缓刑而已。

看到白纸黑字的判决书的时候,他们愤怒了。再一次,他们联名向负责本案二审的马鞍山市中级人民法院写了抗议信。

但是仅仅抗议是不够的,二审即将开始,怎么办?黄山市公安局的领导也在思索着,毕竟不能抛下两个兄弟不管。但是之前所有的沟通和协调都做到了,没想到还是这个结果。

万般无奈之下,他们最终决定:案子既然走到了法庭,那么赢也只能赢在法庭!于是,他们考虑到增加二审辩护律师的力量,组建最优秀的辩护团队是当务之急。局长亲自拍板,不惜一切代价,在全国范围内为两名警察找到最优秀的辩护律师。接下来,除了我之外,他们又聘请了三名律师进入这个辩护团队,他们分别是:

金晓辉律师,曾担任安徽省公安厅刑侦处处长,技术娴熟。

王思鲁律师,曾成功为海南警察雷霆作过无罪辩护,网称"金牙大状"。

毛立新律师,曾担任十年刑警,法学博士,理论功底深厚,实务经验丰富。

二审辩护团队组建之后,我们就开始布局二审方案,经过仔细研究,在吸收一审辩护意见的基础上,我们决定,从非法证据排除程序入手,中间启动专家辅助人出庭作证机制,最后分节点各个击破。

控方证人二审"反水"

也许是自己最清楚证据真的不能达到法律规定的证明标准,侦查阶段,专案组的检察官们也是费尽心机,为了把"疑案"办成"铁案",他们利用起诉熊军同案犯李政、潘世讨的机会,威逼利诱,唆使二人诬告陷害方卫、王晖对其刑讯逼供,并取得了这两名犯罪嫌疑人的笔录,在这些笔录里,两名盗窃犯交代曾被祁门县公安局刑警队的警察"冻"和"饿",并被刑讯逼供过。此招无非是为了进一步从侧面佐证方卫和王晖在办理李政、潘世讨同案犯熊军的过程中,也"有可能"实施过刑讯逼供行为。

在法律上讲,这二人所说的并不能作为直接证明方卫和王晖对熊军实施刑讯逼供的证据,但是这样的证言,对于法官的心理暗示是巨大的,他们很有可能会在内心形成二警察对熊军实施了刑讯逼供的确信。

但是蹊跷的是,律师介入调查后,李政、潘世讨出于良心自责居然反水了,他们又揭发了检察院逼迫他们指证方卫、王晖二人实施刑讯逼供的事情。

到此,一个极其狗血的剧情就这样上演了:一贯回避警察涉嫌刑讯逼供的检察官,这一次倒是非常希望犯罪嫌疑人积极控告警察对他们实施过刑讯逼供。明眼人一眼就看出来,检察官这醉翁之意本不在酒,而在于顺利拿下方卫、王晖二人。

二审开始,我们首先就此问题打响第一枪。

针对本案证人之一,盗窃案犯罪嫌疑人潘世讨向检察机关指控两名刑警对其刑讯逼供的陈述,我们申请法院启动非法证据排除程序,进行专门调查。我们提出,经向证人潘世讨核查,潘世讨承认之前其所有指控二警察对其刑讯逼供的证言均系在检察机关的威胁、引诱下作出,纯属虚假。

我们当庭宣读了潘世讨的亲笔证言和律师调取的询问材料,潘世讨表示:他对两名办案警察的指控,是检察办案人员不断威逼、利诱的结果,检察人员天天提审他,威胁他如不配合就给其加刑、配合了就给其减刑,而且必须说的和他们设想的一样才满意。在最后一次提审时,他已经明确告诉检察人员他原来说的不是真的,但检察人员却甩手而去,未做笔录。

面对这般"指控",二审检察员明显拙于应对,他们既未能出示潘世讨的全部提审笔录,也未能出示提审潘世讨的录音录像,检方全部侦查人员也无一人出庭作证,仅仅出具了一份侦查讯问人员的《情况说明》,来证明其取证合法。

我们当庭提出,由于控方未能履行其举证责任,没有出示确实、充分的证据来证明其取证行为的合法性。因此,根据我国《刑事诉讼法》及最高人民法院、最高人民检察院、公安部、安全部和司法部联合发布的《关于办理刑事案件排除非法证据若干问题的规定》,潘世讨的相关陈述属非法证据,依法应予排除,不能作为定案的根据。

除了指出检察机关取证手段违法外,我们还当庭出示了大量证据,证明潘世讨的陈述完全虚假。例如,出示书证,证明潘某所谓因遭受刑讯逼供而"受伤"的陈述,纯属编造。潘某每次出、入看守所,看守所均按照规定进行体检,并留有《体检表》和《体检笔录》,证明潘某在接受讯问后返回看守所,身体从无任何异常。检察机关为验明体检的真伪,也曾于2011年2月28日专门带潘世讨去祁门中医院体检,检查结论仍是"一切正常"。对于潘之前曾自称因遭受刑讯逼供导致"皮肤溃烂",看守所医生为其开"无极膏"治疗的陈述,我们当庭出示了"无极膏"的《使用说明书》,上面明确指出了"无极膏"的使用"禁忌":"皮肤损伤、糜烂或开放性伤口处禁用"。适用于无破损皮肤表面,忌用于皮肤损伤、糜烂或开放性伤口。看守所医生方纪新的证言,也证明给潘某开"无极膏",是用于治疗蚊虫叮咬。至此,潘某所谓"刑讯逼供导致其皮肤溃烂"的谎言,被彻底揭穿。

经过这些证据的出示,检察机关先入为主、违法办案的种种问题被逐一曝光。从中,人们也慢慢看出这起被称为"陷警门"的案件果真就存在"陷"的端倪。

全国首启专家辅助人出庭机制

本案二审开庭,正好是2012年《刑事诉讼法》修订后刚刚开始实施的第一年,在这部新修订的《刑事诉讼法》中确立了"专家辅助人"制度,也就是在法条中叫作"有专门知识的人"出庭作证制度,这项制度是中国借鉴外国的"专家证人"制度而来的。第一次写入刑事诉讼法之后在中国尚无实践案例。我们决定,既然本案涉及多份法医鉴定意见,而且上诉人方卫自己也是法医出身,同时最高检的王雪梅法医也在网上公开对最高检的法医鉴定提出了广泛的质疑,那么,我们就还从这个法医鉴定着手,聘请更权威的"专家证人"出庭支持辩护方的观点。

鉴于这种操作在国内还是首次,我们也征求了法院的意见,他们也同意辩护人的这项申请。于是,我们开始寻找中国法医学界的权威,后来,经多方比较,我们决定聘请华中科技大学同济医学院法医系主任、博士生导师刘良教授担当此任。

庭审中,我重点问了刘良三个问题:

1. 熊军是不是被冻死的。

2. 熊军是不是被饿死的。

3. 熊军是不是被刑讯逼供致死的。

4. 熊军死亡原因究竟是什么?

法庭上,刘良教授针对我的问题进行了如下回答:

1. 从尸检资料来看,熊军不可能是冻死的,因为冻死的人身上有明显的大面积红斑,尸体上并没有出现。至于尸体皮肤出现的"立毛肌收缩",也就是老百姓常说的"鸡皮疙瘩",是因为在将熊军抬到院子上救护车送到医院的过程中,也许他已经死了。但是,人死后皮肤并不同时死亡,在受到冷空气刺激的条件下还会有应激反应。这就是老百姓说的皮肤冻得起"鸡皮疙瘩"现象。

2. 熊军也不可能是饿死的,因为一个很简单的问题是,尸检的时候,他的胃里还有尚未消化的食物。人在胃排空的情况下才会产生饥饿感,死者胃里面还有未消化的食物说明他还没有产生饥饿感,当然更不可能饿死。

3. 至于有没有可能被刑讯逼供致死,问题就更简单。多份法医鉴定报告显示死者有心源性心脏病,但是,应该知道心源性心脏病有两种情况,一种是窦性心率过缓的心源性心脏病,一种叫作窦性心率过速的心源性心脏病。本案死者属于窦性心率过缓的心源性心脏病。这种病人往往会在半夜睡觉中发生猝死。原因就是夜晚血液回流心脏较慢,活动减少,导致心动更加过缓。所以说本案刑警如果在夜间对其刑讯逼供,打、折磨等,本能的会引起病人的应激反应,促进心跳加速,这样死亡的可能性反而要小于对其没有实施刑讯逼供的可能性。

4. 熊军死亡的真正原因系心源性心脏病猝死。

专家的意见简单明了,通俗易懂,句句切中要害,特别是对我第四个问题的回答,让人们茅塞顿开。争论了两年多的几份法医鉴定以及方卫自己呕心沥血发表的质证意见在此全部得以开解。

接下来,针对一审判决内容,我们展开一一辩驳:

故意与过失

一审判决认定二被告具有刑讯逼供情节,但是根据刑法学理论的分析,我们又得不出二被告在熊军的死亡中存在故意伤害的行为。

明知是故意(包括间接故意)成立的前提条件,但本案现有证据无法证明二被告主观上具有对伤害结果的明知。根据我国《刑法》的规定,故意犯罪的成立要求行为人主观上必须"明知自己的行为会发生危害社会的结果"。而本案现有证据无法证明二人具备故意伤害的"明知":(1)所使用的讯问椅在祁门县公安局的侦查办案过程中已使用了十几年;(2)熊军正值青壮年,且本案证据显示将其从看守所提解出所时并未发现其身体存在任何健康问题,对其患有"窦性心动过缓心脏病"亦不知情;(3)讯问当晚,几次打开械具让熊军上厕所、喝水;(4)案发当晚办公室的空调、电火桶均开着制热取暖,室温正常;(5)被告只是将熊军约束在讯问椅上而非"捆绑",亦非不能动弹;(6)一般常识表明,一个正常人在不缺水的状态下,若只是不吃一顿饭,不会对身体造成伤害。综合上述情况可知,二被告并不知道其行为会导致熊军身体受到伤害,另外,二人也不具备间接故意的"明知",对危害结果的放任更是无从谈起。

几个具体的细节也说明了二上诉人不具有故意的主观意图:

1. 2010年12月21日15时45分,方卫、王晖、王奇将熊军提解出看守所的目的是辨认现场,而非讯问。手续齐全、程序合法,有《犯罪嫌疑人提出所外申请表》为证。

2. 二被告将熊军带至办公室,是因为熊军突然称记不清现场,不愿意配合辨认现场。为完成辨认现场,二被告就近在办公室做其思想工作,这一点有证人王奇及当晚的笔录证明。该做法未违反相关规定。

3. 熊军思想工作做通后，主动交代了另三起犯罪事实，作为侦查员，不可能不制作笔录，否则即为渎职。况且该讯问行为是在向副大队长王奇汇报后，按王奇指示制作笔录，该行为并未违反相关规定。

4. 讯问、指认现场、做思想工作，都是侦查工作的组成部分，不可能截然分开。对此，一审判决也予以认可。在辨认现场时因情况变化调整工作方式和内容，甚至进行必要的讯问，都是正常的执行职务行为，并无违规、违法，一审判决中将这种正常的行为认定为"逼供"不符合逻辑，更无法律依据。

5. 当晚未将熊军送回看守所还押，原因有二：一是方便工作，因第二天还要继续辨认现场。二是对提解出看守所的犯罪嫌疑人当时并无必须回所过夜的强制性规定。熊军出所辨认现场的审批期限是一天，只要在 24 小时之内还押就不违反规定。

不规矩的讯问椅

一审判决中，二被告讯问熊军时使用的讯问椅不符合法定规范也成为佐证其二人实施了刑讯逼供的理由。针对这一点，我们发现：

本案涉及的讯问椅是公安局十几年前统一制作，下发给各办案部门使用的。当时全局没有一把符合"制式"规定的讯问椅，即使是在一楼专用审讯室或者看守所讯问室，讯问也存在着使用"非制式"讯问椅的问题。难道作为办案人员，能以讯问椅"非制式"为由而拒绝办案吗？或者说自己去做一张"制式"讯问椅来办案？所以一审判决把使用"非制式"讯问椅作为实施肉刑或变相肉刑的一种方法我们认为也是极不尊重客观事实的一种说法。

长时间固定体位

一审判决将约束犯罪嫌疑人的行为认定为实施肉刑或变相肉刑，这也是我们需要解决的重点问题,什么叫作"长时间限制体位",长时间有多长,限制是何种程度。

我们查阅到公安部监所管理局 2010 年 7 月印发的《看守所执法细则》规定,对在押人员"提讯、提审、提解、出庭受审或者出所就医等途中",可以使用手铐、脚镣等械具,"时间最长不得超过 15 天(已判处死刑的除外)",对"使用械具不足以防止发生危险的",还可以使用"临时固定措施","时间一般不超过 24 小时"。本案将熊军提出所外手续合法、合规,期限是一天。因此,我们认为将熊军留在办公室过夜,并在看押、审讯过程中,将其约束在讯问椅上,并不构成违规或违法。

而且,在当晚 12 时审讯结束后,仍将熊军约束在讯问椅上的行为,目的是看押,而非讯问。另一方面,在约束过程中,熊军有过 2 次休息(18 时、24 时左右小便)。事实上,熊军被约束在讯问椅上始终能保证一定的活动空间。所以一审判决将约束犯罪嫌疑人的行为认定为实施肉刑或变相肉刑缺乏依据。

更为有趣的是,如果这样的行为构成刑讯逼供,那么上诉人在本案的侦查过程中也可以说是刑讯逼供的受害人:因为 2010 年 12 月 27 日 17 时至 12 月 28 日 7 时,被告人也是在祁门县人民检察院讯问室接受黄山市人民检察院的讯问,时间超过 12 小时,中途除小便外,与熊军一样也始终坐在讯问椅上,并且也达十几个小时也未进食。

公安局的讯问室

祁门县公安局于 2010 年下半年开始建造专用审讯室,但一直到 2010 年 12 月 21 日,尚未正式投入使用,事实上不能使用,因为其设施尚不完善:没有视频监控,没有专用讯问椅,没有电脑、打印机等必备的设备,甚至连照明也只是一盏普通白炽灯。但是法院将检方在 2011 年 3 月拍摄的审讯室已完善后的照片当作 2010 年底以前审讯室(未建好)的照片,作为认定证据。审讯室自建成"使用"至 2010 年 12 月 22 日事发时止,只有在 2010 年 11 月份"王胜利爆炸案"在市、县二局的要求下,在审讯室试用一次之后,再也没有使用过该审讯室。此期间,所有犯罪嫌疑人均是在办公室内讯问。

再说,此期间办案警察既没有接到命令要求必须到一楼专用审讯室审讯犯罪嫌疑人,也没有任何领导禁止在办公室讯问。而一审判决认为无论专用审讯室设施条件如何,均应在此审讯室内讯问,认定在办公室内讯问即是"刑讯"毫无道理。

"冻""饿"

一审判决认定二被告"使其处于饥饿、寒冷状态"来实施肉刑或变相肉刑。并列举了四个方面的情节。针对这些观点,我们逐条进行了分析:

我们认为作为刑讯手段的"冻""饿"等行为,必须是行为人为逼取口供而主动实施。一审法院认定的四个方面,均存在不合常理的情况:

其一,一审认为"熊军衣着单薄"。熊军的衣着是他本人出所辨认现场前就穿好的,在到处通风的监室内尚不觉得冷,到了开着空调、电火桶、门窗关闭的办公室内同样的衣着又怎会变成"单薄"?客观来说,穿着"内衣、羊毛衫、夹克、三角裤、羊毛长裤、棉鞋"在开着空调、电火桶的室内即便这般"衣着单薄",难道会把人给冻死?

其二,一审判决认为当晚天气晴冷是熊军受冻的原因之一。祁门县气象局证明当晚最低温度在零下 0.4 摄氏度,这只是室外温度,而并非办公室内的温度。生活经验告诉我们,在这样的气象条件下,在一个门窗关闭二十平方米左右的办公室内,开着十几个小时的空调和电火桶制热取暖,室内因该是相当温暖的。

其三,"熊军当晚未进食,再加上有约 14 小时被镣铐在讯问椅上,手、脚身体不能活动"。也是一审判决的描述。但是,熊军虽被镣铐在讯问椅上,但手、脚、身体均能有较大范围的活动,而且他也不是被连续固定在讯问椅上,其间上厕所、喝水时打开镣铐,并活动。何况,上诉人曾主动送饭给熊军吃,但他不吃,又二次给他饼干吃,他也不吃,这说明二被告并不存在故意"饿"熊军的情况。

其四,一审判决认为:"从生活常识来看,室内开着空调、电火桶、热空气在上,冷空气在下,造成寒气袭人。"稍有生活常识的人都知道,这样的理论在一间小小的办公室里纯属牵强附会,强词夺理。

因果关系

一审判决关于熊军死亡与上诉人的行为之间到底有没有因果关系呢?

根据我国《刑法》第234条的规定,"致人死亡"是故意伤害罪的加重处罚情节。但这里的"故意伤害致人死亡"是指行为人的伤害行为直接导致了被害人死亡结果的出现,而不包括间接致死的情形(《刑法》第247条规定的刑讯逼供致人伤残、死亡的情况亦如此)。例如,被害人因受伤害而自杀、摔死或者发生交通事故而死亡,其死亡结果与伤害行为之间也具有一定的因果联系,但由于该死亡结果是行为人间接导致的,因而不会追究行为人伤害致死的刑事责任。

本案中,根据一审判决采信的安徽省人民检察院的鉴定意见,熊军死亡的直接原因是潜在性心脏病发作,熊军"长时间铐坐在讯问椅上"的行为只是心脏病发作的诱发因素。从因果联系上看,心脏病发作是熊军死亡的直接原因,"长时间坐在讯问椅上"只是熊军死亡的间接原因,不符合故意伤害罪中伤害致死的成立条件。

刑法学上的因果关系,要求行为与结果之间存在着没有前者就没有后者的条件关系时,前者就是后者的原因,与此同时,应采用禁止溯及理论。该案中,熊军死亡的根本原因是潜在性心脏病,没有此心脏病,熊军在当时条件下就不可能死亡。所以"潜在性心脏病"和"熊军死亡"这两者构成刑法理论上的因果关系。而所谓的"寒冷""饥饿""长时间固定体位"等诱因即使存在,在刑法理论上也只能称之为"先前条件",根据禁止溯及理论,不应将作为先前条件的诱因作为刑法学上的原因,否则便会涉及无辜,扩大处罚范围。

王晖情绪失控被迫休庭

庭审辩护过程中,我在发表意见的时候提及了一件一直隐瞒了王晖很久的消息:他的父亲在他被羁押期间去世了。但当时家人请求检察院批准王晖回家办理丧事时,居然未获得批准。借此,我开始大批检察机关毫无人性,听到这一消息,未等我话说完,站在上诉席上的王晖突然情绪失控,放声痛哭,那声音撕心裂肺,震撼全场,哭着哭着他不能自已,旁听席上王晖的亲属也开始哭泣,还有人在高声叫骂检察官无人性,陷害好人。法庭陷入一片混乱,看着这场景,审判长立即宣布休庭。

不久,审判长来到我的辩护席前,让我去劝劝王晖,平复一些情绪,坚持把庭开完。

我借此机会对审判长说,你看这个案子办成这样,这哪里是办案啊,这不就是在害人吗,再大的罪行,也不能不让人家回家奔丧啊,真是没有一点人性啊。

过了很久,我看王晖稍微平静下来,就劝他先把庭开完再说,并告诉他,我相信二审一定会改判。

刑警队长出庭作证

为了解决两上诉人办案中是否存在"疏忽"的责任,我们又申请了祁门县公安局的刑警队大队长王奇出庭作证,以证明两上诉人事前不知熊军患有"窦缓"的心源性心脏病。

王奇是本案出庭作证的四位证人之一。王奇在本案中的身份极其特殊,他是两被告的直属领导,起诉书指控的所有犯罪事实,王奇均是现场知情人。而且是除两名被告人之外,他还是最后一个离开熊军看押现场,最早一个到达熊军死亡现场的人。他的证言,对查明本案事实真相,殊为重要。

控辩双方对王奇进行了半个多小时的交叉询问,证人王奇详细陈述了案发前后的种种细节:2010年12月21日晚6点,他从食堂叫了饭菜,要了四副碗筷,送到看押熊军的办公室,但熊军表示不想吃。他们给熊军喝了水,并打开所有戒具,带其上厕所,随后又让其休息几分钟,才重新戴上戒具。晚上9点左右,负责主办案件的两上诉人向其汇报:经向熊军出示同案犯指认现场的照片,熊军同意明天配合指认现场,并交代出另外3起盗窃事实。王奇指示两上诉人要做好记录,然后就离开办公室(第二天要出差)。22日晨6点,上诉人方卫打电话向他报告"熊军出现异常",他第一时间到达现场,见两民警正在实施胸压抢救,此时120急救车已到,他拿了担架与二人一起将熊军抬到救护车上抢救,半小时后抢救无效死亡。对于本案是否存在民警故意"冻""饿"熊军的问题,他断然予以否认。他一再强调,22日晨6时许他到达熊军死亡现场时,办公室开着空调和电火桶,温度正常;在办公室及熊军身上,亦无任何水迹等异常,不存在民警故意"冻"熊军的问题。

对于两上诉人是否知道死者熊军患有"窦性心动过缓",是否存在失职、渎职的问题,王奇也予以澄清:事件发生后,他曾去看守所调看了那天提押熊军出所的录像,确认他和上诉人方卫、王晖曾一起进入提审大厅,看守所值班干警绝对没有告诉他们熊军有"窦缓"病情。看守所监控录像也显示,熊军被带走后,体检表就放在窗口,十几分钟后还是空白,如果上面出现"窦缓"字样,肯定是有人后加上去的。对此问题,辩方还向法庭提交了看守所的全程监控录像,并宣读看守所民警胡晓晖的证言,进一步证明:在提审熊军之前,两上诉人对熊军患"窦缓"的情况并不知情,方卫、王晖只能把熊军当作正常的犯罪嫌疑人对待,并尽到了相关注意义务,并无失职或渎职。

证人王奇的最后一番话,令所有法庭旁听人员动容:作为刑警,对熊军的死亡,我们十分痛心和遗憾。但大家想想,对于一个小小的盗窃案件,有没有熊军的指认,都能定案,两被告何必要冒着巨大的风险去逼取口供?12月21日至22日,正是祁门天气最冷的季节,我已经让他们俩将熊军送回看守所,他们又何必要加班加点、夜以继日地工作?他们都是优秀的刑警,有着良好的职业素养和从业经历,但是,这种工作责任心和工作精神,却导致了今天的结果,令刑警何其心寒!

报请最高院　二审法定刑以下改判

沸沸扬扬、轰轰烈烈地跨越了四个年头的安徽黄山"陷警门"案件终于在人们的关注中渐渐平淡下来。2013年,当方卫、王晖在看守所里待了快三年的时候,二审依然没法下判。

鉴于本案的巨大争议和复杂,以及可能引起的社会骚动,马鞍山市中级人民法院经过层层上报,将此案正式报请了中华人民共和国最高人民法院,数月后,经过最高人民法院核准本案在法定刑以下改判。将原判二警察有期徒刑10年改为方卫3年半、王晖3年。

判决下来不久,我的当事人王晖先一步走出了看守所,接着方卫也恢复自由。

后记

这个案子结束后,方卫和王晖走出看守所,但是他们依然认为自己是无罪的。从此,这两名曾经的人民警察又走上了漫长而艰辛的申诉之路,他们也许并不知道这是一条什么样的道路,他们本能地认为,是冤就必须申。

2014年的某个时候,有人看见他们在黄山市检察院门口申诉,因为索要之前被扣押的物品与检察官发生冲突,方卫被打落楼梯,浑身是伤。

一段精彩辩护的故事背后,竟然是这样的结局,的确是我所不愿看到的,但是,我想告诉他们的是,在一个巨大的机器里,一旦卷入,就很难得以自拔。未来还很长,忘记过去,继续生活。或许,这种苟且,会令人忘记伤痛,也是我作为一名辩护律师所能劝慰的。

纠缠十三年的无罪判决
——司法局长贪污案

2015年5月17日下午,北京飞往福州的两趟航班无限延期,我在首都机场静静地等候着,原计划晚上九点起飞的飞机到了晚上十二点还没有任何消息,我知道也许这趟航班要取消了,或者早已经决定取消,只是航空公司不愿意过早地告知旅客。

这样的"忽悠"我经历过多次,一些年轻的乘客开始发脾气,与工作人员争吵,有一个甚至要殴打厦门航空公司的工作人员。我麻木地看着这一切,无聊地等着打起来的时候拍个录像,发个微博,因为,我知道对这种纠纷我无能为力。

尽管我知道航班可能会取消,但我还是期望厦航的白鹭能飞起来,因为次日早上九点整我要在福州中院参加一个案子的宣判。

这是一起等了13年的案子,我要见证这个历经13年折腾的案件的最终结果,而我正是这个案件中被告人的二审辩护人。

之前,所有的消息均报道被告人仍然会被判有罪,只是将一审的11年有期徒刑改为10年。这样的消息并非空穴来风,一个来自于福州的公证处,一个来自福州的司法局,还有一个来自跑政法的媒体记者,似乎都带点官方消息的味道。

当事人的家人在一周之前的午夜12点给我发了条这样的消息:朱律师,听说改判10年,你一定要帮帮我们。

当晚收到这条消息的时候我还没睡觉,但是我并没有回复。我在想,如果已经定了结果,我还有什么办法能帮到他们;如果不是这样的结果,一向不会打扰我的当事人家属为什么要在这么晚的午夜紧急发信息给我。

推开书房的窗户,深吸一口夏夜里带着淡淡花香的空气,我望到了北斗七星。小学时老师告诉我的这个七星位置,我一直记在心里,偶尔在疲惫的深夜我会抬起头来寻找这几颗像勺子一样的星星,并不指望它能带来好运,只是期盼我还能找到方向。

深夜两点,我们被告知航班真的取消了,不仅如此,更惨的是在我们之前的下午5点40分的航班也取消了,很多乘客与工作人员激烈地争吵起来,质问为什么不早说,为什么不赔钱。另外的工作人员则喊叫着没有参与吵架的乘客去宾馆休息。我机械地跟着一个年轻的服务员上了一辆破旧的中巴车,与几个看来与我一样老实的乘客一起住进了一个臭气熏天的路边小酒店,但是这酒店的名字却叫"某某大酒店"。

同我安排在一间房子里的另一位乘客是福建人,简短的招呼中他问我去福建干什么,我说明天早上九点要在福州中院开庭,他并没有以为我是一名律师,而是直接问官司能打赢吗? 我说必须赢。

他意味深长地说了句:"在福建打官司不容易啊!"便倒头睡去。我关掉昏暗的灯,睁大眼睛,在弥漫着越来越重的霉气味里等着航班起飞的消息。

然而到了次日中午,我也没有得到任何航班起飞的消息。

而在千里之外的福州中院,早上九点开始便已是人头攒动。很多人会聚而来,大家都在等着见证奇迹的时刻。

我开始与福建前方的记者和当事人家属保持联系,在他们进入法庭的时候,当事人的女儿发来一条微信说马上要关机了,心情很紧张。

我回复了一条:也许是无罪。

原定的九点开庭宣判,按照正常的工作流程,一会儿就会结束。宣判也就是审判长读一遍判决书,一般情况下半个小时会完事。但是,到了十点半还没有任何消息。

一会儿前方的消息又来了,说要到十一点半开庭。

此刻我还在人声鼎沸的首都机场等着航班起飞的消息。

只是我内心的行程已经做了调整,如果起飞前宣告我的当事人无罪释放,那么我将取消本次福州之行;如果判有罪,即使再晚,我也会赶去福州,开始新的申诉之旅。

十一点半,我们刚组建几天的"黄政耀案微信群"里来了一条消息:"好消息",我赶紧问:"是不是无罪?"

一条伴着嘈杂背景音的语音信息传来:"无罪,当庭释放!"

黄政耀无罪释放

那一刻我听到了另一个广播声音在首都机场响起:"乘坐17日8100次航班前往福州的旅客请前往H岛换取新的登机牌。"看着等了一夜的伙伴们鱼跃地前往H岛,我则拉着行李箱悄然离开机场。

我知道福州的当事人和他的家人应该沉浸在一种难以承受的激动之中,这种场景不是普通人所能理解的,作为律师,我们应该给他们这样的欢聚时刻,不应该再去分享他们的幸福。

那一刻,我想起了似乎是某人写给爱人的一句话:如果你是一只受伤的小鸟,我将是你疗伤的森林；如果你是一个幸福的新娘，我将是默默关注你的眼神。

对于当事人，我想同样如此。

2015年5月18日，全国的新闻都在播报"福清市司法局原局长黄政耀翻译被控贪污，二审改判无罪"这样一条新闻。从最早的《法制晚报》微博发出第一条官方消息，这一新闻在包括央视多个栏目在内的各大媒体和门户网站反复传播着。

熟悉的人，知道这是我的又一成功案例，有人说恭喜我"又下一城"，不知道的人更多关注的是案件的本身。

直到两天之后的20日，我已经到了长沙，黄政耀的女儿打来电话，同时还有他爸爸，也就是我的当事人，福清市司法局原局长黄政耀，他们向我表示感谢。

我知道他们太过兴奋了。

两天以来，各地媒体记者朋友纷纷联系我，想采访这个案子，有中央电视台的多个频道，有凤凰卫视的《冷暖人生》栏目，还有腾讯新闻、《成都商报》《南方都市报》等众多媒体。

我也顺便将这些希望采访黄政耀的请求转告给他们，但是，他们明确拒绝了。

对于这样的一个案子，媒体报道的意义其实是重大的，它不仅仅是一个悲欢离合的情感故事，更多的还在于促进司法公正的功能，这个社会太需要彰显正义的能量了。但是，我的当事人全部拒绝了，他们说需要调整。

对于一律拒绝媒体采访的当事人家人，我们依然能够理解。是的，他们太累了，需要安静。他们太高兴了，也需要冷静。

朋友之托

2014年6月，我刚从欧洲访问回来，一个律师同行打来电话，说有个朋友家里有个案子看我能不能帮忙，而且提到了她爸爸是司法局长。

这样一个普通的电话对我来说，担子不轻，一来是律师同行的介绍，同为资深律师，这位同行打来电话一定是案情重大，而且是她的朋友，她自己怎么不做？二来当事人是司法局长，这个官位尽管不是太过显赫，但是对于律师来说，最讨厌的官职排列中，司法局长一定是靠前的位置。还有一层原因，曾经管理律师的局长出了事,在当地还找不到合适的律师吗?

但是毕竟这是我的同行和朋友介绍来的,我不用问及详细的理由和原因,我必须答应下来,对于朋友的请托,我没有任何拒绝的托词。

很快,我和这个未来的当事人的女儿约定见面。

黄花,黄政耀的女儿,面目清秀,举止文静,说话轻声细语,一身书卷气息。我实在想不到的是她居然是北大法学院2002级的法律硕士,而那时的我也刚进入西北政法大学,在读全国首届统招联考的法律硕士,只是比她早了两年。

共同的专业背景,很快我们就厘清了案件脉络:她父亲在任职司法局长期间,利用业余时间帮人翻译文件,收取一些费用,多年累积共收入17万余元,自己得了9万余元,但该行为被检察院以贪污罪起诉,一审法院已经判决,认定贪污罪名成立,一审获刑十一年。

当时我即确定这是一个错误的判决,我答应为她爸爸二审作无罪辩护。只是我不能理解这个案子为什么会从2002年拖到2014年才下达一审判决,为什么会拖延十二年之久而未能解决。

案件起因　司法局长兼职翻译

这个后来在全国引起巨大反响的案件说起来其实很简单:福清市早在20世纪八九十年代还很贫穷,大批人员出国务工经商,投亲靠友。在办理相关手续时需要提供一些文书的翻译件,当时的福清远不像现在这般发达,懂外语的人很少,全市没有一家专业翻译公司,一些需要办理翻译的人员就找到当时福清二中的一位英语老师帮助翻译,这位英语老师就按照每份翻译件80元的标准收取翻译费用。但是后来这位老师到国外去了。那阵子,很多需要翻译的人就要跑到福州或者其他地方找人。但是后来有人知道福清市司法局长黄政耀懂外语,就跑到司法局办公室请黄政耀帮忙翻译。

一开始黄政耀仅是给一些亲朋好友提供免费的翻译,后来找的人多了起来,有的在办公时间跑到办公室找他翻译,黄政耀觉得这样会影响工作,就跟公证处的一位工作人员说,如果有人需要翻译,不要让他们找到司法局长办公室来,你就帮忙把他们需要翻译的文件和费用收一下，然后集中拿来，黄政耀就利用下班时间帮他们翻译。考虑到自己是司法局长，不好意思像原来二中老师那样每份收取80元，就订了个基本的劳务费标准，每份收取20元，而且还将这20元中的60%分给公证处帮忙收取翻译件的人。随着业务量的增大，黄政耀自费买来了昂贵的英文打字机，和妻子一起在下班时间干起了翻译"私活"。当然，翻译的收入也在增加，黄政耀偶尔还将自己辛苦翻译赚来的费用用于补贴一些司法局机关个别工作人员不好报销的费用。总之，翻译所得的钱的确是黄政耀在支配着。

这样的情况持续了好几年，也没有任何人说三道四，毕竟这是黄政耀凭借自己的本事赚来的，谁也不会眼红。况且黄政耀的收费标准还远远低于原来二中老师的收费标准。不仅如此，黄政耀在军队担任情报译员的特殊工作和学习经历，使他不仅可以翻译英文，还可以翻译西班牙文，同时借助字典还可以翻译马来文和日文。司法局长精通多国外语，这在当时的福清是一件公开的事情，黄政耀也并没有因此耽误工作。在此期间，他还获得了"全国十佳司法局长"称号。

也许是受常年的军队情报工作熏陶，黄政耀任职司法局长后，为人极为低调谦和，没有沾染任何不良习气，在当时吃喝风盛行的年代，也坚守了"慎独"的品格。一个共同的说法是：黄政耀从来不参与任何形式的请客招待，即便是省司法厅领导来视察工作，他汇报完工作后安排办公室人员负责接待，自己连吃饭都不会陪着，回到家里搞自己的翻译去了。这样的传闻，我在办理案件后得到了官方证实。福州市司法局纪委书记亲口对我讲过这样的故事，说这种人的确少见。

然而天有不测风云，2002年，工作风生水起的黄政耀做梦都没有想到自己居然因为这一身的"本事"招来了牢狱之灾，并一直持续了13年之久而不得了断，他从50岁到63岁的大好光阴就在这巨大的司法魔咒中被碾压得支离破碎。

本案，讲的就是检察机关指控黄政耀收取翻译费涉嫌贪污犯罪的故事，还有我介入辩护为其赢得终审改判无罪的故事。

祸起职务调整

黄政耀的案件表面上看起来是一起对于其收取翻译费的法律定性问题，但是对于这样一起简单到仅仅两分钟就能搞明白的一个法律适用问题的案件,居然在福建折腾了13年,这就不能用"认识有争议"来解释了。因为按照法律规定的程序,在一审的合议庭评议的时候三比零或者二比一就可以确定有罪无罪了。再甚至,开个审委会,按照少数服从多数的原则作出决定也就够了,怎么也不至于折腾十几年啊。

当我介入二审辩护,对此案重新梳理和查证后发现,这起表面上是"法律认识问题"的背后原来隐藏着一场由职位调整而触发的官场博弈。

在这场长达13年的博弈中,以下队员粉墨登场,演绎了一曲荡气回肠的悲情故事,他们是:

主张有罪的一方:福清市检察院、福州市检察院、福建省检察院;福清市法院、福州市法院、福建省法院

主张无罪的一方:福清市司法局、福州市司法局、福建省司法厅、司法部;全国公证员协会、福建省公证员协会

协调方:福清市委、福清市政法委、福州市委、福州市政法委、福建省委、省政法委

辩护方:福建律师、北京律师

被告人:黄政耀,福清市司法局原局长,曾任解放军某部情报人员

被告人家属:黄政耀父亲,老地下党员

　　　　　　黄政耀妻子,退休职工

　　　　　　黄政耀女儿,北大法律硕士

职务轮换,在各地政法机关的工作管理程序中是一个惯例,公检法司几大长一般工作几年后都会有一个职务交流,这在我党的干部管理体制中被视为一个有效防止小圈子、小团体形成的有效措施。

2002年,福清的政法口又到了职务调整的时候,按照组织部门的考察,曾获得"全国十佳司法局长",政绩显著、口碑极佳的福清市司法局长黄政耀准备被调整到福清市法院担任常务副院长(法院、检察院职级比司法局高半格),而此时另一个竞争对手也到了职务轮换的时候,但是他并不想到司法局任职,他看中的也正是福清市法院副院长的职位。但是相比较获得过全国十佳的黄政耀来说,其优势并

不明显。

于是,在这个当口,一封匿名举报信横空出世,但起初举报的内容并不是黄政耀翻译收费的问题。因为黄政耀翻译收费的问题不仅福清的地方领导清楚,就是省司法厅、福州市司法局的领导也很清楚是怎么回事。也从来没有任何人会想到这是一个问题,就连背后的对手最初也没有想到要从这里下手,所以当时的举报内容中并没有关于翻译费的问题。

根据我在会见黄政耀的时候了解到的情况大致是:开始的举报信上说司法局盖了办公大楼,举报黄政耀与包工头有利益勾连,收受了巨额贿赂。

在这个职务调整的关键时刻,按照组织的工作程序,有举报没有结论的暂时不予以调整,于是,黄政耀的法院常务副院长职务就此搁置。

那一年,正在黄政耀被调查之际,女儿黄花考上了北京大学的法律硕士,在填写报名表时,不是很知情的她还是将父亲工作单位写成了黄政耀即将调往的福清市法院。她知道,父亲的清白很快就会查明,原定的职务调整也应该顺理成章。

但是,她想错了,年轻的黄花在拿到北京大学法学院研究生录取通知书的那一刻才知道,爸爸的灾难才刚刚开始。

第一回合,检察院就所谓举报黄政耀收受包工头贿赂的问题,展开了全面的调查,但是结果令人失望。原来部队转业的黄政耀,将这些敏感的基建工作完全放手给了一位副职管理,他自己不仅没有与所谓的包工头有什么利益勾连,甚至连一餐饭都没有吃过,一个电话都没有打过,更无任何经济往来,所有的基建手续完全按照程序操作。检察院的检察官调查完之后发现,这黄政耀也太过清白了!

但是,这样的结局并不能为某些人满意,一个秘密的会议在一个特殊的地点举行,一计不成,再生一计。

第二回合,2002年9月6日,福清市检察院开始启动对公证处单位的调查,首先立的是公证处和公证处副主任林秀清的案,涉嫌的罪名是"私分国有资产"。第二天,即2002年9月7日,对黄政耀的立案通知书也随即下发,诡异的是黄政耀涉嫌的罪名与前一天的林秀清不同,是涉嫌贪污。但是就在这同一天黄政耀和林秀清二人又同时以"私分国有资产"的罪名被刑事拘留。

那一天上午,毫不知情的黄政耀接到通知,前往福清市政府开会,会后,他被领导叫到一个办公室说,检察院对你立案了,希望你配合调查。接着黄政耀被刑事拘留了,这是他第一次被采取强制措施。学过法律的黄政耀看到这阵势就觉得不对,按照刑事诉讼法的规定,检察机关决定拘留或者逮捕,应该由公安机关执行,为什么自己就这样不明不白地被检察官"带走"了?

未等他想明白,他已经被押上警车,当晚他住进了福清市看守所。不到一周时间,9月13日黄政耀和林秀清分别被以私分国有资产和贪污罪逮捕。

第三回合,既然侦查的方向是贪污和私分国有资产,而且涉案的标的物就是黄政耀翻译所得的部分费用,那么案件办得十分顺利。因为在某种意义上说,这样的案子不存在事实是否清楚、证据是否充分的问题,关键就是定性。很快案情在检察院内部传开,办案的检察官几乎没有人认为这案子有什么可以办的价值,他们谁也不敢保证这样的案子到了法院不会被判无罪。在这样的纠结中,福清市检察院又开始了全面撒网。

第四回合,贪污罪和私分国有资产罪还在研究之中,鉴于定罪理由的确牵强,福清检察院也曾犹豫过,但是犹豫的同时也没有闲着,他们认为即便够不上贪污也够不上私分国有资产,那么赚外快一定没交税,那么就从税收开始调查。苦于当时的刑事诉讼法已经将偷税罪规定为公安机关管辖,福清检察院只好在2002年10月16日将"黄政耀偷税问题"的相关材料移送福清市公安机关,建议立案调查。但是公安机关的调查并不认为黄政耀的行为构成偷税犯罪,税务机关在收到黄政耀妻子补缴的税款后,偷税罪无疾而终。

第五回合,私分国有资产罪没有事实,贪污罪定不下,偷税罪立不上案,福清市检察院又关心起黄政耀的计划生育问题了。2002年10月31日,福清市检察院就此专门向福清市纪委发函要求查处,但是纪委并不认为黄政耀存在违反计划生育问题。

第六回合,私分国有资产、贪污、偷税、违反计划生育等一套组合拳下来,并没有击中要害,福清市检察院办案人员心灰意冷,但是个别领导却依然信心十足,斗志昂扬。从第一次刑事拘留开始折腾了九个月的福清市检察院又在2003年元月24日对黄政耀以涉嫌滥用职权立案侦查。

连续的举报和一轮又一轮的查办,对黄政耀来说,职务调动的事情已经不存在了。

最终,黄政耀因涉嫌贪污和私分国有资产罪被提起公诉,2003年3月25日,本案在福清市法院一审开庭审理。不承想,这次开庭居然一开就开了近12年,直到2014年6月福清市法院才下了一审判决。2014年6月17日,福清市法院一审宣判,黄政耀构成贪污罪,获刑11年。

十二年追诉　冤案流程全纪录

但是以这样的事实对黄政耀进行刑事追诉,对于任何一个有着常识的人来说都是在挑战智商。我在研究本案的过程中,将涉及案件的各项活动按照时间的脉络进行了罗列,也许这样才更容易看明白这个马拉松式的追诉背后的博弈是多么激烈,才可以理解一个被国家追诉的被告人,不管他曾经是什么身份,面对运转起来的国家机器是多么的无助。

看看这个长征式的追诉时间表,可能会比任何主观的描述更为生动:

2002年9月6日,福清市检察院以福清市公证处、林秀清涉嫌集体私分国有资产罪立案侦查。

2002年9月7日,福清市检察院以黄政耀涉嫌贪污罪立案侦查。

2002年9月7日,福清市检察院决定对林秀清以私分国有资产罪刑事拘留。

2002年9月7日,福清市检察院决定对黄政耀以私分国有资产罪刑事拘留。

2002年9月11日,福州市公证员协会出具公函给福清市检察院,明确表示黄政耀收取的翻译费属于合法收入。

2002年9月13日,福清市检察院决定对林秀清以涉嫌私分国有资产罪、贪污罪逮捕。

2002年9月13日,福清市检察院决定对黄政耀以涉嫌私分国有资产罪、贪污罪逮捕。

2002年10月16日,福清市检察院以秘密文件致函福清市公安局:发现黄政耀和其妻吴紫云受福清市公证处委托从事公证书翻译,收入翻译费却没有向税务部门依法纳税,涉嫌偷税罪,特将偷税问题相关材料移送你局立案侦查。

2002年10月31日,福清市检察院致函福清市纪律检查委员会:将黄政耀违反计生问题移送你委调查。

2002年10月30日,福清市检察院侦查终结,结论:公证处为国家行政机关涉嫌私分国有资产罪,黄政耀和林秀清涉嫌私分国有资产罪和贪污罪。

2003年元月24日,福清市检察院决定对黄政耀以涉嫌滥用职权罪立案侦查。

2003年元月27日,黄政耀被福清市检察院以涉嫌滥用职权罪移送审查起诉。

2003年2月17日,福清市法院收到起诉书,同日移交审判庭,起诉书认定黄政耀"滥用职权致使公共财产遭受重大损失","利用职务之便,个人贪污所得178 318元",应以滥用职权罪和贪污罪追究刑事责任。

2003年2月25日,福清市司法局以融〔2003〕10号红头文件为黄政耀、林秀清向福清市法院申请取保候审。

2003年3月14日,黄政耀妻子缴纳税款五万余元。

2003年3月25日,福清市法院开庭审理。

2003年3月31日,福建省司法厅以闽〔2003〕67号文件向司法部请示关于公证文书的翻译问题,司法部副部长段正坤指示中国公证员协会、司法部律师公证工作指导司组成联合调查组到福州调查,结论:翻译费属于劳动报酬,本案不存在犯罪。

2003年4月22日,福清检察院补充侦查完毕,申请恢复审理。

2003年5月10日,司法部调查组经过调查得出结论:本案中翻译行为应当界定为翻译者与当事人之间的民事承揽合同行为,而非公证处行为,就本案而言,公证处未提供翻译服务,就不能收取翻译费,翻译费属于劳动者的合法收入,而不是公证处的收入,更不是国有资产,福清市检察院的指控缺乏政策法律依据和证据支持,不能成立。

2003年5月11日,福州市市委书记、政法委书记宋立诚批示,决定由福州市委、政法委协调此案。

2003年5月16日,中国公证员协会以公协函字(2003)第17号向福建省司法厅复函明确:翻译不是公证处法定职责,公证处不具备翻译能力的不能提供此类服务,需要翻译时,可由当事人与翻译者按民事承揽合同办理,无论公证处是否提供协助,均不能视为公证行为。公证收费1997年已由行政事业性收费改为经营服务性收费,翻译费应当属于翻译者的劳动收入,不能纳入公证处收入,更不宜界定为国有资产,福清市公证处的翻译费问题应按上述精神处理。

2003年5月20日,福清市法院第二次开庭审理黄政耀、林秀清案。

2003年5月23日,福建省公证员协会以闽公协〔2003〕7号文件致函福清市人民法院,出具了"关于福清市公证处涉嫌法人犯罪问题的法律意见书",主要内容为:公证处法定代表人并没有主持、决定或者授权他人私分翻译费的问题,公证处也从没有以法人名义承担收件、翻译、收费、发件、结算及承担相应过错责任,公证处的工作人员也只是翻译活动的居间人。

司法部1980年2月12日下发的《关于公证文书翻译问题的通知》(80)司公字第12号规定:涉外公证文书需要翻译时,可由公证处协助,先委托当地翻译部门、华侨旅行服务社、大专院校等单位帮助解决。国家计委、司法部于1997年3月3日下发《公证收费管理办法》,明确公证收费属于法律服务性质。黄政耀等人收取的翻译费应当视为福清当地群众与黄政耀等人达成默契的民间协议价格,这种情况是符合我国《合同法》中民事协议成立的基本精神。最后结论为:这种通过翻译劳动收取一定报酬的模式并不违反现行法律规定,本案翻译费应定性为翻译人员的劳动收入,按照按劳分配的原则,该项收入应归翻译人员所有。

2003年5月30日,福州市司法局给"各位领导"写了情况汇报,同日,福州市政法委牵头组织召开了福州市及福清市的政法委、法院、检察院、司法局等相关单位参加的案件协调会,会上达成两点意见:一是要求福清市人民法院尽快将案件研究情况上报福州市中级人民法院,福州市中级人民法院再请示福建省高级人民法院;二是福清市政法委牵头协调对黄政耀、林秀清予以取保候审,但是政法委的协调取保候审未得到福清法院同意。

2003年6月2日,福清市司法局为黄政耀、林秀清申请取保候审,申请抄送福清市政法委。

2003年6月2日,福清市司法局向福清市委书记朱健、市长杜源生、市政法委书记陈振英、副市长高国富等领导汇报了案件。朱健书记批示"请振英同志协调"。

2003年6月4日,福州市司法局长叶仑腾与陈振英书记在福州交换了意见。

2003年6月10日,福清市法院向福建省高院请示延期审理,高院批准延期一个月至2003年7月10日止,申请理由为:由于本案案情重大、复杂、社会影响大,需要向上级请示。

2003年6月16日,福州市司法局叶仑腾局长到福州市委办公厅向陈秘书长汇报了案件情况。

2003年6月24日,福建省司法厅以正式公文向福建省委、鲍书记提交了《关于福清市公证处涉嫌法人犯罪案件情况及处理建议的报告》。

2003年7月21日,福州市司法局向中共福清市委发融〔2003〕77号文建议有关部门对黄政耀、林秀清取保候审。

2003年7月21日下午,福建省委常委、原福州市委书记何立峰同志召集中共福州市委政法委、福州市人民检察院、福州市人民法院、福州市司法局、中共福清市委主要负责同志就此案进行专题研究,何立峰书记在听取政法各家汇报情况后指出:"福清市司法局局长黄政耀、福清市公证处副主任林秀清发挥外语专长,利用下班后业余时间进行公证文书翻译,赚取的一些费用应属于个人劳动所得。公证文书的翻译是智力劳动,是当事人利用休息时间进行作业,按照按劳取酬的原则,翻译费应当属于翻译者劳动收入,我理解这不能随意认定为贪污犯罪。"会议决定:一是由福清市政法委牵头协调对黄政耀等人予以取保候审;二是由福州市委政法委和福州市人民检察院负责,向省检察院有关领导征求此案的协调意见。

2003年7月23日,福清市法院决定对黄政耀、林秀清取保候审。取保原因注明:根据福清市委会议纪要精神及本院审委会决定,取保候审,时间为6个月,至2004年1月22日。

2003年7月中旬,时任福建省委副书记的王三运对此案作出批示:"要举一反三,切实提高检、法队伍的政法素质和业务素质,切实加强公、检、法、司的协作和自我协调",省委办公厅将王副书记的批示转到福州市委办公厅。

2003年8月21日,中共福州市委办公厅以融委查〔2003〕56号文向省委督查室报告本案协调情况,该文显示福州市委副书记宋立诚同志、市检察院检察长陈聪同志也前往省检察院,向省检察院有关领导征求对此案的协调意见。省检察院就此案召开检委会进行了专题研究。

2004年元月18日,福清市法院再次决定对黄政耀、林秀清取保候审,取保原因为:现因案件请示在中院,中院未做批复。故再对黄政耀、林秀清续保6个月。

2004年7月16日,福清市法院决定对黄政耀、林秀清结束取保候审,原因是取保候审近12个月,期限届满。

2004年7月16日,在解除取保候审的同时,福清市法院决定对黄政耀、林秀清监视居住,原因为:因案件仍在中院请示,对被告人取保候审期限届满。

2005年1月18日,福清市人民法院决定对黄政耀、林秀清转为取保6个月。

2005年2月22日,福清法院刑二庭庭长王定航记下工作日记:本案已报请福州中院、福州市政法委协调,而至今尚无结论,被告人黄政耀、林秀清于2003年7月23日转取保候审,2004年7月19日变更强制措施为监视居住,至2005年1月18日监视居住期满,经院审判委员会研究决定,对被告黄政耀、林秀清变更强制措施,再转取保候审……我院于2005年2月22日下午通知被告人黄政耀到我院办理取保手续,黄政耀到我院后,由我院院长丁磊和刑二庭庭长王定航俩动员黄政耀办理取保手续,经动员,黄政耀仍拒不办理取保手续,林秀清经电话通知后,拒不到庭办理取保手续。

2009年4月7日,福清市法院在黄政耀、林秀清多次取保、监视居住实施完毕后的4年又3个月突然决定对黄政耀、林秀清实施逮捕。

2009年4月8日,福清市公安局对黄政耀实施上网追逃。

2009年5月20日,福州市司法局发出红头报告《关于福清市司法局原局长黄政耀等涉嫌犯罪案件情况及处理建议的报告》。该报告显示:2004年年初,福清市法院根据2003年7月21日省委常委、福州市委书记主持召集的协调会精神,以请示的方式,向福州市中院请示对"黄、林案件"的定性意见,福州市中院即以转请示的方式,将福清市法院请示意见上报福建省高级人民法院。省高院在接到市中院上报的转请示件后,于2004年5月做出"可以定罪,并不能适用10年以下有期徒刑"的批复意见,批转给福州市中院……此后几年,省高院个别领导到福州市中院、福清市法院调研或检查工作时,曾询问福州中院为何迟迟不执行省高院对"黄、林案件"的批复意见。目前福州市中院已将省高院的原批复意见批转给福清市法院。

2006年6月19日晚上,福清市法院审判委员会专题研究"黄、林案件"的定性意见,经过激烈争论,审委会七名委员以四比三表决通过"黄、林案件"应按无罪认定。

2006年10月16日,福清市政法网和律师网报道"黄政耀、林秀清涉嫌犯罪案件福清市检察院已撤诉"的消息,后该消息很快又被删除。

2009年7月7日,福清市法院开庭宣判,判处林秀清有期徒刑3年,缓刑5年,对林秀清再度办理取保候审,并开具释放证明。

2009年7月6日,福清法院裁定对黄政耀中止审理。

2009年7月15日,福清市检察院以融检刑抗〔2009〕4号刑事抗诉书对福清市法院〔2003〕融刑二初字第032号刑事判决书以认定事实错误,适用法律不当,导致量刑畸轻为由,提出抗诉。

2009年12月18日,福州市中院裁定对林秀清的抗诉案中止审理,原因是经传唤林秀清不到案。

2011年11月22日,黄政耀被福清市公安局逮捕。

2011年11月23日,福清市法院裁定对黄政耀恢复审理,原因是黄政耀已到案。

2012年2月28日,福清市检察院向福清市法院发出检察建议书:经查你院审理的在押人员黄政耀贪污一案,2011年11月22日黄政耀羁押于福清市看守所,监管信息提示已超期羁押。

2012年3月29日,福清市法院决定对黄政耀取保候审6个月。

2013年12月20日,福州市中级人民法院将黄政耀一案案卷退回给福清市法院。

2014年3月27日,福清市法院决定逮捕黄政耀。

2014年5月29日,黄政耀被逮捕。

2014年6月17日,黄政耀案在福清市法院宣判,黄政耀被福清市法院一审判处有期徒刑11年。

2014年6月25日,黄政耀上诉至福州市中级人民法院。

2014年10月15日,福州市中级人民法院二审开庭审理。

出战二审

我深知,折腾得越久的案子越难以平反。因为当初办案的人往往在办理了这些重大的案件后立了功,受了奖,于是乎他们的级别更高了,官职也更高,当然平反也更难了。

黄政耀案在十二年的博弈中,路似乎已经走到尽头。包括司法部副部长在内的高层领导都曾经对这个案子有过关注。至少三个级别的协调会开了不下几十次，黄政耀一次被刑事拘留，三次被逮捕，四次被取保候审，还经历了一次监视居住和两次网上通缉，流程可谓波澜壮阔。

在福建省层面，这个案子曾经惊动了省委书记，福州市委领导和福清市委领导更是参与了本案的多次协调。但是这些毫无效率的行政协调最终没有解决任何问题。基本上协调一次取保一次，取保完了就再逮捕一次。逮捕完了就又开始协调。

这一案件的处理过程所彰显出来的是，在一个没有正当的程序的司法环境中，即便有领导一层又一层的批示和指示，最终还是解决不了问题的。

要说此案关注层次不可谓不高，影响不可谓不大，研讨不可谓不深，原来的律师水平不可谓不高，名气不可谓不大。但是，对于这样一个已经研讨和协调了12年之久的案子，最终还是在"依法治国"的背景下，在一审中被冤判了。那么二审，我们不得不寻找新的思路。

朋友的嘱托，案情的揪心，使得我焦虑起来。接受这个案子之后，没有人给我任何压力，但是尽管如此，我明白我所面对的是介绍案件的律师同行，有着法律本科学历的当事人和他有着北大法律硕士学位的女儿，还有他的一审律师，福建省律师协会刑事专业委员会的主任，以及我自己背后关注此案的北京市司法局和司法部。

难道司法部都搞不定的案子，我就能行吗。这样十几年来胶着的博弈到了一审下判，按说是到了最不利的尾声，这案子还能否有翻盘的机会，到底该怎样出手，我心里确实没底，因为种种迹象表明，这个案子背后的操盘手所显露出来的行为表明他们的构陷没有底线。

另辟蹊径　寻找突破

案子到了福州市中级人民法院刑事审判第二庭，我在第一次前往福州之前特意请福建的原一审律师帮我准备好一份案卷复印件。因为黄政耀本人还羁押在福清市看守所，我想先跟本地律师了解一些案情。但是非常遗憾，经过福州市司法局领导的协调，这位大律师答应与我见面沟通一下，但是表示他没有案卷，也不会去法院复制案卷，这倒让我感到意外。

不仅如此,原来约定的见面时间到了,忽然福州司法局的领导又接到那位大律师的电话说当天是周末,不工作,我和司法局的领导只好在酒店咖啡厅白等了一个上午。

在外地办案,我一般都会建议当事人在本地请一个律师协助,至少也可以了解本地的相关情况,也可以及时会见并与当事人进行沟通。但是这个案子里的原审大律师着实让我有点莫名其妙,后来我还听说省司法厅曾召开专家咨询会,请这位律师前去汇报一下案情,但是这位律师说自己也没有案卷。

我真的不知道在没有案卷的情况下一审是怎么辩护的,但是我们必须尊重同行和当事人家人的选择。只是这个案子的沟通就不存在了,那么我就开始了自己的单兵作战。

二审的主审法官姓张,有一个美丽的名字,开始的时候我一直记不住具体叫什么,总之感觉不管我记住的是哪个名字,它们都给人一种圣洁的印象,每次联系只好告诉书记员我要找的是女性张法官。

的确,这位张法官还真是很典雅的范儿,端庄大方、举止优雅、话语不多。在我第一次阅卷时,她亲自帮我找了一间单独的阅卷室,下班的时候我还没拍完照,她也没有催促,而是在办公室里一直等待。

整整20本案卷我一个人从头到尾,拍了一个下午。

我习惯于一个人办案,并不喜欢像一些大牌律师习惯于张口助理,闭口助理的。当然,现在喜欢带着助理办案的也不完全是大律师了,一些刚执业的律师也言必称"我助理"如何如何。特别是复制案卷这般事情,几乎所有干过几年的律师都不会自己干了,一般情况下都会安排助理或者实习律师办理,但是我天性多疑,我总是生怕助理在复制案卷的时候会漏掉某一页,而这一页往往就是决定胜负的关键部分。有时候在一些不太规范的案卷中还夹杂着一些散页,助理们其实并不能根据实际情况判断哪些是必需的。

原则上每一个案子第一次与法官的接触、递交委托手续和公函这般琐事,我都要亲自办理,拍照复制案卷更不用说了。在拍的过程中实际上也在整理这些案卷,看看大致的案情经过和办案历程,这些感悟和拿到助理拍回来的电子版完全不同,这就像你看一本纸质书和看电子版的文章会有不同的感觉。

看一本纸质书似乎就是和这本书的作者以及之前读过这本书的人在对话,书卷气,书卷气,书卷里有灵气,我是这么认为的,而电子版则完全没有这种感觉。翻阅案卷时,也许你会在发黄的纸张上发现点点滴滴记载着历史和情感的斑迹,或许这都会带给我们新的启发。也许上面有当事人自书时留下的泪痕,也许有记录者反复修改残留的印记,也许你会在某一页纸的背面不显眼的一角发现某种暗记,等等,一切未知也都不得而知,但也许都在那里等候你的翻阅,这哪里是助理可以做到的。

所以我一直认为,刑事辩护完全靠的是辩护律师个人执业经验和生活体验,某种意义上说这个行业具有极大的独特性,它不是靠商业化的流程可以完成的,它的每一步都会充满变数,它不是建立一套 SOP 就可以培训人人上庭的。

在翻阅和复制案卷的过程中,我就发现在这个案子里有好几份办案法官写的"工作日记",在这几篇工作日记里记载了办案一次又一次延期的原因。这些原因无非都是案件正在哪个环节请示过程中等。

复制这个案卷的时候,我就发现这个案子"有搞头",尽管过了 12 年,但案卷中依然有大量的新鲜信息,这些未曾披露过的信息引起了我极大的兴趣。

我发现,案子本来应该在福清法院一审过程中,但是案卷中显示一审还没结束之时,二审法官就已经将案件请示到了福建省高院,显然这不是一种正当程序。再往下看又发现福建省司法厅、福州市司法局还有全国公证员协会的一些正式的公文也在卷留存,这些公文不仅仅是关于这个案子是否构成犯罪的论证报告,还详细记载了这起案件的各种曲折经历。

一个典型的无罪案件,已经惊动了司法部官员,省委、市委的领导。各级政法委进行过一轮又一轮的协调,这种现象,在我所办理的案件中并不常见。

会见黄政耀的时候我也问他为什么会发生这样的案子,为什么会折腾这么久。他说早期的情况就是因为职务调整,有人借机告假状,但是形成案件之后,想翻过来,真的太难了,这就是体制的力量。到了后期,其实也不一定就是某个人的威力能够达到如此。

于是,我决定另辟蹊径,放弃原有的犯罪构成解读,试图通过揭示这个离奇的案件折腾了 12 年之久得不到解决的问题做文章。

在回味这个案子的时候,我真的感到很是无奈。就像总书记所言:其实,许多案件,不需要多少法律专业知识,凭良知就可以明断是非,但一些案件的处理,偏偏就弄得是非界限很不清楚。各行各业都要有自己的职业良知,心中一点职业良知都没有,那怎么可能做好工作?

的确,对于一个是非清楚的案件,有时候就是一帮官僚自以为是,不懂装懂地搞出许多狗血剧情来。有些东西一眼就看明白,但是他非要三番五次地研究讨论,最终越纠缠越是纠缠不清,反而会陷于无限循环论证的怪圈。

方案已定:一是必须引起媒体的关注,打破12年窖藏的封口;二是必须争取二审开庭,当庭放大辩护效果。

但是,当下的实践是,对于二审案件很多法院是不开庭的,如果不开庭那怎么办?我们连说话的机会都没有。所以,第一步要解决的是促使法院开庭审理。

经过与张法官的沟通,她原则上同意开庭审理,后来也确定了具体的开庭时间,我在静静地等待那个日子来临。但是临近开庭时间,法院又突然通知不开庭了,庭前的这种变化,并不是一件好的事情,我开始感到隐隐的不安,难道这庭又不开了吗?如果已经确定了开庭时间的庭审突然决定不开了,对于二审来讲一定不是什么好的预兆。

但是,好事多磨,不久一个消息传来,说不开庭的原因是张法官要到北京学习。不管这消息是真是假,最终我们还是等到了法院重新确定的开庭通知。

在中国,刑事辩护律师的时间和精力往往消耗在这些不是问题的问题上,如:争取开庭,争取证人出庭作证,争取能在法庭上把话说完,而真正辩护的内容有时候倒是很简单。

鉴于此案的重大影响以及案件当事人司法局长的身份,我也特别注意向有关的领导机关汇报了此案的办理情况,也很快得到了相关部门的支持和鼓励。备战完毕,我的信心十足。

为了引发媒体对这个案件的重新关注和审视,我根据案卷情况整理了一篇详细的案件流程经过,并结合福建刚刚平冤的念斌案、吴昌龙案,还有早些年影响更大的福州陈信韬案,在材料里配发了多幅图片,全面展示了黄政耀冤案的形成过程和原因。并通过对这些案件的分析,探寻福州司法生态。

我将这篇文章的样稿用邮件发给多家媒体,向他们讲述一个离奇的故事,我希望我的讲述能引发他们对该案的关注。

但是这样的努力有时候并不奏效,众多的媒体对在一个反腐大背景下的司法局长是冤还是不冤并不会太过于在意。

没办法,我们和当事人家人一起继续寻找着,希望本案这些颇具特色的冤情能感动他们。

后来,终于有一些媒体的记者对此案产生了兴趣,我就及时将整理的资料发给他们。

二审开庭

2014年10月15日,本案在福清市法院(福州中院借用福清法院法庭)二审开庭。

当天,《法制晚报》记者到场采访。

法庭上,在经历了十几年的追诉之后,黄政耀显得异常冷静,一个上午的庭审他语气和缓,逻辑严密,使一个被检察院搞得复杂化的简单问题又回归简单。

庭审中,原本端庄典雅的张法官有时候也不再典雅,威严之下的清秀面孔偶尔也开始带着一丝武断和霸道,瞬间,我心中的雅典娜不见了。

原本法律规定二审是要全面审理的,本意上讲,二审要比一审更加慎重。但是也许是习惯使然,庭审中,张法官居然不安排控辩双方进行法庭质证,要求控辩双方直接发表辩护意见,她的这种安排遭到我的强烈抗议。

案件的审理中,质证是法庭调查的一个基本环节,二审不质证堪称荒唐,但是也看得出她似乎一直是这么做的。对于这样的过场式审判,我绝对不能接受,辩审冲突到了一触即发的时刻。

张法官把目光移向我旁边的本地律师,这位律师在福建也是大名鼎鼎,号称"李铁嘴"。他原本就是黄政耀案一审的辩护律师。对于给本地司法局长辩护,自不必说,上级司法局一定会调用最好的刑辩律师。福州市司法局和福建省司法厅最终决定启用担任福建省律师协会刑事专业委员会主任的他亲自上阵。

此时的他坐在我旁边,抬起头来望着对面检察官席位的上方,装作没看见法官的眼神,一言不发。我注意到此番出庭,他依然没带案卷,他面前也没有一页纸的相关案件材料,他的桌面上一片空白,只有一个眼镜盒。我想,也许真正的大律师就应该是这般派头吧!

我继续严防死守,要求必须进行质证环节。我想既然已经开庭,我也不再担心她会中间突然不开了。

短暂的交锋后,法官的霸道和威严稍微减退。不知道庭前她是否研究过我这位被誉所谓"死磕派技术总监"的律师。总之,也许是之前作好的预案,她开始适度退却了,同意对部分证据进行质证,把重点放在辩护环节。看她让步,我也接受了这样的安排。

但就案情本身来讲,除了几份有争议的言词证据外,对于本案的基本事实,控辩双方并没有太大的分歧。而言词证据对案件的核心事实也不起决定性作用,但是我依然认为不管怎样,法庭调查中的质证环节都是不能忽略的程序。

接近中午时分,法庭到了辩论环节,我重点强调本案是一件极其荒唐的、无聊的案件,从2002年到2014年尚未审理完毕,这种司法游戏就是在挑战人的智商。对于这样的案件,辩护律师如果还能从犯罪构成上去辩护,那也是奇葩。我说我不知道对于这样一起事实清楚、证据确实充分的无罪案件该怎么去辩护,也许只有脑子出了问题的人才会想到这样的案子还需要辩护。最后我情绪激动地说,如果要说我的辩护意见,那就是立即宣告无罪,当庭释放。

在这场庭审中,我还运用了几个简单的比喻来说明该案的荒唐:

我向法庭质问:

假如黄政耀不是干了翻译,而是下班之后在司法局门口摆个自行车修理摊子,那么他赚到的修理费是不是贪污?

然后再进一步紧逼,举一些逐步与工作职位有点关联的例子,继续追问:

假如黄政耀不是干了翻译,而是在公证处门口,甚至在公证处办公室里面摆了个复印机,专门赚那前来办理公证事务的人的复印费,而且复印费比外边的还要便宜很多,算不算贪污?或者复印费比外边高出很多,算不算贪污?

这样的分析和比喻的运用往往比较容易打开检察机关固有的有罪推定死结,让他们在一个相对开放的故事环境中产生联想,发现自己原来的有罪思路是多么的荒唐。

但是有时候,我们的法官并不会给你这样的机会,他们想尽快开完庭,因为在他们的词典里,律师的辩护形同虚设,他们需要做的工作就是完成庭审,然后再一步步汇报请示,等待领导研究决定。

显然在这样程式化的审判当中,律师的辩护的确可有可无。

但是,我也会想,如果面对的是高度独立、公正,并有着卓越的审判智慧的法官,我们还会不会纠缠一些基本的程序?我想也许不会了。因为,案子在那样的法官手里,我们并不用担心他们会主动地抛弃程序,他们也许会比我们更加注重程序,因为他们也不希望案件在他们手里出现离奇荒诞的结果。但在当下中国的刑事审判实践中,我们能见到那样的法官吗?

好在之前的抗争作了铺垫,法官并没有制止我的这些出乎她认知范围的辩护方法和辩词。

淡定坦然的最后陈述

黄政耀,这个法律本科出身的司法局长,在庭审的最后陈述阶段,用极为简练的语言发表了自己无罪的意见,内容理性、语气平和,很难想象这是一个被司法魔咒困扰了12年之久的人。他首先感谢辩护律师的工作,感谢法庭给了他开庭审理的机会。

坐在辩护席上的我看着他从容地坦荡陈词,这让我联想起在会见时他的态度,这位当事人从来没有像那些被冤屈的当事人那样叫苦不迭,怨声载道。他对任何人都有一颗包容理解和感恩的心。有一次会见,因为车到晚了,我在看守所仅仅见了他十几分钟就被警察带走,他也是再三向我和警察表示感谢。

法庭陈述不久,美女审判长开始打断黄政耀的发言,要求他发表主要观点,看着时间,接近中午十二点,也许我们之前的"较量"影响了预定的休庭时间。黄政耀就按照审判长的要求,收缩了发言内容,最后总结性地讲到十八大依法治国的精神,相信二审法院能依法公正地宣告其无罪。

他刚说完,旁听席上突然响起一阵整齐的掌声,就像是有人指挥一样,声音响亮短促,未等审判长反应过来,黄政耀立马转身对身后的旁听人员说到:"哎,你们不要这样,要守纪律。"他话音刚落,掌声戛然而止,这一场景给了我一种强烈的震撼,这不就是人格的魅力吗。

在我所经历的庭审中,一般在我发表辩护词的时候经常会有掌声,而且有时候真的可以用掌声雷动来形容。但是还从来没有一个当事人的最后陈词获得过旁听人员的掌声。

从这一个小的细节里,我看到了一个历经磨难而依然保持善良的人难得的内心维度。

庭后较量

按照常规的办案流程,开完庭,我的工作基本完成,剩下的就是等着判决结果。但是我还是不放心这个案子。

长期的刑事辩护生涯,我给自己默默确立了一个内心的原则底线:当我发现一个案子是绝对的冤案时,我会想尽一切合理合法的方法去拯救我的当事人,不管这样做会产生什么后果。我向来认为,作为一个刑事辩护律师,我们必须要具备一种态度,那就是绝不能让冤案从自己的眼皮底下溜走的态度。可能这样的自我要求并不符合现代社会的商业理念,但是,我并不愿意把刑事辩护律师的工作与商业的法律工作相提并论。

黄政耀的妻子和女儿都是很善良贤惠的人,案件审理期间,她们并不像有些当事人家属那样整天打听案件的进展。其实我是非常反感当事人家人在我办理案件的过程中隔三岔五地追问案情和要求我做这做那。我的办案风格就是,只要我接受了你的委托,剩下的一切就由我来办理,至于我做了什么,我是不是整宿整宿地为你工作,我也不想告诉你。我知道,这样的独特风格很多当事人是不能理解的,所以大多的情况下我一直是在拒绝受理案子,也只有当我感到与某个当事人有缘分的时候才会出手。

但是,我相信,我是她的"姊妹"介绍来的律师,而且她的"姊妹"本身就是一位资深律师。应该说她们对我的能力、敬业精神断然不会有任何怀疑。然而也正因如此,对于我才有一种莫名的压力。

庭审后回到北京,我并没有在办公室里整理这个案子,我住进了一家宾馆,一个人关在房子里,完全没有了时间概念,开始"日夜心中思想"。我知道我的目的,我必须要得到无罪的结果,别无选择。

法律问题简单明了,案情背景却异常曲折复杂,加之12年之久的不停追诉,何处是解开这团乱麻的头?

庭审尽管结束,但是庭后的暗战才拉开序幕。

几天的苦思冥想,我总结到:12年不停地折腾,其实这个案子已经做成了夹生饭,我们不能再加点水继续煮了。我们需要的是来一次重起炉火的战术方法。原来那么多次的协调,那么多的领导关注,一个共同的特点就是这一切研究、协调、请示、汇报全是在一个封闭的体制内环境中进行,不突破这个封闭的体制环境,案件难以有新的起色。

我就利用这个案子里那么多的程序违法问题,违反法律规定的请示、汇报,超期审理等作为新闻点引起社会的普遍关注,同时我又将在与黄政耀家人沟通时了解到黄政耀在部队的一些情况融入我的思路。一周之后,我在宾馆里完成了一篇以福州司法生态为题的长篇文章,这篇文章运用罗列的范式将一起"无聊的冤案"进行了剥皮式的揭露。(详细时间表在前面部分)

很快这篇文章被广泛传播,有的人对案件本身感兴趣,有的人对黄政耀的身份感兴趣,加上之前开庭的新闻报道,"黄政耀翻译收费被控贪污""福清又出一个大冤案"等成为一个舆情事件。包括"环球网舆情""人民网舆情"在内的舆情监测机构均监测到了该案的社会反映,《环球舆情》还做了一个详细的舆情分析报告。

不用想,成为舆情事件的这则新闻,福建高院的院长一定会看得到。而我又判断这样的媒体立体轰炸对于刚平反了念斌案和吴昌龙案的福建高院院长来说意味着什么。

如果说念斌案、吴昌龙案在法律界定上属于事实不清、证据不足的冤案。但是对于黄政耀这样一起"事实清楚、证据确实充分",且被告人对指控的基本事实不持异议的案件,唯一要解决的就是法律适用问题。

那么是个人都会知道,凭借自己的劳动所得怎么也不可能变成贪污这个道理。我相信这个案子的法律定性不会在一个真正的法律人那里出现争议,没有法律后果上的后顾之忧,放手舆论的发酵,到了一定的时候,这舆情就是专门配发给迷糊的福建法院的一剂醒脑药,也是给他们清醒之后一个可以坚守正义的理由。

果然,即便是在反腐的大背景下,这个司法局长的贪污案也被广大网民普遍质疑,舆论风潮一时再次掀起。

这样一来,本来就是福建高院定下的"有罪,并不得在10年以下判刑"的所谓批示就会被重新审视,而这个审视,必将催生法院内部新的研究和讨论。我甚至还预判,福建高院完全有可能将此案提交院专咨委讨论(每个高级法院都会有自己的专家咨询委员会),而一旦启动这样的讨论,我相信,每一个专家都会认定这个案子百分百无罪。那么如果专家咨询意见一致认为无罪,即便是福建高院曾经在2014年作出或者默认原来的"有罪"批示,那么现在它还敢要个人拍板逆天行动,将此明明白白的冤案判定有罪吗?我想,它不能,也不会。

长期的司法实践,我深知一些领导对舆情要比对案件本身重视。当一个案件受到全国人民一波接一波的质疑的时候,那不就是人民的声音吗,我们的法院不正是叫作"人民法院"吗?

但是我也深知,这个案子最为不利的因素是2014年6月的一审判决与十年之前的福建高院批示意见一致。而且这个新的一审判决正是在现任院长当位之时下判的。如果说要改,那就说明福建高院将要痛苦地纠正自己刚刚犯下的错,对于刚刚因为平反了念斌和吴昌龙案而获得一些好评的福建高院来说,这种纠错无异于拔去自身的鳞片,何其痛苦、何其艰难。

雪片飞书进庙堂

近年来,很多律师开始在一些案件中学会了写公开信,将一些案件中的冤屈和错误陈述给相关机关,希望能引起重视和关注。但是作为最早使用过这些方法的律师,我发现这一招早就不灵了。各地司法机关纷纷建立了自己的舆情监控系统,甚至有的还和一些媒体合作做舆情分析,有的直接动用权力删帖封号。对于不构成影响的干脆就不管,所以这些招法已经不能适应新的变化了。

但是对于一些走到尽头的冤案来说,除此也还真就没有什么更好的办法了。无奈之下我尊重了黄政耀家人向有关领导和机关继续写信反映案情的想法。一个极为重要的信息是,在每一次向上反映的信件里,他的家人都会提到不希望追究那些办错案人的责任这一话题。其实在内心我倒不建议这样写,似乎自己理不直气不壮一样，但是我知道他们都是基督徒，我尊重他们的选择和信仰。偶尔我也会婉转地提醒他们我们最终要的是什么。

作为一名刑事辩护律师，广泛的知识背景极为重要，曾经我也通读过《圣经》，我理解他们的信仰中饱含"谅解""悲悯""谦卑"之心，也满怀"公义必将实现"这样的期待。只是在一些向上反映的信件中我建议她们将一些带有明显基督教符号的语言做些调整。比如我建议不要在信件中使用"主"这样的字眼，也建议她们将类似"公义"这样的字眼改为"公正"。其实这些本不是一个刑事辩护律师所应该做的，但是她们所做的一切，也许就会影响案件的结果。我不得不提心吊胆地字斟句酌，我害怕哪怕一个字眼的不妥会引起不必要的麻烦，进而影响案件的结果，这种纠结其实并不能与人诉说。

起底福州司法生态的那篇文章

以下就是我在宾馆里完成的那篇被《环球舆情》监测到的文章，这篇文章的原标题是《福州司法生态的幕后起底》（具体案情时间表部分在本文前半部分）。

福州司法生态的幕后起底

在一个良心迷失、公正缺席的年代，冤案并不总能吸引人们的眼球，如果你的案子冤得没有特点，那也许就真的冤了。

但是福建、特别是福州或者更具体地说福清的司法却总能刷新人们对冤案的评判标准，近年来，随着媒体的披露，他们用心窖藏的一起又一起惊天冤案得以展示给这个世界，一次又一次震爆了人们的眼球：

2013年，被冤枉犯了爆炸罪的吴昌龙，在被无辜羁押了12年之后走出了看守所。

2014年，另一被冤枉犯了投毒杀人罪的念斌，在被关押了8年之后也走出了看守所。

这两起连续曝光的福州冤案对于备受关注的福建司法界来说，让人们似乎从另一个层面看到了些许公正的曙光，毕竟，严重超期羁押的吴昌龙、念斌终因证据不足被无罪释放了。

有福之州缘何成为有冤之州

吴昌龙案和念斌案都是福州中院一审的案件，还有更让人惊心动魄的原福州市公安局长徇私做假案，亲自指挥警察开了100多枪猎杀无辜陈信滔的案件，以及近来又曝出的福清陈夏影案，一时间社会的关注点聚焦到了福建、聚焦到了福州。

但是，福州，这个有福之州缘何会成为一起又一起冤案的原发区，以致有福之州成了有冤之州？这里到底是怎样的一种司法生态，冤案为何能折腾那么久难以纠正且还在持续上演？这些问题似乎并没有得到深层的追问。

当然，局外的百姓也许无法得知这些冤案背后的运作过程，他们看到的只是公诉人和审判法官在法庭上的程式演绎和漫无终日的超期羁押。

借助福州这起同样折腾了十二年之久的黄政耀案，我们也许能解读这个怪异的司法生态背后的故事，探究表面上的司法流程背后到底还有些什么我们无法得知的秘密。

2014年的仲夏，当举世瞩目的念斌冤案在福州中院审判庭即将得以昭雪时，福州中院又迎来了一起同样折腾了十二年而尚未审结的另一起冤案。

这个夏天，念斌无罪释放。当闷热而又潮湿的空气还在吞噬念斌麻木的神经时，一个叫黄政耀的冤主则第四次被关进了福清市看守所，而这一次，却是在他第一次走进看守所后的第十二年。

与以往对任何一件冤案的分析不同，说清这起冤案的基本犯罪事实着实让人为难。因为每一起冤案的前提都是真的发生了一件基本的犯罪事实，只是这些犯罪事实最后会发生"真凶出现"或者"亡者归来"的故事。

而今天，福州中院审理的一起因为帮人翻译文件，收取部分翻译费而被定性为"贪污"的所谓"案件"，则被知情人誉为"无聊的案件"。

一位福建政法界领导曾公开说：这个案件的本质其实就恰如20世纪80年代改革开放初期，一些地区出现的"星期天工程师"案件。当时一些有技术的工程师利用节假日帮一些民营企业搞技术开发，收点"外快"也引起了争议，但是后来不都给纠正了吗？现在还将这种个人劳动所得定为贪污，不是很无聊吗？

那么这个很"无聊的案件"究竟是怎么一回事？

如果一定要阐明这起案件所谓的"案情",那只能这样表述:

当事人黄政耀,原是解放军某部司令部情报译员,精通英语、西班牙语、马来西亚语等多国语言,富有传奇色彩的他据说能翻译六七个国家的语言。转业后担任福建省福清市司法局局长,曾因工作出色被评为"全国十佳司法局长"。而坊间则传闻这个司法局长是个"不谙世事"的人。他一有时间就待在家里研究外语,有同事反映说,即便是省司法厅领导来检查工作,他安排好工作后,有时连吃饭都不作陪。常年的专业技术生涯和保密训练形成了他几乎"与世隔绝"的工作风格。

祸起"出国潮"

案情就是这样简单,黄政耀自己得到的那部分翻译费被检察院盯上了。福清市检察院先是认为黄政耀得到的那部分翻译费属于国有资产,后又认定属于公共财产,再后来又追加滥用职权罪,接着又要求公安机关调查起偷税罪,最后甚至还要求纪委对其计划生育问题进行调查。

于是,一场长达十二年的噩梦开始萦绕在黄政耀的头顶,挥之不去。

2002年9月7日,黄政耀委托帮其收发翻译件的公证处工作人员林秀清被以涉嫌贪污罪和私分国有资产罪立案,公证处也以私分国有资产罪被立案,黄政耀则以贪污罪和滥用职权罪两个罪名被立案。

这起案件的司法程序对于刑事诉讼法的学者来说是最好不过的研究素材,因为他们从教科书中所得到的研究资料永远都不可能有这个案件那样丰富:

他们不会想到一起基层法院审理的案件在判决前居然要报中院和高院拿出定罪乃至量刑意见;

他们不会知道基层检察院起诉的案件省检察院要召开检委会讨论;

他们不会知道一个取保候审决定居然要经过市委、市政法委、省委、省政法委的多次协调;

他们不会知道一起本就荒唐的所谓"案件",一个基本的社会生活常识到了司法这个巨大的机器里面会在福清市检察院、福清市法院、福州市检察院、福州市法院、福建省检察院、福建省法院,以及福清市政法委、福州市政法委、福建省政法委乃至福建省委的反复协调下居然持续了十二年之久而求不得公正;

他们不会知道一次又一次逮捕、然后一次又一次取保候审、监视居住,这里的审理期限、超期羁押适用的是哪个国家的法律。

也许没有人相信以上这些事实,然而,这一切还真的就发生了。自己的劳动收入被定为贪污所得,这样的荒诞逻辑对于稍微有点法律常识的人来说都是在挑战智商。

2014年10月15日,福州市中级人民法院在福清市法院大审判庭二审开庭。之前的6月17日,福清市法院一审认定了黄政耀贪污罪名成立,被判处有期徒刑11年。

本次开庭,法官并没有准备进行质证程序,经过辩护人和上诉人的强烈要求,才将20本案卷中的一份笔录拿给上诉人质证,急于走完过场的法官多次制止辩护人和上诉人发言,所有的证人无一出庭。上诉人的最后陈述也被审判长一次又一次打断,尽管如此,黄政耀简短的最后陈述却赢得了全场的掌声雷动,审判长敲响法槌提示:这里是法庭,不是开玩笑!

也许她不曾想过,对于一起本不存在犯罪事实的所谓"案件",他们折腾了十二年算不算玩笑,人生有几个十二年?黄政耀人生最年富力强的这十二年,四次遭到拘捕、四次又被取保候审、两次网上追逃、一次监视居住,他的内心一刻也没有放松过,无时无刻不在恐惧和无奈中煎熬。心力交瘁的他现在被一审冤判11年有期徒刑,而二审的法官们并不愿意在审判台上多坐几分钟听听一个申冤者并没有绝望的呼喊,以及理性而又饱含深情的陈述。

本案的所谓同案犯林秀清被判处缓刑后失联了,以至于福清检察院对他的抗诉成为一纸空文。有人说他去了澳洲,有人说他去了美国,还有人说他失踪了,也许上帝才知道他在哪里。这对从事了一辈子"公证"工作的人来说,他是否还会找到自己的公正?

一个常识,一种心态,一个良心,一种敬畏,对司法者来说是无法也不能逾越的底线。而今,这些都那么遥远和陌生。

也许,到最后我们都无法解读这种持续了十二年之久的司法生态幕后到底会是怎样的菌群。

一种说法是当年黄政耀人品口碑极佳,即将交流到法院任副院长,但是还有一个人也想到法院任副院长,黄政耀在家等着组织考察任命,而另一方则抛出大量举报黄政耀贪污、受贿、滥用职权、违反计划生育、偷税等一系列举报信,并启动一轮又一轮的调查,甚至联合公安、纪委纷纷出手,使得黄政耀这个曾经是军事隐蔽战线上的高手败于残酷的社会战场。而当年办理此案的检察长也升任福建省检察院领导职务。所以这起冤案尽管冤得那么明明白白,冤得那么清清楚楚,最终,在等待了十二年,人们都疲于谈及的时候,黄政耀再度陷入魔掌。

二审刚休庭,十八届四中全会在京召开,中央高层专门研讨依法治国问题,恍惚之中我们似乎又看到阳光已经挤进了法治之门。

十二年过去了,黄政耀从50岁等到了62岁,他的案件还在福州中院二审审理之中,但是,对于几乎在十年前福州中院直至福建高院就已经介入并作出批示的案件,这个二审又有什么意义呢!

"可以定罪,并不能适用10年以下有期徒刑"的福建省高级人民法院的批复意见以及福建高院的那个"个别领导"是否还会魔力重现,我们都无从得知。

公义终于实现

时隔13年,2015年5月18日下午,黄政耀再一次回到福清祥厝老家。近百名新厝镇祥厝村村民来到村口,敲锣打鼓放鞭炮接回黄政耀,在这里,他回忆起了过去。

17岁前,黄政耀都在祥厝学习生活,之后参军入伍才离开了这里,后来从部队转业回到福清定居,逢年过节他都会回老家看看。2002年,黄政耀被检察院指控贪污罪之后,就再没回来过。

取保候审期间黄政耀也没回过老家,黄政耀和妻子认为,这件事在老家已经人尽皆知,"必须要洗刷污点后才能回去,才有脸有面"。

2015年5月18日下午,无罪释放的黄政耀在众多亲人的陪同下回到老家,在离祥厝村口还有近1千米的地方,近百名村民聚集在公路前等候着。

"啪、啪、啪……"黄政耀刚下车,村民们就点燃了鞭炮。一位亲人为黄政耀穿上印着龙腾的红色布衣,披上红色布带。在当地人眼里,红色不仅是喜庆的象征,还有驱除肮脏,消灾解难的寓意,穿上红衣披上红布意味着"重获新生"。

黄政耀84岁的老父亲在家门口等着儿子归来。家里重新更换了门联,横联写着"吉星高照",这个随处可见的横联,在这一天的黄政耀家里却显得意义非凡。

　　老父亲拉着黄政耀的手,带他在餐桌前吃煮好的面和鸡蛋,"吃了这碗平安面,我们全家都会幸福安康"。

　　黄政耀搬出珍藏多年的"长虹牌"英文打字机,看着这个古老的打字机,他心潮起伏,就是它给自己惹出13年麻烦,但同时它也是自己辛苦劳作的历史见证。

　　黄政耀回忆道:最早的兼职翻译更多是"被动的",由于福清市公证处没有翻译人员,也没有翻译设备,所以就有很多人找到精通外语的黄政耀。随着时间的推移,打字机渐渐退出历史舞台,台式电脑成了更好的翻译打字工具,打字机则被黄政耀收藏起来。

　　十几年过去了,黄政耀家里依然可以找到一些当时翻译文书的材料,还有两份因为翻译错误产生赔偿的收据清单,这些其实在案件审理中我们也都作为证据向法庭出示,以证明翻译完全是黄政耀私人的事情,与单位无关:打字机是自己买的,文件是自己翻译的,收到的翻译费反而只得到一小部分,错了还要自己全部赔偿,有这样的贪污吗?

　　在黄政耀的书柜里,外语类书籍和司法类书籍是最主要的两个部分。

　　对于兼职翻译行为后来给他带来的"灾难",他并不后悔。他说:"这个过程我帮了很多人,自己也得到学习成长,有报酬也都是劳动所得,不会因为后来的这些经历否定自己兼职翻译的行为。"

展望

　　黄政耀自2002年第一次被采取刑事拘留强制措施后13年来,又三次被逮捕,四次被取保候审,一次监视居住,两次网上通缉,直到无罪释放,共计在看守所度过了806天。

　　其实他还不知道,在这期间,著名的福清纪委爆炸案冤主吴昌龙同晚他10天无罪释放的冤主陈夏影等人也都曾和他关在同一个看守所里。福清,一个小小的县级市,到底是一个怎样的地方,轰动全国的一起又一起重大冤案为什么都在这里发生？

尾声

黄政耀无罪释放的消息被媒体发布后，他收到来自世界各地亲友的祝福。很多几十年没联系的老战友也打来电话表示慰问，就连我的微博也收到一些他的朋友的感谢留言。

接下来，他需要的是先休整一段时间，还要办理身份证和护照，渐渐恢复生活常态。50 岁的时候，黄政耀惹上的这个"官司"，如今已经 63 岁的他到了退休年龄，事实上他已经不可能官复原职了，他想去办理退休。

他说办好各种手续后的第一站他要去澳门，他年近九旬的老母亲还在那里等候着，等候着他这个在一场巨大的司法游戏中流转着、挣扎着的游子"身披铠甲"归来。

一个"临时工"的悲剧
——外聘会计玩忽职守案

引子

她是我的当事人当中涉案最轻的一个,但是顽强的她为了自己的案子不屈抗争,拒不认罪,一审被判3年,本来两年也就能减刑出来,但是她却选择了坚持。后来在我的辩护下,二审法院两次发回重审,最终检察机关无奈撤诉,作出不起诉决定书,她重获自由。

她叫刘雪琴,2013年的时候,50多岁的她已经退休在家。早前她是一名注册会计师,曾在一家会计师事务所工作,缘于发生在这个会计师事务所里的一件至今她也没搞明白的案由,2005年她被以偷税罪判处有期徒刑3年,缓期4年执行。按照她的回忆,那次并不是她的事情,但是事务所的另一位合伙人违法操作,不知因为什么原因惹了麻烦,最终她作为事务所的法定代表人,莫名地以实际不用坐牢的缓刑了事。可没想到牢倒是不用坐了,但注册会计师干不成了,她随后被吊销了注册会计师执照,成了一名有会计师资格和能力的非注册会计师,只能偶尔在一些同行的业务中打打临工。

如果不是这次事件,她的人生经历也许要平坦得多,这个缓刑,并没有实际上影响她从事本职工作。她继续在其他的会计师事务所以一般工作人员的身份干着会计工作,只是这样的工作对于一个曾经拥有注册会计师资格的她来说有点委屈,因为她所有的重要工作成果将不仅不能以她的名字签字确认,还必须得由别的有注册会计师证的同事们代为签字确认。

2009年,她的同行刘中斌开办的会计师事务所承接到一项业务,在市政府"开封市古城墙修复和绿化景观工程指挥部"里承揽下了审计业务。说是审计业务,其实就是帮助计算各赔偿户的赔偿金数额等相关工作,老同事刘中斌想到了退休在家的刘雪琴,出于好意叫她前来帮忙,做些会计核数的基本工作,每天工资60元。不承想正是这项好意的安排却再次将刘雪琴卷进了罪与非罪的旋涡,她再次被送进了看守所。

古都开封的城墙修缮工程

八朝古都开封,一段明代城墙依稀尚存,就像这个一直发展不起来的古老城市一样,在改革开放这么多年之后,这座古城墙的残垣断壁也没能焕发出任何生机。

2009年,新一届开封市委、市政府决定围绕古城墙做点文章,决定重修古城墙,并将城墙下参差不齐的民居全部拆迁,进行景观绿化改造。这项工程叫作"开封市古城墙修复和绿化景观工程",市政府为此还专门成立了指挥部。

多年来,古城墙下建成的一些民房基本将古城墙包围了,改造工程必将涉及这些开封原居民的房屋拆迁问题。市政府的规划是将这些城墙周围的民房全部拆除,高标准建造景观绿化带,提高以古城墙为依托的城市旅游项目品质。

初衷甚好,但是实施起来困难很多,拆迁是第一难题。这个项目共分为四个标段工程,每个标段均涉及民房拆迁。

让开封市政府始料不及的是第一波拆迁就遇到阻力,在城墙下祖祖辈辈住了多年的居民并不想拆迁。但是任何一个政府决定的事情,总是有办法推进的。具体到这些居民,无非就是赔偿标准的高低问题。很快,拆迁的赔偿标准问题提到议事日程。

当开封市政府拿出的拆迁赔偿标准不能满足居民期望的时候,拆迁一度陷入僵局。

为了尽快完成项目,开封市政府在几番研究之后,决定召开市长办公会研究拆迁赔偿标准问题,副市长王学杰亲自主持会议定下方案。

最终会议决定:本着实事求是的原则,将这些城墙下的民房根据国家政策,按照实际用途确定赔偿标准。即原来用于住宅的按照住宅标准赔偿,原来用于商业的按照商业标准赔偿。定下这样的方案后指挥部高速运转起来,拆迁工作也有条不紊地推进开来。

这样的项目工程庞大,市政府成立的指挥部里又下设了确权组、评估组、审计组三个核心部门。确权组的主要工作是确定被拆迁户的房屋产权,评估组的工作是委托有资质的评估公司对相关房屋进行评估,而审计组的职责就是根据确权和评估的结果计算每一户应该得到的赔偿金。

按说这样的分工已经考虑到了整个工作的严密性,也兼顾了相互之间的监督和制约。仅仅在确权组就分别有四个部门的工作人员参加。这四个部门基本上涵盖了房屋管理的所有机构和项目业主方开封市园林处。其他像房管局、城建局、国土局的工作人员也应有尽有。

这样的方案的确还是比较得民心的,毕竟在全国上下,时不时就会听到新闻报道哪里又发生因拆迁问题引发的自焚、跳楼等极端事件。仅在百公里之内的省会城市郑州也发生过几起引起全国舆论关注的案件。如贾灵敏案件(房屋被强拆后维权不成,走上在全国普法维权道路,后以寻衅滋事罪被起诉)、刘大孬案件(因房屋被拆,开车撞死拆迁人员)。一时间这种方式也得到了居民的理解,他们很快配合这个指挥部办理了相关手续,领取了赔偿款,顺利完成了拆迁。

相对于其他地区频现的血腥拆迁,开封的这种做法无疑是一种进步,然而,所有人没料到的是这种拆迁模式并没有被开封市政府继续坚持下去。在后一期的拆迁工作中,开封市政府又开始不按照实际情况给予赔偿,引来众多拆迁户的不满,他们集体去市政府上访,质问为什么不能和第一标段享有同样的待遇。市政府也是到了大门被堵的时候才回过神来,他们觉得如果全部按照实际情况赔偿,那么完成全部工程,将要花费巨资,这样的后果,始料不及。也许市政府在提到按照"实事求是"的原则进行拆迁赔偿时,还真的没能料到之后的资金压力和改变主意后所遇到的阻力。

借"临时工"一用

于是,开封市政府开始否认之前已经做出赔偿部分的正当性,放言说,原来的赔偿标准是错误的,是有人滥用职权、玩忽职守给老百姓赔多了,现在要抓人。

但是这样的工作实实在在就是指挥部工作人员按照市政府的会议纪要来执行的,现在政府反悔,要抓人了,抓谁?

毕竟,指挥部的主要工作人员是从全市政府各部门抽调上来的,哪个也不愿意承担这样的责任。但是不抓几个人让外边看看,后边的拆迁如果不按照原来的标准一定进行不下去。

不久,在这个指挥部三个工作组里最不具有"国家工作人员"身份的"临时工"——刘雪琴被推向前台,有人要"借"她一用。接着,她被设定了一个玩忽职守的罪名抓进看守所。

让刘雪琴百思不得其解的是,自己一个"非国家工作人员",参与一个社会中介机构——会计师事务所的聘请,临时帮忙"算账",而且这账一分钱也没算错,全部是按照前边工作组的确认和评估来的,怎么会变成玩忽职守的罪人?

在刘雪琴的思维里,会计最为重要的职责就是算对账,可是在这次帮忙的过程中,她所经历的所有账目,毫无差错,自己到底罪在何处?她在看守所里陷入了迷茫。

六旬老公网上发帖求救

2013年1月,网络上出现了以"开封刘雪琴"为名注册的新浪博客,这个博客仅仅发了一篇文章,文章的标题是"担心司法判决不公,网友求助媒体关注"。这篇发自2013年6月8日凌晨3:15:15的博文至今,浏览量也只有264。这个博客正是刘雪琴的老公,60 岁的老汉郭金榜自己发的。他在妻子被抓进看守所后,找到所能找到的熟人打听,询问案子到底是怎么回事。知道真实情况后,他按捺不住心中的气愤,自己琢磨着开始在网上发帖申冤。但是并不熟知网络的他,最终还是罢手。但这篇求助帖还是被大河网的记者看到了。

《担心司法判决不公 老公以网友之名求助媒体关注》这篇被大河网记者转发的报道里写道:近日,记者接网友投诉,称开封市龙亭区人民法院受理该区检察院移送的关于开封市古城墙修复和绿化景观工程中,有部分商业房、非住宅用房,在拆迁赔偿问题上涉嫌玩忽职守,存有不尊重事实,不公正判决的情况。日前,记者对该投诉进行了初查。

自 2009 年启动的开封市古城墙修复和绿化景观工程,旨在提升城市品位、保护和利用古城墙、推进旅游业发展。该项目由市四期工程建设指挥部负责实施,并由开封市财政局委托该市财政投资评审中心负责评审工作。

据该网友反映,按照时间安排,该工程须于 2009 年 8 月 30 日前完成征地拆迁工作,但当时对大梁门至东京大道中马市街村民 11 户 18 处房产进行补偿的问题上,由于初期按照程序进行入户调查后,根据相关部门出具的权属性质确认单、评估单、算账清单及安置结算单计算的赔偿数额,被拆迁户认为过低,存有很大异议和不满情绪,造成拆迁工作停滞不前。

为解决四期拆迁过程中的僵局,2009 年 8 月 7 日,该建设指挥部召集相关部门单位开专题会议,对包括上述问题在内的拆迁问题进行研究并形成汴城绿〔2009〕5 号《会议纪要》。该专题会议后,根据《会议纪要》精神及国家相关法律法规要求,有关部门对上述房产的商业和非住宅性质进行了重新确认,出具了新的权属性质确认单、评估单、算账清单及安置结算单,并与被拆迁户达成协议进行了赔偿,按时完成了征地拆迁任务,保证了工程的顺利进行。

2012 年 4 月以来,开封市龙亭区人民检察院认为,在对马市街村民 11 户 18 处房产进行补偿的性质确认上,补偿工作未按国家法律法规要求,将村民的住宅房按照商业房和非住宅进行了赔偿,给国家财产造成了损失,相关人员应被追究法律责任,并将对多补偿数额进行追回。

2012 年 5 月 18 日,该检察院以涉嫌犯玩忽职守罪,仅对受开封市财政投资评审中心委托的,河南豫泰会计师事务所聘用的临时工刘雪琴,进行立案追究,并移送法院。2012年12月28日,开封市龙亭区人民法院判决该临时工犯玩忽职守罪,刑期半年,刘雪琴不服提出上诉。目前此案正在开封市中级人民法院进一步审理。记者将关注该案的发展走向。

尽管有大河网记者的转发,但这篇以网友名义发出的帖子最终并没有引起任何人的关注,不久便沉没在浩如烟海的网帖中。

从时间上看得出,刘雪琴的老公在发这篇帖子时,案件已经进入审判程序。

刘雪琴也因为原来的缓刑还在考验期内,按照法律规定,尽管这次也只是被判了6个月,但是原来未执行的3年有期徒刑却必须撤销,与这6个月合并执行。这一点是当时的开封市政府没有注意到的。本来,或许抓了刘雪琴这个"临时工"象征性地判一下,来个"免除处罚",实际上也不用坐牢就算给访民们一个交代。但是没想到案子到了法院却遇到了麻烦。开封市龙亭区法院在审理时发现,刘学琴被指控犯"玩忽职守罪"时尚在原"偷税罪"的缓刑考验期内,没有办法执行"免除处罚",而是必须执行原来的3年有期徒刑。所以,法院最后还是判处刘雪琴3年有期徒刑。

皆大欢喜的拆迁工程

故事还得从2009年的8月说起。

当时57岁的刘雪琴,接受了豫泰会计师事务所的聘请,参与了该项目的会计审计工作,之前她退休在家闲住。

这项工作有一套看起来十分严密和规范的工作程序,结果也令人满意。

从确权单据、拆迁协议等内容来看,这是一次充分尊重了拆迁户意愿及事实的拆迁补偿。

该建设项目由开封市副市长及各成员单位负责人组成了拆迁指挥部。指挥部下设办公室,该办公室又下设10个工作组,负责具体的各项拆迁工作。

在这10个工作组中,拆迁工作组、房屋确权组、房屋评估组和拆迁审核组做了前期的调查工作。

调查结束后,同样参与入户调查的房屋确权组对被拆迁房屋的建筑面积、使用性质进行确权,并填写《被拆迁房屋建筑面积、使用性质确认书》,由拆迁指挥部主要领导成员签章。

之后,拆迁工作组成员再根据自己的调查,以及房屋评估组对被拆迁房屋进行的房地产市场评估,填写《算账清单》,并交由拆迁组负责人签章确认。《算账清单》上详细记录着被拆迁房屋的面积、补偿价格及计算过程。

关键的问题是,该项目开始实施时,拆迁工作组将这些民房统一按照"住宅"性质出具的《算账清单》,遭到了被拆迁户的抵触。

被拆迁户认为,他们自建的大量营业房,虽然当初登记为住宅,但实际上已营业多年,应按商业房补偿,而且这种诉求还有国家"红头文件"予以支持。从此,拆迁工作陷入僵局。

这一僵局成为此次拆迁工作的一个插曲,但就是这一插曲,为刘雪琴后来的遭遇埋下了伏笔。

为了解决上述矛盾,2009年8月7日,开封市拆迁指挥部副指挥长、副市长王学杰在市政府的主持下召开了有关部门、单位参加的专题会议,对包括上述问题在内的拆迁问题进行研究,并形成了"汴城绿[2009]5号"《会议纪要》。

根据该会议后拆迁指挥部做出的《确认书》及《算账清单》,被拆迁户的建筑房屋均被分为"实际用于营业的建筑面积"和"住宅建筑面积"两个主要部分,分别进行确权和计算。

在一份开封市金明区建设局党组成员兼拆迁办主任李兵的叙述中提到,《算账清单》须交给业主(即市园林处委派的代表)审核签字。业主审核签字后,再将这份清单交给市财政评审中心委派的专业人员(即豫泰所工作人员)进行审核确认并签字。

《算账清单》上均有开封市园林处委派的代表李鹏,及豫泰所工作人员刘雪琴的手写签名。

8月7日的会议之后,拆迁工作进行得十分顺利,被拆迁户陆续与开封市园林处签订协议,最终,这11户房产按照商业房的标准进行了补偿,拆迁也得以和谐平稳地继续。

此后,当地还因拆迁工程如期完成举办了庆功会。

祸起古城墙

让刘雪琴没想到的是,这个并没有发生激烈冲突、进展颇为顺利的拆迁项目,却给一辈子跟数字打交道的她惹来了牢狱之灾。

2012年5月4日,开封市龙亭区人民检察院通知刘雪琴接受讯问。

刘雪琴在一份材料中回忆到,检方工作人员在4日当天对她说,"开封市古城墙四期拆迁工程出问题了,关于住宅房按商业房赔偿的情况,有人到市里告状"。"这个事市里很重视,交给我们办,我们也得对市里有个交代。""虽然你没有个人行为,因为是你在补偿结算单签字后支付的拆迁补偿款,给国家造成了100多万元的损失,住房按商业房补偿的责任应该由你负责。"

在这次讯问过程中,刘雪琴并没有认罪,她仅对自己的工作职责、工作内容、工作依据等进行了描述。

然而,两个星期后,刘雪琴的讲述及表现发生了戏剧性的变化。

5月18日,在检察机关对她的讯问过程中,刘雪琴称,"2009年8月、9月期间,我在评审开封市古城墙修复及绿化景观(四期)建设项目拆迁工作时,没有认真把关、审核不严有疏漏,给国家造成了经济损失,涉嫌玩忽职守犯罪。"

在相关侦查工作完成后,10月15日,龙亭区人民检察院以刘雪琴涉嫌玩忽职守罪向龙亭区人民法院提起公诉。

检方认为,2009年接受河南豫泰会计师事务所委派,参与到"开封市古城墙修复及绿化景观(四期)建设项目"拆迁工作中,并负责会计工作的刘雪琴,"因其对工作严重不负责任、不认真履行职责",致使国家遭受了180余万元的"重大损失"。

2012年11月16日,刘雪琴涉嫌玩忽职守一案,在龙亭区人民法院公开开庭。

戏剧性的变化再次出现,开庭前一天,刘雪琴又写下"2012年5月18日讯问过程"的说明,直指龙亭区人民检察院存在诱供的嫌疑。

她在这份说明中说,"5月18日的笔录是不真实的。"

据刘雪琴记录,她是在5月18日上午9点15分被传讯到龙亭区人民检察院的。办案人员告诉她,考虑到她已退休,年龄大了,尽量不要羁押,如果她配合好了,可以给她讲情争取从轻处理,争取判个免予刑事处罚。据刘雪琴讲述,办案人员还向她出示了同样涉案的开封市园林处李鹏的笔录。

刘雪琴在说明中提到,当时的办案人员告诉她只有两条路可走:"一,不好好配合,马上把我关起来;二,积极配合,问什么,我如实回答什么。"

刘雪琴写到,她感觉自己"太冤枉了",可办案人员对她说,"你主要是思想转不过弯,转过弯,你就不觉得冤了。两条路,你好好考虑吧。"

刘雪琴说,到上午11点20分时,她感到害怕,就顺从了办案人员的意愿。办案人员把她带到另一个房间开始录像,她也按照李鹏的笔录承认了指控罪名。

刘雪琴在当天的讯问中自认:"我在审查赵文志等11户共18处房产的拆迁手续时,因为我在工作中没有严格审核、认真把关,没有审查出来登记内容为住宅实际按照商业进行赔偿这一情况,违反了国家规定,给国家造成了经济损失,涉嫌构成玩忽职守罪。"

就在5月17日下午,当时作为开封市园林处代表参与了拆迁项目的李鹏,也已做出了类似的供述。

2012年12月28日,龙亭区人民法院一审判处刘雪琴玩忽职守罪成立。判决书中写道:"被告人刘雪琴犯玩忽职守罪,判处有期徒刑6个月。与此前因犯贪污罪、偷税罪被判处有期徒刑3年缓刑4年实行并罚,决定执行有期徒刑3年。"

这是此前谁也没有想到的结果。

据刘雪琴之子郭华回忆,刘雪琴此前的缓刑"应该是到2009年10月,缓刑期就结束了,谁想到又出了这么一件事"。

二审接案

这样的结果,刘雪琴一家人都不能接受,于是他们开始寻找律师准备二审,也是巧合,这个案子居然是我的一个朋友在与其同事闲聊中揽来的活儿。

原来,刘雪琴的案子判下后,他们家的很多亲戚也都知道了。一次刘雪琴的一位亲戚与我的一个朋友在闲聊中谈起这个案子,说感到很委屈,我那热心的朋友出于同情,说这冤案可以找朱明勇律师,我跟他很熟。

的确,我跟他很熟,当他将这位刘雪琴的亲戚领来找我时,我也真的就没有办法拒绝。

接受案件之后,我进行了大量的调查工作,通过阅卷、会见、与刘雪琴家人座谈以及找到相关证人调查取证和实地走访,我才逐步理清这个案子的来龙去脉。

的确,这个荒唐的案子背景还真有点复杂,如果不是因为在退休后还想靠会计经验赚钱补贴家用,刘雪琴就不会参与到2009年开封古城墙修复和绿化景观工程拆迁工作中。同样,如果不是在这项工作中做了多处签字,如果不是因为曾背负缓刑,她就不会面临3年有期徒刑的判罚。

但不管如何假设,永远都没有如果。

"还自己一个清白"的信念,支撑着她和家人走过了近一年的时间。刘雪琴相信,法律会给她一个公正的判决。

接受这个案子之后,好奇心驱使我去看看这个对刘雪琴来说,惹祸的古老城墙。

前往现场我看到了这个历经沧桑而今又焕发了一线生机的开封古城墙,它与众多名胜古迹一起记录着这里曾经发生的沧桑巨变。

不远处还有一座包公府,包公府边上也会有冤案吗?

古城墙的大梁门下一如往常车水马龙,自大梁门向北,沿西关北街至东京大道一段路东的古城墙下,已是附近市民常散步休闲的公园。而就在4年前,这片公园地上,还有着近20处民宅,也就是本案涉及的一些居民。

接受这起小案子,对我来说压力可不小,这样一起我已经内心确信无罪的案子在我的字典里一定是要打成无罪释放的。而且本案一审刘雪琴的刑期也仅为3年有期徒刑,他们找到我的时候刘雪琴已经在看守所里被羁押了11个月,如果再拖延下去,即便打赢了,也仅是一个名义上的无罪,对不是国家公职人员的当事人来说,除了名誉和赔偿,其实意义并不大。所以我必须想尽一切办法,尽快将她拯救出来。

在看守所会见的时候,刘雪琴还是一副知识分子模样,每一次会见她都特意换好衣服,虽然还是得穿着黄马甲,但是她说,不想让别人看着自己面容憔悴,像个犯罪分子,她确信自己没有罪。

也是知识分子的习惯做法,她在看守所里开始研习法律,自己写了好几本心得体会,还有结合自己案件所写的辩护意见和陈述理由。

这种案子,我把它归结为典型的无罪案子,其实并没有什么好的辩护的方法,就像一个指鹿为马的例子,你很难用什么有效的方法说"这是鹿不是马",当你和控方不在一个语言体系里的时候,传统的辩护往往并没有实质性的意义。对于这类案件的辩护更多的时候就是需要找到背后的原因,法律关系或许根本就不重要,因为当初办理这案子的人心里也跟我们一样清楚,这是无罪的,之所以追诉是因为"需要"。

看着刘雪琴罗列的那么多法律规定、政策文件,我很痛心,我知道这些东西哪一条都不能证明她有罪,但是她不知道没有人会按照她所理解的法律来对她作出评判。

每一次会见,她都会说出一些新的想法,这些想法有时候真的是过于精细,也许只有她这种会计师出身的人才会认真如此。甚至,我想,对于刑事案件,我们还真的需要她这样的一种精细精神。她会把案子里所有涉及的法律、法规、政策依据都找来,并结合自己的案情逐条分析。她似乎认为跟着这样的分析思路就必然得出无罪的结论。

是的,我办理的很多案件的分析过程都是这样做的,也很有效。但是,这样的做法有效的前提一定是案子背后没有非法的干预,否则,再精准的计算,哪怕得到一加一等于二的结果,也不会被法官采信。因为他们在基本良知和常识判断之外还有"领导决定"。这个案子就是一个典型,明明就是一个和谐拆迁的典范,可以大书特书的善政故事,可是,当领导一旦决定需要拿下某人"借头一用"的时候,一切法律都不再有力量。

我不期望这样的案子在我手里维持原判,我也深知在河南开封这样一个古老的地方,二审无罪何其艰难。

鉴于这样的分析,我就期望二审能发回重审,然后撤诉结案,给检察机关一个脸面。

接下来我就与二审主审法官沟通,并提出了我的想法,二审法官是少年庭的副庭长,一位30多岁的年轻女性。在办理这个案子的时候对律师还是非常的客气,特别是对来自外地的律师。每一次前往沟通她都会专门安排时间听取意见,虽然她不会表明自己的观点,但是态度的确和蔼,这样的态度还体现在对待当事人和家属方面,有时候我让当事人家属代为领取开庭通知之类的文书,她从不像有些法官那样故意刁难。

总之,我感到法官对案情应该是熟悉的,至于对案件性质的看法,我觉得她应该有自己的判断,只是不便于对我说而已。因为这么大是大非的问题,对于一个资深法官来讲不会看不明白。

但是我也知道,体制的惯性有时候会冲淡人性的本能和常识的判断。我们所要做的就是激发法官人性之中最基本的公平正义的感知,让他们在错误面前至少可以暂时踌躇不前。

她做到了。

焦点:商业用房的确认

案件的核心问题是,产权登记为"住宅"但实际已用于"商业"的房屋,能否以商业房的标准补偿?

争议源于2009年的开封市古城墙修复和绿化景观工程。2009年7月9日,该项目启动。范围内共需拆迁412户,拆迁房屋总建筑面积7万余平方米。根据工程计划,2009年8月30日前,需完成征地拆迁工作;2009年12月30日前,完成土建施工任务;2010年4月30日前,完成植物栽植任务,整个工程全面竣工。

作为一项民生工程,该项目系开封市的重点项目,但在实施过程中,一开始还是遇到了不少阻力。

范围内有13户拆迁户大部分为临街房,虽产权登记为住宅,但这13户有的租赁给商户经营,有的自己开店经营,办超市、烟酒店、澡堂、旅社等,并且办有合法营业手续。在拆迁时,这些商户认为事实上已用于经营活动的,应按照营业房标准补偿。如果按照住宅标准补偿,被拆迁户抵触情绪大,拆迁一度陷入僵局。住宅用房还是营业性用房两者利益差别较大,以拆迁户姜银凤所得到的补偿为例,她的住宅补偿标准仅为1767元/m^2,而营业性住房的补偿标准则为4525元/m^2。

相关资料显示,因对房屋权证和用途存在异议,该项目拆迁指挥部组织了市产权产籍处、国土资源局、园林处、金明区建设局的工作人员到现场核查,逐户对这13户的房屋实际用途、经营状况、用于营业的面积进行了测量、区分,并制作了书面文件。

该核查结果得到拆迁指挥部加盖公章确认后,由市园林处委托评估公司根据确定的面积和使用性质进行估价,再由业主单位出补偿安置结算通知单,对补偿金、补助费、附属物等各项内容进行细分,最后由会计师事务所负责总价的核算和跟踪审计。

最终,在园林处与拆迁户双方同意认可的前提下,拆迁顺利、和谐进行,双方皆大欢喜。

时任河南豫泰会计师事务所所长刘中斌介绍,早在2009年八九月间,豫泰所接受开封市财政局投资评审中心的委托,负责对该拆迁工程进行全程跟踪审计,该所共指派八九名工作人员或者临聘人员到拆迁工地,刘雪琴这一组的拆迁流程走得最规范。

刘雪琴当时被豫泰所分配在该拆迁工程一个叫马市街的地方工作,这里共有14户村民,刘雪琴经手的拆迁房屋总计11户18处房屋。证据显示,刘雪琴只是豫泰所聘请的"临时工",每天60元的劳动报酬,配合项目负责人做一些辅助性工作。

事实上,刘雪琴2005年因偷税罪被判处有期徒刑3年缓期4年,早被吊销注册会计师资格证,该项目的审计负责人也不是她,根据相关会计法律,刘雪琴根本无权对整个项目进行审计。

检方指控,刘雪琴将拆迁户中的11户产权性质为住宅实际用于经营的房屋,按照营业房进行核算、赔偿,致国家遭受180余万元的重大损失。证据是,拆迁的结算通知单"审核人"一栏有刘雪琴的签名。

问题是,到底应该按照什么标准来确认那些房屋属于"实际用于营业的房屋",进而得出实际用于营业的房屋可以"适当增加赔偿标准"?

但是一审法院并没有在意这样的事实,也没有对这个问题作出评判。

2012年12月,刘雪琴被以玩忽职守罪一审判处有期徒刑6个月的这份判决书中同时还有自相矛盾的表述:"刘雪琴玩忽职守犯罪情节轻微,不需要判处刑罚,可以免予刑事处罚。"一边"免处",一边判处6个月,这样的判决书,让人匪夷所思,刘雪琴提出上诉。

在与二审法官交涉的过程中,我重点提出本案的争议焦点是如何确定商业用房的问题,同时也将发现的一审判决中的这一程序错误,向二审法官提出,并建议她考虑发回重审。

这位女法官也表示注意到了这一问题,说会慎重考虑,等先开完庭再说。

二审开庭

2013年6月14日,开封中院二审开庭,按照庭前了解到的情况,刘雪琴说她唯一的一份有罪供述还是在检察机关的诱供下做出的,这份有罪供述其实也只是一个被告人对自己的主观判断,她在那份笔录里的确说过"自己工作不负责任"这样的话。于是,我就决定申请启动非法证据排除程序。

庭审开始,我就当庭要求启动非法证据排除程序,要求法庭对刘雪琴被诱供形成的"有罪供述"予以排除,出庭的检察人员自然程式化地予以否认。纠缠中,法官建议先开完庭再研究这一问题。

二审中,我就将之前总结的本案焦点,即如何确定营业用房作为突破口,找来了相关的政策和法律规定,试图说服法院在二审直接改判无罪。

根据国务院办公厅于2010年之前下发的《认真做好城镇房屋拆迁工作维护社会稳定的紧急通知》,其中提到:对拆迁范围内产权性质为住宅,但已依法取得营业执照经营性用房的补偿,各地可根据其经营情况、经营年限及纳税等实际情况给予适当补偿。

《开封市城市房屋拆迁管理暂行办法》也规定:经县级以上人民政府有关部门批准改变房屋用途的,以实际用途为准;对于非住宅的认定,还应结合拆迁调查测量时的实际使用现状认定。

这些法律法规和政策性文件,用了"适当"补偿的字眼,那么这个"适当"到底应该按照谁的解释来执行,看来是本案的一个焦点。但是问题其实很简单,这个"适当"讲的是赔偿,那么赔偿不应该是赔偿和被赔偿双方当事人之间的问题吗?双方的问题只有双方达成一致才叫作"适当"。否则一方不同意,达不成协议,何谈"适当"?

开封市拆迁管理处处长陈宝栋在接受检方调查时亦表示,按照开封市的惯例,临街营业房房产登记用途为住宅,实际用于营业的,经过一定的程序确认,可以按照商业性质评估。陈宝栋同时认为,"这样做在原则上是符合文件精神的"。

何为公平、合理?法律本身就很难作出界定,所谓适当补偿,也不可能有一个统一标准。

在本案中,检察机关认为,开封市相关会议纪要也没有针对此拆迁项目如何补偿作出明确的处理意见。对此,我表示不能理解,会议纪要其实与本案完全没有关联,给当事人定罪,隐含的逻辑是可怕的——法律的弹性规定,在现实中,转变成领导的决定,领导说行就行,领导说不行就不行。但是,这涉及定罪量刑,是一个法律问题,不是领导说了算的问题。

一个有意思的话题是,我在调查中还发现,对于刘雪琴的追诉,开封市财政局也出具了书证表达了不同意见,称刘雪琴之所以在部分原房产登记为住宅却按经营房进行补偿的审核栏签字,是因为该通知单上的补偿内容与确权组和评估组提供的情况一致,并符合市政府有关拆迁补偿的政策规定。财政局还称,"我们认为在此事件上,刘雪琴同志的做法,没有不妥"。

这一焦点也引起了二审法官的重视,他们反复核对相关文件后表示会再行调查。

此后,2013年8月5日,开封中院认为该案事实不清,发回龙亭区法院重审。

发回重审再判3年

发回重审之后,已经另行组成的合议庭法官接待了我,我在龙亭区法院继续发表我的无罪辩护意见,但法院并不愿意就案件问题过多沟通,再次开庭时间很短,似乎就是准备好的一次过场。

2013年11月7日,龙亭区法院再次开庭审理此案,不久,再次以玩忽职守罪判处刘雪琴有期徒刑6个月,与撤销的缓刑并罚,执行有期徒刑3年。我们再次上诉到开封中院。

第二次二审

2013年12月26日,刘雪琴再次站在开封市中级人民法院被告席上。

在这次二审法庭上,我再次为刘雪琴进行无罪辩护。

发回重审之后原审法院原封不动再次作出同样判决的例子并不鲜见。但是对于这样明显的无罪案件,发回后继续错判,这是我没有想到的。

不仅如此,本次二审期间,检察机关还进行了补充侦查,庭前,检察院又递交了一批新的资料,以证明刘雪琴有罪,看来形势不容乐观。

既然如此,那么我就顺其思路将这个案子从他们奇怪的理论中杀开一条血路,让他们彻底明白什么叫作"玩忽职守"。

想当年,我在大学教书讲授刑法的时候,对《刑法》第397条非常熟悉,因为这一条的犯罪主体讲的是"国家机关工作人员",这样的规定事实上是对1979年《刑法》所做的修订。1979年《刑法》中关于玩忽职守罪的主体界定讲的是"国家工作人员",1997年《刑法》是对1979年《刑法》在这个罪名上作出了主体限制。但是,不仅很多法科学生对这一点不注意,甚至一些司法工作者对此也没有搞明白,至于那些跟着感觉走的地方行政领导,就更不用指望他们能理解这些法学理论问题了。

但是检察官和法官,我想还是懂的。

谁是国家机关工作人员

我首先从主体辩护开始。我将刘雪琴是否符合玩忽职守罪的主体资格,确定为本案的第一大焦点。控方的逻辑是,刘雪琴是国家机关委托从事公务的人员,应视为国家机关工作人员。而我认为,从立法溯源来看,1979年《刑法》对玩忽职守罪规定的犯罪主体是"国家工作人员",而在1997年修订后,玩忽职守罪的犯罪主体被限定在"国家机关工作人员",其外延得以缩小。

我的主要辩护观点首先是"本案中,开封市财政局投资评审中心系市财政局下属的事业单位,一个事业单位,又委托了一个社会中介机构,这个机构又聘请了一个临时工,这个临时工有没有可能转化成国家机关工作人员?我的结论是这种演化在法律上是完全不可能的"。

另外,检察机关的指控本身就出现了逻辑错误,因为按照检察机关的指控,"刘雪琴是国家机关委托从事公务的人员,应视为国家机关工作人员"这种说法是违背逻辑的。根据刑法关于国家工作人员的界定,对于检察机关所说的"委托"的结果应该得到的结论是"刘雪琴属于国家工作人员"而不是"国家机关工作人员"。这两个主体有"机关"二字之差别,显然不是同一概念,而《刑法》第397条中所界定的犯罪主体明确为"国家机关工作人员"。

有没有玩忽职守的行为

我认为,本案的这些房屋在之前的拆迁程序中,已经进行了确权和评估,刘雪琴要做的事,不过是程序的第三个环节,即根据确权单和评估价格,计算需要补偿给拆迁户多少钱。她在清算单上所谓"审核人"栏目签名,只是对结算的补偿金额是否出错的审核。而事实证明,她是认真负责的,因为她"一个数字也没有算错"。

据豫泰所出具的证言,刘雪琴曾经质疑自己在结算通知单上签名是否合适,并向项目负责人关清和请示汇报,关清和又向刘中斌请示汇报,刘中斌又向委托评审的评审中心主任苑可汇报,最终,关清和回复给刘雪琴的是:"所长说拆迁指挥部有会议纪要,财政局也认可,我们的人员可以签字。"据此,刘雪琴认为自己完全是按照工作程序及时汇报拆迁工作的实际情况,按上级领导的答复办理,不存在玩忽职守。

另一个问题是,本案中,所有的拆迁户与业主园林处都达成了拆迁协议,这是典型的民事主体间的拆迁补偿,哪里来的玩忽职守?

我担心,刘雪琴案的出现将会演变成一个"苦肉计",其他拆迁单位在后续的拆迁过程中,不敢再就类似拆迁诉求做出"适当"的赔偿,反而会继续使拆迁工作陷于僵局。

这种担心其实已经正在变成现实,自从检察院介入调查后,刘中斌的会计师事务所里的审核人员纷纷要求不再搞拆迁补偿审核工作,审核人员即使到了拆迁工地,也不敢签字,"不知道按评估机构的报告确认补偿金额会不会是渎职犯罪"。

在确权过程中,工作人员严格按照登记的房屋性质进行补偿,而不按照房屋的实际用途和国家政策标准"适当"增加赔偿标准,从而遭到被拆迁户的激烈反对,豫泰所关联的拆迁工作,陷入了另一个泥潭。

而对于刘雪琴的身份,检察机关则一直与我进行争论。

检方认为,2009年8月至9月期间,豫泰所接受开封市财政局评审中心和开封市审计局的委托,于是,检方把刘雪琴看作是"受国家机关委托从事公务的人员"。

从一审判决书中可以看出,龙亭区人民法院也采纳了这一对刘雪琴身份的认定。"本院认为,被告人刘雪琴身为受国家机关委托从事公务的人员……"判决书中写道。

我坚持认为,刘雪琴的身份属于"中介机构的临时工","豫泰会计师事务所是受财政投资评审中心委托从事审计业务的社会中介机构,而财政投资评审中心也只是一个事业单位,并不是国家机关。刘雪琴的身份不属于也不可能转化成国家机关工作人员。"

我清楚,一审法院根本就没有搞明白"国家机关工作人员"和"国家工作人员"这两个概念的区别。在整个刑法中,涉及国家机关或国有单位相关的委托,只在贪污罪里出现,也就是说,国家机关或者国有单位委托从事"公务",只有在贪污受贿的情况下,才可以按照国家机关工作人员来对待。但是在《刑法》第397条玩忽职守罪里面,并没有"委托"两个字,也就是说,即便刘雪琴是受财政局委托,直接从事财政工作的"公务",也不能按照第397条中的国家机关工作人员来定罪。何况,刘雪琴既不是受财政局的委托,也不是受财政投资评审中心的委托,而是受豫泰所的委托,她从事的不是国家机关的"公务",而是会计师事务所的"劳务"。

至于刘雪琴签字的意义,2012年7月16日,豫泰所向开封市"两改一建"指挥部汇报情况时称:"刘雪琴之所以在部分被拆迁户原房产登记为住宅,却按经营房进行补偿的《拆迁补偿安置结算通知单》审核栏内签字,是因为该结算通知单上的补偿内容,与确权组和评估组提供的情况一致,并符合市政府有关拆迁补偿的政策规定。我们认为在此事情上,刘雪琴同志的做法没有不妥。"

此外,豫泰所时任所长刘中斌还证实,刘雪琴在签字之前,曾通过当时豫泰所派驻拆迁工程的项目组负责人关清和做过汇报,刘中斌在向财政部门汇报并得到答复后,告诉刘雪琴,只要相关手续完善、数字计算准确就可以签字。

而且,刘雪琴签字的大部分内容,对于豫泰所来说,只是"审计底稿"。也就是说,豫泰所最后出具的审计报告,是以《算账清单》等内容为底稿做出的。而且最终的审计报告,是由刘中斌和关清和二人签字确认的。

刘中斌认为,当时刘雪琴尚不具有会计师资格,因此她无法在最终的审计报告上签字盖章,只能签在审计底稿之上。

我在第二次二审辩护中强调了原来并未作为要点的一些意见:

我提出,即便抛开所有的主体身份、补偿标准等关键因素,只看本案中涉及的拆迁协议,也足以证明本次拆迁工作完全合法。

国家法律有规定,政策也允许,对于拆迁行为,在有协议的情况下,可以按照拆迁协议,而不需要考虑什么规定。因为本案的核心基础法律关系就是拆迁方和被拆迁方的平等民事主体之间的民事法律关系。搞清楚这一基本的法律关系,我们就会明白,一审法院的荒唐在什么地方了。

本案中,从确权、评估、算账及签协议到最后执行,每一个环节都是严格按照国务院的相关政策以及建设部的相关规定来进行的,而且拆迁工作本着实事求是的原则,得到了被拆迁户的支持和配合,拆迁工作得以顺利完成。

我总结说,本来这是值得表彰和推广的工作经验,但是今天却节外生枝出现这样令人难以置信的案件,不管从哪个角度都令人费解。

取保候审　出现转机

二审休庭之后,我申请为刘雪琴办理取保候审,审判长说要向领导汇报。我说:"这个案子一定会是无罪的结果,如果继续羁押,将来国家赔偿就更多,你们的责任也就更大。刘雪琴一个50多岁的女会计,取保候审会有什么社会危害性和人身危险性?还有就是判有罪,维持原判,那么她在监狱里也许通过减刑假释刑期过半,也可能自由了,但是对于原判3年有期徒刑的她,你们实际羁押的时间已经1年了,我不希望继续下去。"

这次谈话不久,我接到了法官的通知,2014年1月6日,刘雪琴被开封中院办理了取保候审,那一天,她走出看守所后第一时间打电话给我表示感谢。

我告诉她,要相信,这个案子一定会是无罪的结果。

但是,取保候审,并不是解决案件的最终结果,既然人已经出来了,那么我也就放开手来准备最后的较量。我一直也在思索,这一"和谐拆迁"案例,缘何成为检方眼里的犯罪案件?其背后有着怎样的拆迁怪圈?

再次发回重审

取保候审之后,法院似乎放慢了审理的速度,这样的等待差不多过了一年时间,2014年11月,开封中院又以原审法院在审理过程中违反诉讼程序为由,将该案发回龙亭区法院重审。

2013年1月1日,新修订的《刑事诉讼法》规定刑事案件不准反复地发回重审,发回重审只准发回一次。我不理解开封中院在新的刑事诉讼法规定之后,为什么还要将这个案子第二次发回重审,这不是明显和法律作对吗?

不过,对于这样的安排开封中院作了一个文字游戏,他将第一次发回重审的理由说成是"事实不清",第二次发回重审的理由是"程序违法"。但是,对于这样掩耳盗铃的做法也真没辙。但是我已经感到,这个案子判不下去了,之所以违法两次发回重审,就意味着他们的思路是协调一审法院和检察院按照撤诉处理。

检察院撤诉　重获自由

第二次发回重审后,我递交了辩护意见,我也知道,这个案子不会开庭了。果然,2014年12月10日,龙亭区检察院以事实、证据有变化为由要求撤回起诉。2015年1月4日,龙亭区法院准予撤诉。

至此,这起荒诞的小案子终于有了结果。

接到撤诉裁定的刘雪琴打来电话,说案子是不是结束了,我告诉她,是结束了,你无罪了。

她又小心翼翼地问道,那我可以到外地打工吗?

我说了句"可以"之后,忽然感到一丝悲凉:这个年过六旬的老人,好端端的注册会计师,有着知识女性典型的贤淑和文雅,在本应是含饴弄孙之时,却被这样荒诞的"罪行"追诉了整整 3 年。而这一切,不过是领导感到上访户的压力,反悔了已经作出的符合法律和政策的对民众的"承诺"而已。

刘雪琴拿着不起诉决定书在法院门口

案发前,她领着每天 60 元的工资,3 年后,她还要外出打工谋生。刘雪琴拿着撤诉文书,一脸茫然,"以前他们就追着我不放,一次又一次地判我刑。这次就只是说事实和证据有变,也没说是什么变化,但也没宣判我无罪,只是由检察院撤销了起诉。"

对这样的无罪结果,刘雪琴依然不能释怀。

不久,刘雪琴又收到了龙亭区检察院的不起诉决定书。

刘雪琴再次打来电话,问是否可以申请国家赔偿。我说法律上没有障碍,如果你还有精力就再告他们吧。

一曲忠诚的悲歌
——交警队长玩忽职守案

三名警察失踪了

2008年春节刚过,一条劲爆的消息在警方内部传开,河南省某县的三名警察失踪了,准确地说他们是逃跑了,因为他们走之前给公安局长留下了一封催人泪下的绝笔信。这无疑是一条重磅新闻,但是这条消息被严密封锁,外界不得而知,更没有人知道这三名警察为何逃跑,又逃到了哪里。

公安局、检察院两家领导紧急磋商,内部请示、汇报也逐级启动,很快消息传到了省检察院和省公安厅。

政法委协调下的会商结果最终是:立即网上通缉三名逃跑的警察;检察院进一步研究涉案警察的案情,务必定性准确,不能出现错误;公安机关调动一切力量做通逃亡警察亲戚朋友、同学的工作,通过一切可能的手段联系上这三名警察,告诉他们一定要相信组织,尽快回来处理问题。

那么这一年到底发生了什么事情,能让三名警察感到恐惧而不得不选择亡命天涯的道路?

案子还得从前一年(2007年)的河南省公安厅实施的"五一护路行动"开始讲起。

五一护路行动

2007年2月,河南省公安厅为了保障全省范围的省道、国道交通安全,下发文件通令全省公安交通管理机关将对全省国道、省道实行24小时的联勤巡逻制度。文件还特别强调在即将到来的五一黄金周期间,各辖区所属的省道和国道必须"白天见警车,夜晚见警灯,路面有警察,违法有人管"。

这个红头文件下发之后,全省各公安机关均纷纷制定具体的落实方案,各地、市也陆续出台了工作计划和值班任务表。

按照传统的工作模式,地市一级下发文件之后,各县区又进一步细化任务,落实到队、所、人。一张庞大的节日道路安全监管网已经拉开。

这种举措现在看来也不失为一种积极的道路执法模式,从更高的意义上讲,这就是一场全网执法的护路运动,是一场造福于民的有实际内容的正能量之秀。

但是就是在这场本可以为河南公安交警加分的活动中却出现了一场意外的"事故",从而导致公安、检察两家机关剑拔弩张,在协调不畅的情况下,公安机关放弃对三名警察的维权,三名当事警察感到一种被抛弃的绝望,最终出现结伴逃亡的悲剧转折。

正因如此,也才引发了一场需要由专业辩护律师出面的救场。

案起午夜执勤

2007年4月底,某县公安局开会部署了五一黄金周的道路执勤方案,副局长亲自挂帅,进一步将本县辖区的国道和省道量化到每一个执勤班组,按照人员多少分配不同的巡逻路段距离。

本案主要当事人向志成所在的治安中队领到的任务是在县城部分的省道执勤,在五一劳动节即将到来的4月28日,作为副队长的向志成再次将任务分配到具体的巡逻组。他自己所带领的一个组负责的是从县城北部的十里庙到城南部的光白路口这一段 11 公里的路段。当天晚上他们加满油、带好装备,按照省公安厅的要求开始了 24 小时不间断的上路巡逻任务。

29 日凌晨 4 点,向志成的巡逻组在巡逻至光白路口准备掉头往回巡逻的时候,忽然听到一阵阵不正常的汽车轰鸣声,凭着多年的交警经验,他判断有可能是严重超载的货车过桥的声音。他意识到这种严重超载的违法行为后果相当严重,于是决定立即停下车,布置路检。

当他安排好另外两名工作人员一个在路边打开警示灯示意停车检查,一个在路中间打开停车闪光牌引导车辆停车时,果然隐约看到一辆大货车闪亮着耀眼的强光飞驰而来,似乎并没有减速的意思。

路边的交警和马路中间的交警不停地示意大货车靠边停车,但是这辆大货车完全没有理会这种示意,丝毫没有靠边减速停下的措施,看来这车是要准备闯关了。

就在这时,这辆大货车后边还有一辆大货车也在快速跟来,看着前边一辆没有减速也没有靠边,后边的车辆就企图从第一辆车的右边违章超车,强行闯关。但是就在那一瞬间,前边的货车又有点靠右的意思,后边的车看这情景忽然又把方向一打,开始从第一辆车的左边超车。说时迟,那时快,就听"轰"的一声巨响,后车追上了前车的尾部。紧接着第二辆车后边还有三辆同行的大货车也停了下来。

看到出了事故,向志成马上一边拨打 120 抢救伤员,一边向公安局指挥中心报告。第一时间,救护车、指挥车、勘察车到达现场,经过紧张抢救,最后发现第二辆车大梁断裂,车上三人一死两伤。

后经过技术勘察,出事两车均严重超载,且超过核定载重量的 1000% 还多。

接下来,交警部门按照交通事故作出事故责任认定书,认定后车负主要责任。在完成伤员救治和后事处理后,保险公司也及时全额赔付了相关各方,事故处理顺利完成,各方表示接受。

神秘的领导批示

这样的事故处理在法律上并没有任何问题,但是在回到家乡许昌不久,所谓的"被害方"在得到全额赔偿后,又写信向有关领导机关控告光山交警的"违法",自然这样的控告并不会产生任何实质性的法律后果。

但是意想不到的是,事过不久,一封来自省里某领导的批示下来了,这份批示到了省检察院,然后一步步下到信阳市检察院,光山交警就此被列入调查对象,自然当事警察向志成等当晚值班的三人立马成了"犯罪嫌疑人"。

尽管有领导批示,一开始,几乎没有人认为在这起事故中交警存在什么责任,在这起事故中交警是按照法律和上级文件执法的,这是在被执法者相互之间发生的一起意外交通事故,并且在这起交通事故中,肇事双方均有严重违法行为,如今事过多日,检察机关却要对交警立案侦查,实在有些令人费解。

当时检察机关也建议公安机关说,既然有人上访和领导批示,那么就前往"被害人"那里再去安抚一下。得到这样的意见之后,光山县公安局交警大队的领导只好前往许昌去慰问"被害人"一方。在公安机关赔了礼、道了歉、给了钱,对方也表示谅解之后,他们回来了,以为这事就这么过去了。

不承想,没几天许昌那边又出状况了,"被害人"方面又不同意了,还要赔偿。无奈之下的光山县交警大队只好再次安排领导带队前往许昌再次赔礼道歉带赔钱,这一次,他们又带回来了"被害人"的谅解文件。

然而又不承想,交警大队长前脚没落地,后边的消息又传来,"被害人"方面还是不满意。并放言"一定要给光山交警点颜色看看"。

背后的运作并未在表面上显露出来,一个肯定的消息是,所谓"被害人"方面是专业的运输业主,长期严重超载运送煤炭途经光山县城,而光山县的交警也的确查处过他们严重超载的违法问题。正如后来勘察得出的结论一样,他们居然将核定载重几顿的货车实际载重超过 10 倍多,即超载 1000% 还多。而且,他们为了抗拒查处,每次都是深夜过境,并且经常组织多辆车一次性连续通过,遇到一两个检查的交警,直接闯关过卡,毫无畏惧。

这种底气的背后来自一种什么力量并不得而知,但是这次事件之后,他们找到了一位在省里担任领导职务的老乡,尽管这老乡已经退出主要领导岗位,但是级别还在,关系还在。在中国这样的一种体制下,他还叫作省领导。于是当老乡遇到"灾难",成了"被害人"的时候,领导的乡情就发挥了作用。一张纸条批示下来,也许表面上看不出什么违法的操作,但是具体的办事人员就会百般揣摩"领导意图"。所以,最终的结果还是检察机关要追究三名警察的刑事责任。

玩忽职守罪立案

接下来的事情就不以公安机关的意志为转移了,检察院反渎职侵权侦查部门立即行动起来,以玩忽职守罪对三名警察立案侦查。后续的日子里,三名警察多次被叫到检察院反复作笔录、整材料。

一个星期下来,案件事实查清。事实上,案件事实早在公安机关第一时间将其作为交通肇事案件调查时就已经查清。检察机关根据这些材料整理出来的无非还是一起交通肇事案,怎么也套不上"玩忽职守"的罪名。至少这些警察是按照省公安厅的要求在午夜坚守岗位的时候发生的事情,除了说明这些警察恪尽职守外,能联想到"玩忽职守"也实在是一种不同寻常的思维。

拘留遇阻

调子定下来以后,检察机关决定对三名警察执行刑事拘留。那天中午,检察院反渎职工作部门的检察官,带着拘留决定书前往公安局抓人,他们找到公安局长,拿出拘留证,表示要对三名警察执行拘留时,平时对检察机关也"很给面子"的公安局长刹那间沉下脸来,说:"根据法律规定,拘留应该由公安机关执行吧!"说完点上一支烟,昂起头来,不再搭理等着抓人的检察官们。

颇为尴尬的检察官做梦也没有想到公安局长竟敢不买账,一名负责人说道:"局长,我们也是执行公务,对公安的兄弟们也没有成见,这案子是上边批示下来的,我们也没办法啊。"然后将拘留决定书放在局长的办公桌上说:"还请局长配合一下。"

此时的公安局长一时怒起,一巴掌拍到桌子上,站起来说了声:"有本事你们自己去抓啊,我怕你们抓得到,带不走!"

火药桶已经燃起,几名检察官没想到公安局长这么大火气,也不便接话,只好悻悻而去。

回到检察院,这几名检察官马上将抓人不到还被羞辱的情况向检察长作了汇报。检察长一听,马上说:"给市检察院汇报,请求上级支持。"

不几天,消息传来,县检察院将案件上交到市检察院,市检察院立马决定直接逮捕三名警察。但是一个法律问题也自然提到桌面上来,就是执行拘留、逮捕必须通过公安机关执行,检察院自己没有执行的权力。

在检察机关与公安机关的关系已经搞僵的情况下,市检察院决定将案件指定异地管辖。

此时的光山县公安局也觉得自己的做法有些过分,在得知市检察院已经痛下决定将此案办成"铁案"时,他们也"认天命"了,表示不再参与该案的协调,也不再向检察院求情了。在此之前,公安机关曾多次向县委、县政府领导,市委、市政府领导汇报此案,希望领导能组织公检两家在主管政法的副市长和政法委主持下"协调下去"。但遗憾的是,最终案子不仅没有协调下去,反而搞得越来越复杂,甚至罪名也几度发生变化。

在几个月的发酵中,所有的人都知道该案是省里"批"下来的,但是谁也没见到省领导的批条原文,因此谁也不敢拍板撤销此案。

潢川县地处淮河之滨,与光山县相邻,多年来,光山县很多案子的异地管辖都会被移送到这里办理。

潢川县公安局接到逮捕决定书后,局长亲自签发了逮捕这三名警察的逮捕证。

意想不到的是,当潢川县公安局的警察开着警车前往光山县公安局抓人时,得到一个可怕的消息是,向志成带着另外两名当事警察消失了。

这个消息光山公安局的领导也并不知情,那天早上,局长上班打开办公室的门发现地上有一封信,这封信就是三名警察写给局长的。在信中他们说道:感谢局长之前为他们所作的努力,但是案子最终没有协调下来,在得知公安局迫于压力之下,已经不再参与案件的协调后,他们感到像一个被抛弃的孩子般无助,也不想再给局长添麻烦了。他们认为为了百姓的安全和社会的稳定,根据法律规定和公安厅的要求,在别人都与家人一起休息、旅游的黄金假日,自己却日夜坚守在狭小的面包车里,鞍马不息,24 小时连轴运转。在依法查处违法行为后,却遭此不休追诉,实在痛心。他们不愿意为此坐牢,只好自己外出谋生。唯愿兄弟们能照顾一下家中的妻儿。

这封信饱含深情的绝笔信，像一把锋利的刀子刺进了公安机关这些一线警察的心里。

潢川县公安局前来抓捕的警察里正好有一位与向志成同批录入公安队伍的大学生，他看到这封信后也内心沉重，不知所措。只是，人跑了，任务无法完成。局长遇到这种情况也是第一次，只好说："你们依法上网通缉吧。"

亡命天涯

带着两位兄弟的向志成没有选择短期的躲避，他做好了长期逃亡的准备。后来的消息得知，他们一口气跑到了广东，在一家不要身份证的小工厂里打工度日。

曾经令人羡慕的人民警察，曾经的中队长，在民工堆里拼命干活，与其他人并没有两样，只是内心痛楚无人诉说。警察的本能让他们知道，这样的逃亡一定会被上网通缉，在打工的日子里，他们不能像普通民工一样随意外出，也不敢与家人保持联系。

在家里，他们所有的亲戚、同学、朋友都被动员出来寻找这几位警察的下落。但是长达数月，音信全无。

陷于僵局的检察院也没有闲着，但是对于追捕逃亡警察的工作毫无进展。显然追捕警察并不是检察官的强项。

人虽然抓不着，但变着手法致人入罪却是他们的拿手好戏。

三易罪名

的确，对这个案子以玩忽职守罪立案在检察机关自己那里就发生了分歧，批准逮捕的决定作出后，案子移送到了审查起诉部门，公诉科的办案人员反复琢磨，总感到定玩忽职守罪太过牵强，于是将罪名改为"滥用职权罪"。这就更有意思了，玩忽职守和滥用职权本来就是一个法条当中的两个罪名，而且这两个罪名的罪状描述完全相反，一个是不负责任，一个是滥负责任；一个是该管的不管，一个是不该管的管了。在同一个检察机关,将一个案子一会确定为玩忽职守犯罪,一会儿又确定为滥用职权犯罪,这的确是在开玩笑!

但是,既定的必须追究刑事责任的尚方宝剑悬在头上,检察机关只能进不能退,他们就在一会儿玩忽职守,一会儿滥用职权的罪名上游移不定,只是按照法定的时间,将案子一步步向下一个环节移送。

审查起诉不久,案件的罪名又改回来了,继续按照玩忽职守罪准备起诉。

但是此时一个不可回避的问题摆上议事日程,被告人没有到案,预定的移送法院的计划无法实施了,没有被告人,法院根本是不会受理这个案子的。

几个月里老死不相往来的检察院和公安局又开始协调了。检察院希望公安机关能想办法将几个警察找回来准备开庭,而公安局则坚持自己不知道人去了哪里,而且异地管辖的案子,自己也不便过问,同时还坚持这几名警察是无罪的。

这样的僵持最终还是需要领导协调,不久在政法委的再度协调下,一个新的方案下来了:"公安机关想办法把人找回来,检察院,不得采取羁押的强制措施,办理取保候审等着法院判决。公安检察双方都不要干预法院审判,不管判有罪还是无罪都要尊重法院的意见。"

这样的协调结果出来后,公安机关商量既然上边定了依靠法院判决调子,那就一定要在法院打赢这场官司。于是乎,请一名好的律师打赢这场恶仗的议题就摆到了议事日程。局长办公会紧急磋商,各路线索汇集而来,有一名副局长想到了我,说跟我关系还好,看看能不能请我来帮助这几个警察辩护。几道关系辗转下来,我只好迎头而上,接下这已经协调了一年而没有结果的案子。

但是我表示被告警察有三个人,我只能给一个人辩护,没想到公安局倒也会算账,说几个人的情况是一样的,请几个律师水平不一样还不如你一个人辩护效果好,反正你就顺便替几个警察一起辩护吧。这样的安排并不符合法律规定,我只好考虑着怎样在法庭上实现一个律师为三个被告人辩护的方略。

亡命归来

接受案件以后,我得会见我的当事人,可是这个案子的有意思之处在于,检察机关并不知道被告人在何处,我就更不用说了。

也许是心灵感应,当我正想着这个问题的时候,有一个消息传来,几名警察有人与家里联系上了,询问案件的进展。我及时与公安局的领导沟通说,这几名警察跑了这么久也不是办法,我认为这个案子可以做无罪辩护,我会尽最大的努力为他们争取无罪的结果,至少要保住他们的公职身份。

公安局的领导问我有没有把握,我说按常理律师是不可以为委托人做这样的承诺的,但是既然你们这么信任我,还托了几层关系找到我,我也就斗胆直言了。我分析说,上级政法委领导不是说了,谁也不准干预法院办案,完全相信法院吗,那么现在是异地管辖,干扰相对会小一点,我认为只要这法官还有点良心我就能说服他判三名警察无罪。我的底线至少是免除处罚,如果达不到这样的效果我就到最高法和最高检去反映这个案子,还会争取媒体的关注和舆论同情,最终一定不会让这几个警察坐牢的。

另外我又提出一个建议,既然跑了,那也不能轻易被抓住,如果几名警察在路上被任何一个地方的关口卡住,就完了。干脆不如将计就计,让家属告知这几名警察找一个就近的信得过的公安局或者检察院投案自首算了。最好是到某一个交警队投案自首,然后在交警队作好笔录和自首认定材料后再通报检察院。这样本来逃跑的事情还可以换来一个投案自首的机会。加上政法委协调的回来后不羁押,那就好好等着开庭吧,即便有罪,那么这个自首也是有意义的。

局长一听这样的方案连声说好,我这就想办法让他们家人尽快联系他们回来。

几天之后,这几名警察在完成投案自首后被公安局领导亲自交到检察院手里,谁知检察院并没有兑现之前的协调会承诺,立马将这三名警察送进了看守所。

这样的举动,让公安机关措手不及,更让他们不好给这几名警察的家人交代。说的好好地回来开庭,不进看守所,但是刚回来第一天就被送进了看守所。这种失信,谁也承受不了,几家人情绪激动又找到公安局要人。

在这般情况下,公安局的领导们也无语了,负责联系我的那位领导只好对我说,朱律师,你都看到了,我们实在是没有办法了,这官司只能赢不能输啊。

我说既然这样,那就上法庭吧,他们有本事"抓",我们就有本事"放"。

案情焦点

  检察院反反复复,罪名变来变去,并非没有收获,他们一开始认为三名警察是工作不负责任导致在检查车辆时发生交通事故。这样的逻辑后来发现演绎不下去,因为他们没有找到这几名警察在节日里半夜坚守岗位怎么就变成了不负责任,怎么就成了"玩忽职守"犯罪。所以,在案子送到公诉部门后,又有人认为,这属于滥用职权,半夜随意查车,导致事故发生。但是研究着研究着他们又发现,根据《中华人民共和国道路交通法》规定,交通警察在发现有违法违规现象时必须"立即予以纠正"。那么他们几个警察在凌晨四点发现有超载1000%多的车辆连续通过重要桥梁时,是该管呢还是该视若不见。这样分析下来,几名警察查车的行为套用滥用职权罪显然也是站不住脚的。

  再后来,检察机关终于在一份公安部《交通警察道路执勤执法工作规范》中找到了一个他们视为法宝的条文,也正是因此,检察机关最终将该案的罪名又改回"玩忽职守罪"。

  被检察机关视为"宝贝"的条文是这样写的:"在公路上设点执勤,应当在距执勤点200米、100米、50米处连续摆放发光或者反光的警告标志、警示灯、减速提示牌、反光锥筒。"据此检察机关认为当晚三名警察在路口查车时并没有按照公安部的规范操作,也就是说没有在被查车辆200米开始,"每隔50米至100米设置一个反光椎筒",也没有"设置引导车道",最终导致事故发生,他们认为,这可不就是"玩忽职守"么。

  但是我发现检察机关这样的法条引用完全是断章取义,他们根本没有考虑到该条款适用的基本前置条件。在这个规范性文件中,该条文指的是"设点检查"应该做到的情形,而本案是"巡逻中检查",并不是"设点"检查。如果不考虑这样的不同,那么一个简单的例子就是,你在大街上看到警察查车都有设置200米远的反光锥筒吗?如果法条是这样要求的,那么每个红绿灯路口岂不是要将马路连起来也不够两百米长的地方用来摆放反光锥筒,任何警察看到有人违章或者肇事逃逸后,岂不是必须先摆好 200 米远的反光锥筒才可以查车,那时候还不知道违法肇事车辆跑到哪儿去了。

这样分析后,我就觉得完全可以说服法官,因为这样的道理是符合实际情况的,我们不能机械地理解法律,更不能故意抛弃前置条件,曲解法律。

一审开庭

既然检察机关把人给抓了,那我就开始与法院沟通尽快开庭。不久该案在潢川县法院开庭审理。审判长是一名年轻女法官,公诉人是两名男性检察官,三名警察身着便装坐在一条排椅上,昔日的公检法在法庭上演变成这般布局,倒也耐人寻味。

由于是异地审判,前来旁听的人并不多。三个被告人也就我一个辩护人,程序上还是要走被告人自己辩护的环节,在质证和辩论的时候我就一并将三名被告拉在一起辩护。

向志成在法庭辩论时发表了一番语重心长的演说,另两名被告人几乎不说话,我的辩护除了严密的法条分析外,重点就是针对法官和检察官阐述基本的常识、道理。我觉得这个案子法律适用很简单,但是在一个已经进入司法怪圈的游戏里,你刻意去解读法理反而不一定能打动人心,有时候反而会越说越说不明白。我就从几名警察恪尽职守、日夜值班,24 小时无休的工作状态讲到所谓的"被害人"一遍又一遍的"敲诈"公安机关,无非就是凭着一个过气的省领导的批示而已。我还从基层公安司法工作人员的种种艰辛,特别是三名警察几个月来寄人篱下,隐瞒身份,提心吊胆,夜不能寐的困境讲到他们在广东的三无工厂里打黑工时还经常被人欺负也不敢吭声的遭遇。从向志成的妻子在大学时代就为了照顾向志成瘫痪在床的父亲而嫁给了他,本指望将来能有幸福的生活,而今丈夫却因夜夜坚守岗位还要遭受身陷囹圄的苦难,讲到公安机关迫于无奈,搭救部属无力,导致三名警察亡命天涯的悲情故事。讲着讲着,我看到被告人中有人流下了眼泪,我感到,再讲下去似乎我自己都不能控制要泪流满面了。

无罪辩护

除了这些煽情的言辞外,我更重要的辩护观点是:

一、本案实质上是一起已经定性的普通交通事故

(一)公安交通管理部门已经认定本案为交通事故

2007年4月29日凌晨4时30分,蔡成义驾驶的豫K30601号自卸货车(前车)与李新军驾驶的豫K31161号自卸货车(后车)在河南省道213线573km+200m处由北向南行驶过程中发生追尾事故。豫K31161号自卸货车追尾撞上豫K30601号自卸货车,导致豫K30601号自卸货车损坏以及该车乘车人崔中华当场死亡。此案经光山县交通警察大队调查,认定属于交通事故,并于2007年5月9日做出了第2007050号交通事故认定书。该认定书在事故形成的原因及当事人的责任或者意外原因中确认:"(1)李新军驾驶超载货车在行驶过程中没有与前车保持安全车距,其行为违反了《中华人民共和国道路交通安全法》第38条、第43条、第48条之规定,其违法行为是该起事故发生的主要原因,应付此次事故的主要责任。(2)蔡成义驾驶超载货车在行驶过程中紧急停车时没有靠右侧停车,其行为违反了《中华人民共和国道路交通安全法》第48条之规定,《中华人民共和国道路交通安全法实施条例》第63条第5款之规定,其违法行为是该事故发生的次要原因,应负该事故发生的次要责任。"通过以上认定可以很清楚地看出本案在性质上属于一起典型的交通事故。事故发生的原因是事故双方存在严重超载、后车没有与前车保持足以采取紧急制动措施的安全距离(《道路交通安全法》第43条规定)等违法行为,事故原因与本案被告人没有任何关系,不存在本案被告人玩忽职守而导致此次事故发生的情形。

(二)本案的交通事故责任认定具有法律效力

对交通事故的责任认定,根据法律规定属于公安交通管理部门的职责范围,也就是说在本案中,究竟谁是真正的责任人应该由有管辖权的公安交通管理部门做出有效认定。此案发生在光山县境内,光山县公安交通管理部门对此案享有管辖权,光山县公安交通管理部门在法定期限内依法定程序作出了事故认定书,并依法对各方当事人进行了送达,同时还依法告知各方当事人所享有的权利,包括对此认定书提起复议的权利。但是当事各方对此责任认定均没有提出任何异议,而且对事故认定书在法定期间内也没有任何一方当事人申请复议。不容置疑,这份事故认定书已经发生了法律效力。

(三)本案真正涉嫌犯罪的是后车的驾驶员李新军

在这起交通事故案件中,是由于豫 K31161 号车严重超载并没有与前车保持安全的行车距离才导致了本案受害人崔中华死亡的结果。公安交通管理部门已经认定该车驾驶员李新军对此事故负主要责任,根据《中华人民共和国刑法》以及最高人民法院的司法解释的规定,交通事故中死亡一人,对事故负主要责任的构成交通肇事罪,那么本案中真正应该负刑事责任的应该是豫 K31161 号车驾驶员李新军。但遗憾的是我们看到今天在这里开庭审理的被告人不是真正的犯罪嫌疑人李新军,而是三个严格按照省公安厅交警总队部署,为了保障节日交通安全,凌晨 4 点还坚守在执勤巡逻线上正当履行职责的交通警察。

二、被告向志成在本案中的行为是正当履行职务

(一)被告按照省、市、县公安交通管理部门关于实行"联勤巡逻制度"的要求开展巡逻工作,其行为属于职务行为

2007 年 2 月 2 日河南省公安厅交通警察总队对全省公安交通警察支队下发了《关于进一步加强公路巡逻勤务工作的通知》,该通知指出:为了加强公路巡逻,强化路面管控,提高"见警率"和"管事率",在"全省国道、省道沿线交警大队在本省辖市辖区内实行联勤巡逻制度","在联勤路段实行 24 小时巡逻执勤,各联勤组要按照支队统一规定的时间、路段、职责上路执勤,做到'白天见警车、晚上见警灯、路面有民警、违法有人管',确保该路段通行秩序良好,交通违法行为明显减少"。信阳市交警支队于 2007 年 2 月 10 日下发了《国道、省道联勤方案》,在此方案中进一步强调"提高路面见警率和民警管事率",通过实行联勤巡逻制度,确保"白天见警车、晚上见警灯、路面有民警、违法有人管"。根据这一方案,光山县交警大队对具体的联勤巡逻工作进行了部署,在《光山县交警大队国道、省道联勤巡逻情况表》中规定了被告人所在的治安中队的联勤巡逻的路段是 213 省道光山槐店至息县彭店,联勤时段是 0:00—12:00,巡逻车号是豫 S0168 警。

2007 年 4 月 29 日凌晨 4 点,被告人所在的治安中队正是根据以上省、市、县公

安交通警察机关的统一部署,在规定的时间段驾驶指定的警车在指定的路段执行联勤巡逻任务。

(二)被告在执行联勤巡逻任务时没有不正当履行职务的行为

2007年4月29日凌晨,被告一行三人驾驶警车由南向北巡逻到省道213光白路口时,看到对面有车辆灯光,并听见有极不正常的汽车引擎轰鸣声,被告人判断是有严重超载的车辆由北向南行驶,于是决定减速将警车停下,开启危险报警闪光灯、通过扩音器责令其停车接受检查并立即派出两名巡逻队员依法按照规定手势动作示意对面车辆减速停车接受检查。巡逻队员在减速指示灯和减速带南面,对面车辆(蔡成义驾驶的豫K30601号自卸货车)在减速指示灯和减速带北面,双方相距有100米左右的距离,对面车辆看到减速指示灯和减速带以及巡逻队员的指挥手势后随即开始减速准备停车。但是在此车尚未停下时,紧跟在该车后面行驶的一辆货车(李新军驾驶的豫K31161号自卸货车)突然向前车前进方向的右边强行超车,当发现右边无法超越时又紧急打正方向,但时间已经来不及,后车径直向前车尾部撞去,发生追尾事故。在事故发生后的调查中证实,发生事故的前车和后车核定载重量为2.99吨,但当时均载重近四十吨,超载十多倍(《道路交通安全法》第92条规定超载30%的就属于严重违法,必须扣留车辆至违法状态消除)。在此过程中被告一行三人的行为是属于在联勤巡逻中发现严重违法车辆,及时指挥违法嫌疑车辆停车接受检查的行为,其执法依据分别是:

《中华人民共和国道路交通安全法》第87条关于"公安机关交通管理部门及其交通警察对道路交通安全违法行为,应当及时纠正";

公安部《交通警察道路执勤执法工作规范》第33条关于"交通警察在道路上执勤执法时发现机动车交通违法行为,应当指挥机动车驾驶人立即靠路边停车,查验驾驶人的驾驶证、行车证、机动车牌照等合法证件以及交通违法信息";

公安部《交通警察道路执勤执法工作规范》第39条关于"对有超载嫌疑的车辆,应当指挥机动车驾驶人立即停车接受检查";

《河南省交通警察执勤执法操作规程》第二节检查违法行为:"一、检查内容(一)……交通警察在道路上执勤、执法时遇到下列情形之一,应当指挥机动车驾驶人立即停车,接受检查和处理:……4.机动车行驶中有明显的非正常现象……6.车辆违反超员、超重、超宽、超高的……"

《河南省交通警察执勤执法操作规程》第二节检查违法行为"二、操作规程……(五)在道路上巡逻执勤……2.临时停车应开启危险报警闪光灯。3.发现有危及行车安全的严重违法行为的,可通过扩音器责令其靠边停车接受检查";

《河南省交通警察执勤执法操作规程》第三节采取强制措施的处理"一、扣留车辆(一)工作流程:拦停违法嫌疑车辆—要求驾驶人熄灭发动机—查验有关证件……(二)适用情形:1.扣留机动车有下列情形之一……(4)公路客运车辆或者货运机动车超载的;……"

从以上法律、规章以及规范性文件中可以看出,被告人的行为是完全符合规定的,因此被告人的行为没有不正确履行职务的情形。

三、被告执行联勤巡逻工作任务不适用公安部《交通警察道路执勤执法工作规范》中关于设点执勤的相关规定

被告案发时的工作性质在第二部分中已经阐述清楚,属于履行联勤巡逻工作制度,因此其在巡逻中对违法车辆的查处应该按照公安部《交通警察道路执勤执法工作规范》中关于巡逻的工作规范操作,不应该按照设点执勤规范操作。

(一) 关于设点执勤

公安部《交通警察道路执勤执法工作规范》中关于在公路上设点执勤"应当在距执勤点200米、100米、50米处连续摆放发光或者反光的警告标志、警示灯、减速提示牌、反光锥筒"的要求是有两个前提,一是"在雾天、雨天、雪天等能见度低或者道路通行条件恶劣的情况下";二是"设点执勤"。本案首先不是发生在"雾天、雨天、雪天等能见度低或者道路通行条件恶劣的背景下";其次也不是在设点执勤的过程中。本案证据中光山县交通警察大队的事故认定书中显示当时天气状况为晴天,众多在场司机的证言中均证实看到警察指挥停车的距离大概有100米。那么多少米属于能见度低,法律没有明文规定,但是我们从《中华人民共和国道路交通安全法实施条例》第46条"机动车行驶中遇有下列情形之一的,最高行驶速度不得超过每小时30千米……(三)遇雾、雨、雪、沙尘、冰雹能见度在50米以内时",可以看出一般能见度在50米以内才被视为能见度低。本案发生时为晴天,证据也显示对方在100米甚至更远就看见警察指挥停车检查,显然当时不属于能见度低;另外案发路段属于省道213线,道路通行条件良好,不属于"通行条件恶劣",因此即使按照该规范关于设点执勤的要求,也不应该执行该规范第10条规定的"应当在距执勤点 200 米、100 米、50 米处连续摆放发光或者反光的警告标志、警示灯、减速提示牌、反光锥筒"。

（二）公诉人混淆了交通警察巡逻过程中发现违法车辆临时停车检查与设置固定点查车行为的本质区别

按照公诉人的逻辑，不管在什么情况下，只要停车就是设点，就应该按照设点检查的规范来操作。从河南省公安交通警察总队制定的《河南省交通警察执勤执法操作规程》中规定的临时设点检查的操作规程可以看出，临时设点也好，长期设点也好，一个根本的问题就是设置的检查点指的是一个区域，有进出口，基本功能是对过往车辆进行检查，不管是否有违法嫌疑均进行检查。之所以要求设置锥形筒也是因为检查车辆多，需要用其隔离出一个检查区域。在这个操作规程中关于设点检查这部分多次用到"检查区域""进出口"等名词，足以表明设点检查执行的是在一个时间段对过往车辆专门进行检查的活动。而巡逻检查是以流动为主并重点对严重违法行为进行纠正查处，两者的功能性质完全不一样。巡逻过程中发现严重违法行为，根据法律规定必须要立即纠正，具体要求是通过扩音器以及派出警员指挥违法车辆停车接受检查。如果将这种行为也视同设点检查，那么从逻辑上也就不存在巡逻之说。因为所有的巡逻只要发现违法就必须停车检查纠正，予以查处。而一旦停车检查就属于设点，就需要在几百米开始设置各种标识，显然这是一种极其荒唐的做法，实践中也是不可能实现的。另一方面，我们也可以设想按照检察机关的逻辑还可以推论出在每一个交通路口，只要有交警发现违法嫌疑车辆指挥停车检查就必须按照设点检查的规定来操作，那么全国范围内在各个路口的交警均无法检查违法车辆，否则就属于玩忽职守。因为交通路口的交警查车比巡逻交警更像设点查车。

四、本案公诉机关忽视了一个重要的基本事实

在案卷材料中有证据显示(后车司机李新军的询问笔录记载)，后车在与前车发生追尾事故前，在距离前车仅有几米距离时，后车大梁突然折断，因为大梁折断导致车辆失去控制，发生追尾事故，进而引起人员死亡的结果。这种原因尽管不一定能解脱后车司机的事故责任，但对被告人来讲，这就变成了一起意外事件。这个证据足以证明被告人的行为与本案受害人死亡的结果无任何关联，所以也就无从谈起被告人没有设置反光锥筒等行为涉嫌构成玩忽职守。

五、被告是对豫 K30601 号车进行检查，而该车并未因为被告的行为发生人员死亡或者财产重大损失

这也是本案公诉人认识上的一个重要误区，因为在这起事故中有人员死亡，所以公诉人就本能地将人员死亡的结果与交警查处违法车辆的行为联系起来。但是，这种联系不是我们认定职务犯罪所要求的法律上的因果关系。正如前面已经阐述清楚的，本案是因为后车追尾，被告不管是否进行巡逻，是否指挥停车检查，都不会改变后车严重超载，以及没有保持与前车安全车距的事实。本案中由于前车也是严重超载，前车也延长了制动距离，这在一定程度上反而减弱了后车追尾撞击的严重程度。事实上前车在事故发生时根本就没有停车，只是减速，而且这种减速并不仅仅是因为被告人指挥示意停车，在现场，离事故发生地几十米的后方（北方）设置有减速警示灯，在事故发生地几米的前方有地面减速带。即使没有交警指挥示意减速，所有经过这里的车辆根据《道路交通安全法》的规定也应该减速。在现场勘察图中以及对事故勘察警察的调查中我们可以看到后车根本就没有采取任何制动措施。

从逻辑上讲，被告是指挥前车减速停车，并没有示意或者指挥后车减速停车，在前车减速时，后车应根据法律规定"保持足以采取紧急制动的安全距离"，如果后车遵守了这一法律强制性规定，不要说前车仅是减速，即便是紧急停车，也不至于发生追尾事故。因此本案的原因十分清楚，责任也非常明确，对被害人崔中华的死亡后果应该由后车司机来承担，被告人的行为并不是导致崔中华死亡的原因。因此被告人的行为与崔中华的死亡没有法律上的因果关系。所以我们认为被告人的行为不符合玩忽职守罪的构成要件。

被告人按照省、市、县公安交通机关的统一部署，在规定时间、规定路段、规定的方式执行联勤巡逻制任务。在巡逻过程中，发现严重违法行为，依法按照规范和操作规程指挥违法车辆减速停车接受检查的行为是完全正当的职务行为，崔中华的死亡是后车司机李新军的严重违法行为导致的，其死亡的结果与被告人的正当执法行为没有法律上的因果关系。被告人的行为不构成玩忽职守罪，被告人是无罪的。

最后我还强调了一点，就是在本案发生后，本来早已经按照法定的程序对事故责任做了认定，当事各方均没有表示异议，对相关损失的赔偿问题各方也依法达成了调解协议,并履行完毕。然而死者家属在案件了结完毕后多次到被告人单位以及上级机关无理取闹,缠诉不休。被告所在单位为了体现人道主义精神,考虑到死者家庭的实际困难多次对其进行了补偿,每次补偿之后死者家属均写出书面材料表示满意,并要求司法机关不要追究被告人的刑事责任。但是每次得到补偿并写出保证之后,死者家属又会掀起新一轮的闹剧。也正是被告单位无原则的对死者家属的仁慈导致了本案在检察机关反反复复地进行。在一个法治社会,作为司法机关最重要的原则是依法办事,不应该因为某些不正常的现象无原则迁就那些无理取闹者,如果这样,即便是满足了他们的个人目的,但是对被告人来讲也是极不公平的。对一个甚至几个无辜的、凌晨4点还坚守在一线工作岗位上的人民警察来说,牺牲他们一生的政治生命换取所谓的表面和谐,也许会酝酿更大的不安定因素。在这起案件中,我们看到的是在道路上24小时不间断巡逻的人民警察,我们看到的是在无人监督的情况下他们依然在自己的岗位上正当履行自己的职责,他们的行为是恪尽职守,而不是玩忽职守。

坐在旁听席上的几位公安局领导听完我的辩护后投来满意的眼神。我看着也基本被我感动得热泪盈眶的女法官,那一刻,我觉得公正有可能会实现了。

最终判决

2008年6月,潢川县人民法院对本案作出一审判决,宣告对三名交警免除处罚。这三名交警也终于可以告别逃亡生涯,重新回到阔别一年之久的家中,回到深情思念的警队中来了。

一场必将载入历史的审判
——南昌大学原校长受贿、挪用公款案

2014年12月,南昌进入冬季最为寒冷的日子,不见冰雪,但依然寒气逼人。

我在北京的办公室里透过窗户向外望去,连绵不断的西部山脉雾气蒙蒙,一片肃杀。

我再一次拿起南昌市中级人民法院开出的"出庭通知",看到"本院将于2014年12月9日在本院一号大法庭公开审理周文斌受贿、挪用公款一案,望你接通知后准时出庭参加诉讼"的字眼儿,在心中预判着这起即将到来的庭审的走向,但是我绝没有想到三个月后这场本应属于寻常的庭审却成为引爆舆论焦点的暴风法庭。现在,回想起来这场横跨两个年度的南昌大审判依旧荡气回肠,惊心动魄。

这是一场在反腐大背景下进行的高官审判,但是却遭遇了来自被告人和辩护人的顽强抗辩;

这是一场预定好的表演式审判,但是原定的三天庭审时间被辩护律师拉长至三个月,实际庭审时间达到24天,创下中国职务犯罪庭审时间最长的纪录;

这是一场从当地官方安排媒体集中污名化报道被告人开始到当地媒体被赶出法庭的戏剧化结局;

这是一场从高官被告人惯性般低头认罪、痛哭流涕求轻判的法庭秀到被告人理性抗争掌握法庭主动权的惊天逆转;

这是一场控方证人出庭怒揭控方刑讯逼供黑幕的司法闹剧;

这是一场人性良知与功利诱惑纠缠不休的审判;

这是一场演绎了刑事诉讼全程细节的教学式审判；

在这场审判中辩护律师四次被赶出法庭，开创了中国律师被驱逐出法庭次数之最；

在这场审判中，被告人自辩四天，创中国被告人自辩之最；

这是一场控辩双方在辩论时被法官隔离的无接触式辩论；

这也是一场法科学生社会实践的入门洗礼课堂；

这是一场法学专家见证司法乱象的饕餮盛宴；

这是一场不仅触及正义与邪恶，而且触及人性与灵魂的审判。

这就是 2014 年年底在南昌市中级人民法院审理的南昌大学原校长周文斌涉嫌受贿、挪用公款案。

有幸的是，我正是这场审判的亲历者、见证者，我是被告人南昌大学原校长周文斌的辩护人。

配得上我的当事人

2014 下半年，我本来不打算受理案件，因为我之前答应出版社的几本书都到了交稿时间。上半年出国访问，下半年就准备安心写书。

但是一位业内朋友给我介绍了这个案子，朋友之托，无法推辞。我就说让当事人家属到我办公室谈谈。

在当事人家属来我办公室之前，这位朋友又打来电话说："这个当事人是南昌大学的校长，是个很不一般的人，他配得上你这样的辩护人。"朋友这样看似调侃般的戏言中又带着些许期盼。

果然，我也就真的被这句话触动了，我想什么样的当事人会被这位同样资深的业界明星称之为"配得上我这样的辩护人"。

不久，这位当事人的妹妹周慧娟来到我的办公室，她一副下岗女工打扮，但是也透出干练和利落，没谈几句话我们就达成辩护协议，她满意地回家了。

后来我知道，这还是她第一次来北京，而且她的确是一位老军工企业的下岗工人（为了她哥哥周文斌的案子提前退休了）。

好在该案之前已经有南昌律师介入,他们也做了很多前期工作。在与南昌两位律师协调的过程中,得到了他们的大力配合,我们也很愉快地进行了相关的沟通和接洽。

交锋在第一次见面　法官不给我起诉书

案子到了南昌市中级人民法院刑事审判第二庭,我按惯例亲自前往递交法律文书。

这个刑事审判第二庭对我来说再熟悉不过了。之前因为另一起称为"桂松案"的案子在这里审理,我是桂松案中桂松担任董事长的被告单位的辩护人。在那场旷日持久的审判中(该案至今尚未结束)我与一帮律师将该案一审的四个罪名打掉了两个,后来一审被判处有期徒刑4年的桂松被取保候审,该案一拖再拖,至今未果。

尽管如此,从一审到二审数次开庭,应该说让南昌法院,甚至整个江西政法系统通过这个"桂松案"彻底清醒了:原来在中国南昌之外还有一批这样的律师,他们可以为了当事人的合法权益舍命抗争,他们的辩护方法完全颠覆了这些法官之前所能想象的模样。常年以来律师在法庭上"恭恭敬敬"的被动的局面在这个案子中荡然无存,法庭上下,我们一路穷追猛打,终于让桂松案从原本的"速决战"变成了"持久战",最终被告人被取保候审,案件至今无限拖延,该案终成南昌中院的一块心病。

不必说,南昌中院刑二庭不可能对我这个尚未发言的辩护人没有了解。

但是,一件让我没能料想到的冲突还真的就在我与周文斌案主审法官的第一次接触中发生了,这真是不是冤家不聚头。

那一天我熟门熟路地前往南昌市中级人民法院刑二庭递交律师事务所公函和委托手续,走进刑二庭办公室,在第一个房间就看见一位老法官用"一指禅"机械地在电脑上敲打着。他正是我要找的周文斌案主审法官,见门开着,我敲了一下门就走到他身边,扫了一眼电脑屏幕,正好上面显示的就是周文斌案的相关内容。我在想,这案子还没有开庭,难道这就在打印判决书了吗?我再一看,这位法官的电脑桌上摆放着一份已经翻到中间的起诉书,老法官一边看这本起诉书一边打着字。

我上前问了句法官您好,我是律师来送交法律文书的。

听闻此言,该法官抬起头来问:"哪个案子的?"我说:"周文斌案。"

说完,老法官抬起头来看看我就说:"周文斌案不是有辩护人了吗?"

"是的,"我说,"法律规定一个被告人可以请两个辩护人,他们家里又请了一个,我就是来递交公函和委托书的。"

老法官抬起头来看了我一眼说:"哪儿的律师啊?"

我说:"北京的。"

老法官看了看我的律师证自言自语道:"还请个北京的律师啊!那你把手续放在这儿吧。"

我随后将相关手续递给老法官,同时说道:"请给我一份起诉书吧。"

谁知,听到这话,老法官头又扭向电脑屏幕说:"起诉书已经给了南昌的那个律师了,你们两个辩护人只能给一份。"

我一听这话就感到很不正常,办案这么多年,还从来没有法院不愿意给辩护人起诉书的,这不给起诉书怎么辩护啊。

我就说:"高法官,我和南昌的律师不是一个事务所的,我们也不是同一个人聘请的,你不给我起诉书,我开庭怎么辩护啊?"

"两个律师就只能给一份起诉书,我们这里一直就是这样办的。"

老法官语气已经很不耐烦了。

遇到这种事情只有较真了,否则,一个辩护人如果连起诉书都没有还谈什么辩护啊。

我说:"法官,你这种说法没道理啊,我是辩护人你为什么不给我起诉书,辩护人有权获得起诉书,这是起码的法定权利啊。"

看我语气硬了起来,这位法官改了一下口气说,"不是不给,我们这里两个律师给一份就够了。你一定要,现在我们这里不够了,检察院给我们就七份。"

我看他还在纠缠着不想给,就说:"既然检察院给了七份,那为什么不给辩护人一份啊。你不给,那我就要投诉你。"

听到投诉,这位老法官站起来叫来了书记员说:"再去给这个律师找一份周文斌案的起诉书。"

很快,这位书记员就拿来了一份起诉书给我。

在离开法院的路上,我心里一直在犯嘀咕,这个案子还真有点奇怪。一是庭尚未开,主审法官似乎心里就"有谱儿"了;二是还不想给辩护人起诉书,那这样的案子开庭不就是走过场吗？有什么意义？

后来的庭审,果然验证了这一切。

庭前新闻发布会

不久,法院通知周文斌案定于 2014 年 12 月 9 日在南昌市中级人民法院第一审判庭开庭,法官还特意强调该案计划开 3 天。

12 月 8 日,南昌市中级人民法院办公室主任在中院会议室召开新闻发布会,向当地媒体通报了周文斌案的基本情况,说是基本情况,其实就是将起诉书主要内容向媒体宣读一遍。新闻发布完了以后,南昌市中级人民法院对前来参加新闻发布会的本地媒体记者的辛苦表达了"慰问"。巧合的是,当天有一位前来申请旁听证的网友跟着一帮媒体记者混进了新闻发布会现场,发布会结束以后,他与那些被邀请来的记者一起领到了那份薄礼。

在庭审之前,法院必须要保证中立的态度,像南昌中院这样,在开庭审理以前将起诉书的主要内容向媒体公开在法律上存在严重问题,起码背离了法院公平、公正的基本要求。因为在开庭前,起诉书仅仅是控方意见,还没有经过法庭调查和辩论,起诉书指控的事实是否成立还有待确认,但是作为一个审判机关,在开庭前这样做显然是有失公正的,甚至在一定意义上讲还涉嫌泄露国家秘密。但是对于这样的做法,倒也形成了一种习惯,似乎也没有人会注意到其违法性和不公正性,更难得有人追究其责任。

同样值得思考的是,假如在开庭前辩护人邀请记者召开新闻发布会,并且仅仅公布辩护方的观点,那么会是什么结果？难说在有些地方这样的辩护人不会被当作犯罪分子抓起来。

大幕拉开　有组织的旁听大会

12月9日,南昌市中级人民法院如期在第一审判大法庭开庭。和一般案件不同的是,该场审判,官方进行了精心的组织,全江西省29所高校的领导被拉来观摩庭审,一种说法就是一场警示教育大会。除了这些校长,在审判庭的前几排旁听席上还分别摆放了人大代表、政协委员的标牌,在第一排更是摆满了媒体的席位。法庭几个方位均架设了电视台的摄像机,摄影记者来回穿梭,甚至可以跑到审判区拍照。

看来,当地已经把这场审判当成了一场精彩的剧目来演,他们预判中这场审判一定可以博人眼球,一定可以轰轰烈烈。法庭外,一辆接送旁听者的大巴车侧面还用红纸写了"休庭后统一就餐"的告示。

被告人周文斌出场

九点整,被告人周文斌身穿黄马甲在两名法警的陪同下从法庭侧门出场,中等身材,留着一头短发的周文斌戴着一副黑框近视眼镜,快步走向法庭中央的被告人席位。

在走向被告人席位的短暂途中,周文斌转眼向旁听席上扫去,一些他的学生、同事、家属纷纷站起来跟他打招呼,周文斌微笑着挥手向旁听席致意。尽管穿着带有显著罪犯色彩的黄马甲,但是他那表情依旧自然从容,丝毫不会让人感到像个囚犯出场。

各方落座完毕,审判长敲响了这场注定不平凡的南昌大审判的第一棒法槌,宣布开庭后,审判长出人意料地首先宣读了一份法院的决定书,该决定书的内容是:鉴于本案开庭前被告人和辩护人向法院递交了非法证据排除申请书,但是法院经研究决定,不启动非法证据排除。说完直接安排由公诉人宣读起诉书。

起诉书宣读完了以后,审判长问被告人周文斌对起诉书有何意见,周文斌站在被告席上抬起头来对着审判席说:"起诉书指控的内容绝大部分不是事实,本案是江西省有史以来最大的一起经济类的冤假错案。"接着他抬起右手按在左胸前,深沉地说道:"我今天在法庭上所讲的每一句话都是真的,我都会负责任。"

审判长要求其简单发表对起诉书指控的看法,他就开始讲到他的案子是受到了原江西省委书记苏荣的打击报复,在江西省纪委的刑讯逼供下形成的。并开始讲述他在2013年5月被江西省纪委双规以后所遭到的刑讯逼供情形。

但是当他一说到纪委双规和有关刑讯逼供的细节时,就会被审判长打断:"不准提纪委的事情。"

而听到审判长反复强调不准提及纪委办案刑讯逼供行为时周文斌就停顿一下问:"为什么不准我提纪委,这个案子就是纪委先介入办的,我是被纪委双规期间遭到残酷的刑讯逼供才做出了有罪供述,这些有罪供述按照法律规定需要进行非法证据排除,因此我申请先启动非法证据排除程序。"

审判长厉声道:"被告人,我开庭之前不是已经宣读过本院的决定吗,本案不启动非法证据排除程序,你没听到吗?不要再就这个问题纠缠了。你还有没有问题?没有问题开始下一个环节!"

听到这里,我感到火候差不多了,就对审判长提出:"审判长,根据刑事诉讼法的规定,被告人和辩护人如果认为本案有证据系非法获取的,可以申请法庭启动非法证据排除程序。刚才被告人依法申请了启动非法证据排除程序并且还提供了相关的证据和线索,其完全符合法律的要求,希望审判长能保证被告人的法定权益,首先依法启动非法证据排除程序,而且法律也规定该程序可以在公诉人宣读完起诉书后进行,现在正好就是这个环节。"

审判长把头转向我,看得出他在试图控制自己的情绪,故意将语气放慢:"辩护人,你是没有听清楚刚才我宣读的决定吗?我已经说过,本案已经决定不启动非法证据排除程序,希望你遵守法庭的安排。"

"法庭的安排应该是依法安排,今天开庭之前,你就宣读了不进行非法证据排除程序的决定,而那个时候被告人还没有提及本案存在非法证据的相关证明和线索,现在,被告人向法庭提供了详细的、具体的自己被刑讯逼供的证据和线索,根据法律规定,应该立即启动非法证据排除程序,这是法律的明文规定,希望审判长能首先启动非法证据排除程序。"

就这样,第一天的庭审因为被告人和辩护人一次又一次申请启动非法证据排除程序被审判长一次又一次驳回而纠缠起来。

非法证据在这个案件中主要就是指被告人的有罪供述和相关证人的"证言"。当我们知道法院不同意证人出庭作证时就明白,如果该案不启动非法证据排除,那么等公诉人念完所谓的各种笔录形式的证据,被告人的罪也就自然被定死了。所以在这样的审判中,我们必须尽一切可能启动非法证据排除程序。

站在被告席上的周文斌表情坚毅、态度淡定,他每一次说完之后就会习惯性地等着审判长来一番磕磕绊绊的"点评",然后再开始继续讲述申请排除非法证据的理由和更多的其被刑讯逼供的细节。

周文斌在法庭上

在这一天里,周文斌断断续续地在与审判长的纠缠中讲到了他被纪委双规期间,曾经遭受了惨无人道的刑讯逼供。

他讲道:"我一个大学教授,科学家,俄罗斯的外籍院士,没有想到会在自己的国家遭受如此残酷的刑讯逼供。我曾经有三次大规模的被刑讯逼供,一次是五天五夜不让睡觉,一次是七天七夜不让睡觉,坐在审讯椅子上,最严重的一次是连续十天十夜不让睡觉,一直站着,两腿肿得像个冬瓜,两条小腿起了很多水泡,腿上的渗水都湿了几捆卫生纸。站的时候,两腿发抖,后来支持不住了,办案的人就说可能要截肢,在两腿出现问题后,办案人员前后叫来四名医生处理腿部伤势,差点两腿被截肢。"周文斌还说:"我脚上的水泡消肿后现在还留有痕迹,还可以看得到印子,我也曾给今天坐在公诉席上的公诉人看过,也还可以鉴定。我希望审判长能准许首先启动非法证据排除程序。"

这样的申请无数次被审判长制止和打断,最终也没有启动非法证据排除程序。但是在这样的反复申请和驳回中,本案审判长所坚守的底线就是坚决不启动非法证据排除程序,只不过在这样不停地抗争中,虽然法庭不启动非法证据排除程序,但是周文斌也基本说清楚了自己被纪委办案人员实施了刑讯逼供的过程。

在这一历史性的审判中,周文斌说指控其受贿两千多万元事实绝大部分是不存在的。所控挪用公款则完全是为了解决大学教职工的住房问题而依合同支付的购房预付款,这一行为使广大教职工都受益了。他强调本案是江西有史以来经济类最大的冤假错案。

旁听群众用车

第一天的审理中,基本上是周文斌对办案人员的控诉。周文斌陈述遭受了残酷的刑讯逼供,办案人员还以抓老婆抓孩子逼其认罪,并讲到办案人员在周文斌被控制期间,要求其无中生有地做出有罪供述,还说如果承认达不到领导的要求就抓其妻子。周文斌说妻子刚做完心脏手术不久,她也不知道什么事情,抓她恐怕不合适,办案人员说:"我们已经咨询了医生,医生说死不了。"

一整天的庭审中,每当周文斌讲到被刑讯逼供的时候,有时候还未等审判长制止,南昌市检察院的两名女性公诉人也会轮番喝止。

工科背景的质证逻辑

经过第一天的审理,案件明显已经完全不能按照南昌中院的预定方案进行下去,周文斌开口就要讲刑讯逼供的事情,审判长和公诉人一听其提及刑讯逼供就像触电了一样,条件反射般予以制止。

庭审已然进入白热化状态,四名公诉人,两男两女,一样的年轻,稚嫩的脸上带着茫然的斗志。有意思的是,在连续两天的庭审中检方两男公诉人一言未发,两女公诉人则轮番抢答,下午女公诉人不顾审判长反复制止,强行发言。

周文斌则曝出惊人内幕:苏荣在离开江西前最后一天决定拿周文斌开刀,是因为周文斌和南昌大学为了南昌大学利益拒绝了苏荣要求收购港资巨亏医院要求,而该外资医院为苏荣老乡引进项目。

同时周文斌还提及对他双规期间,也并不仅仅只有纪委工作人员参与办案,在后期,还出现检察机关在纪委双规点与纪委共同参与了十几天的调查,此期间检察机关对周文斌进行了讯问,但是并没有出示任何法律手续。

鉴于这种情况,我提出,审判长多次以参与刑讯逼供的办案单位是纪委而不是检察机关为由拒绝启动非法证据排除程序,那么现在有证据证明检察机关也是参与了双规期间纪委对周文斌的调查,显然检察机关的调查应纳入法庭合法性审查的范围。于是我再次申请启动非法证据排除程序。

说到纪委和检察机关的违法办案情况,公诉方第一公诉人,一位毕业于南昌大学的女子立马语气高亢地强调说辩护人这是在攻击我们的党政机关。

12月10日是一个不同寻常的日子,这一天对于周文斌来讲意义非同寻常。一方面他作为一名曾经的党的高级干部,在被审判之际他并没有像一些高官那样对所有指控全部认罪,并且痛哭流涕地请求组织留命一条,反而选择了顽强抗争,试图用各种合理合法的方法在法庭上来为自己辩护。他不知道他在法庭上揭露自己遭受刑讯逼供的这一天正是国际人权日;另一方面不同寻常的事情是,当他在法庭上受审的时候,这一天他年仅24岁的儿子也正在美国接受博士论文的答辩,并顺利通过,获得博士学位。

异常激烈的庭审艰难地推进着,旁听席上的观众也慢慢听明白了这起"警示教育"案的背景之复杂。

当天,网上就开始出现了"今天审判场面几度差点失控,全场居然有为周文斌鼓掌叫好的"这样的评论。

在一边揭露刑讯逼供的同时,周文斌还以自己工科背景运用科学知识和理论来阐述他的观点,论证人是有极限的,当人的精神和肉体达到一定的极限的时候,人的抗压力为零,要什么样的口供都会得到。

在整个庭审质证环节,周文斌对公诉方出示的证据逐一进行了质证,其质证方法别出心裁,与我们之前所遇到的被告人均不相同。从他的质证方法可以看出,它不是简单的几句话进行认可或者反驳式的质疑,而是将其理工科背景的严谨缜密的逻辑思维和说理方法运用得淋漓尽致,其语言之生动也给众多旁听者留下了深刻印象。

一、高压锅理论

周文斌认为刑讯逼供就像高压锅,当压力达到一定的程度就会爆炸,所以当高压锅的压力达到一定程度就需要找排气口,这样才不至于爆炸。人也是一样,当刑讯逼供的压力达到难以承受的时候,也需要找排气口,那就是编造有罪的证据达到办案人员的要求,否则人也会"爆炸"的。

二、屈服点理论

在讲到纪委对其刑讯逼供后案件移送到检察院,检察院没有继续对其刑讯逼供他也依然会按照在纪委刑讯逼供下所交代的虚假供述继续供述的原因时,他认为自己曾经被刑讯逼供达到了"屈服点"。也就是说,他曾经被折磨得屈服过了。他说,在材料科学中有一个概念叫作"屈服点",说的是任何材料都有一个"屈服点",当材料受到外力到一定的程度,达到某个材料的"屈服点"时,该材料的抗压性就为"零",就会折断。人也是一样,当外界的压力达到一定的时候,人就会"屈服",当一个人被外力压制超过"屈服点"后,以后即便不施加压力他也不再具有抗压能力了,因为这个人的抗压性在之前达到"屈服点"后已经为"零"。所以,对刑讯逼供获得的证据全部都应该进行排除,而不能理解为后来没有刑讯逼供所作的供述不予以排除。

周文斌的这种理论其实在法学领域也在讨论,法学界关注的"刑讯逼供后的相似供述的排除问题"其实也就是周文斌所阐述的问题。只是周文斌的这种论述方法更容易让人理解,怎么才能排除刑讯逼供产生的有罪供述问题。

非法证据排除程序难启动

三天庭审中几乎就是周文斌在陈述办案人员对其刑讯逼供、威胁、诱供、指供,并以抓其妻子、儿子要挟其作出不实供述的过程。

我作为辩护人主要就是根据周文斌提供的线索申请法庭启动非法证据排除程序。

而审判长的主要工作就是在不停地制止被告人和辩护人的发言,公诉人则不失时机地把各种大帽子扣在辩护人头上,甚至忘记法庭上的指挥权在审判长。

11日上午庭审一开始,在前一日抢着发言并不顾审判长制止的一位女公诉人首先就前一日的行为向审判长作了道歉。我分析,她一定是回去后受到了检察长的批评了。

三天过去了,案子刚刚完成公诉人和辩护人发问环节,也就是说真正的审理阶段(质证和辩论)还没开始。

至此,南昌中院的计划注定已经落空了。的确,案子开庭之前,我们针对法院预定的三天开完的方案就提出了质疑。本案指控被告人受贿两千多万元,挪用公款五千多万元,多达上百起事实,案卷70多本,且不说要一一质证,哪怕是将证据在法庭上翻一遍也不可能完成,还有控辩双方的质证和辩护,怎么说这都让人感到这是一场"审判秀"。所以,针对这样既定的"审判秀",我们的计划就是打乱他们的计划。否则,在一场已经预定的表演式审判模式下,按照法院既定的计划表演完,其实当事人的权利也就完了,同样律师的辩护价值也自然归零了。

至下午休庭时刚完成公诉人讯问和辩护人发问环节,70多本案卷一直被绑在两辆小推车上尚未启封。

一、媒体轰炸

开庭三天以来,江西当地媒体狂轰滥炸,根据起诉书和一些传闻,对周文斌进行了大规模的抹黑式报道。在这些报道中,只字不提被告人和辩护人的任何辩解和辩护观点，全文照搬起诉书。不仅如此，媒体还大肆渲染周文斌有"6个情人"等花边新闻。而事实上在全部案卷中，我们也没有看到哪里有"6个情人"的证据。甚至一家媒体还将一个名字像女性的男子"秦旭华"报道为周文斌的情人，也不知从哪里嫁接上了周文斌给这位"情人"投资搞直升机的故事。后来该篇报道还被全国众多媒体转载。

这样的片面报道对于一个处于被控地位的当事人来说是极为不利的一种舆论导向，这种对于媒体的操控我们的确无能为力。

但是，这种情形在第三天后有了点变化。这一天，除了江西媒体的通稿报道外，第一次出现了外地媒体关于周文斌案的报道，该篇报道比较客观地报道了庭审的真实情况，也让更多的人开始注意到这个案子中隐藏的错综复杂的政治背景。

澎湃新闻当天关于周文斌案的报道：

南昌大学校长案庭上自曝被查系苏荣报复

12月11日，南昌大学原校长周文斌案在南昌市中级人民法院继续开庭审理。

在12月10日的庭审过程中，被告人周文斌自曝惊人内幕，称自己被调查，系全国政协原副主席苏荣在江西省委书记任上时的报复。

对于检方指控其受贿两千多万元和挪用公款近六千万元，周文斌几乎全部否认，并自我总结称，"这是江西省有史以来，最大的一起经济类的冤假错案"。

目前，本案仍在审理中，对于周文斌的自曝内容，法庭尚未有定论。

被控两宗罪

公开资料显示，周文斌是湖南衡阳人，1960年10月出生，曾任南昌大学党委副书记、校长，是江西省历史上最年轻的大学校长。履历显示，这一时期，周文斌负责并领导了该校新校区建设。2013年5月9日，因涉嫌严重违纪接受调查。

随后，江西省公安厅以涉嫌受贿罪为由，将周文斌刑拘。

2014年9月22日，南昌市人民检察院以受贿罪和挪用公款罪为由对周文斌提起公诉。

起诉书称,周文斌在担任华东地质学院(后更名为华东理工大学)党委副书记、院长、南昌大学党委副书记、校长期间,非法收受他人所送人民币2261.8万元、港币30万元、美元1万元、韩元90万元、购物卡2.4万元、卡地亚手表一块(价值3.86万元)、iPad mini平板电脑一部(价值0.2万元)。

此外,起诉书还称,2003年4月至2004年7月,周文斌曾主导了南昌大学教职工团购房项目。其间,他两次个人决定挪用南昌大学公款人民币5875万元供他人进行营利活动。

自称江西最大经济类冤假错案

2014年12月9日,南昌大学原校长周文斌受贿、挪用公款案在南昌市中级人民法院开庭审理。

周文斌的代理律师朱明勇告诉澎湃新闻,公诉人宣读完起诉书后,周文斌当场否认了检察机关的大部分指控。

他指出,学校二级机构送的钱属于学校相关部门发放的奖金和福利,不构成贿赂。他只承认曾收过10万元港币和一块手表,检察院指控受贿两千多万元绝大部分不存在。

此外,他还称,检察院所控挪用公款一事,是为了解决大学教职工的住房问题而依合同支付的购房预付款,这一行为让广大教职工集体受益,并受到社会各界的好评。在资金到位后,他立即就将所借的钱悉数归还。

最后,周文斌总结道,"这是江西省有史以来,最大的一起经济类的冤假错案"。

庭上自曝被查系苏荣报复

在12月10日的庭审现场,周文斌称,他之所以被调查,缘于原江西省委书记苏荣的报复行为。

他说,在苏荣主政期间,曾引进了南昌中寰医院这一港资医院。然而,医院建成后却亏损严重。苏荣曾打电话给周文斌,要求周让南昌大学收购该医院。周与南昌大学附属医院沟通后,一致认为该医院难以经营,拒绝了苏荣的这一要求。

在调离江西的前一天,苏荣再次提出让周托管南昌中寰医院,周再次拒绝。随后,苏荣提出,让周自行辞去南昌大学校长职务,前往江西师范大学或江西财经大学担任党委书记。周文斌说可以辞去南昌大学党委书记一职,但希望留任校长一职。苏荣对此表示不满。

周文斌认为,他的这一系列举措可能得罪了苏荣。苏荣在调离江西前,要求江西纪委对周文斌启动调查。3月19日开始,本案行贿人陆续被抓。次日,苏荣不再兼任江西省委书记、常委、委员职务。

苏荣2013年上调担任全国政协副主席。2014年6月,中纪委网站发布消息,称苏荣涉嫌严重违纪违法,接受组织调查。

有罪供述缘于刑讯逼供?

在庭审现场,周文斌还称,江西省纪委在没有出示任何证件和法律手续的情况下,将他羁押了140天。其间,他遭到了刑讯逼供和威胁恐吓。

他说,自己曾被罚连续站立10天,不准睡觉,也不准坐下。长时间的站立让他的脚长满了水泡,两腿间出现大面积"渗水"现象。办案人员曾安排四名医生治疗,目前他的腿上仍留有水泡出水后形成的损伤痕迹。

他还说,纪委工作人员以抓他的家人为由要挟他做有罪供述,并对他不是党员的妻子实施"双规",同时安排他从百叶窗中观看他的妻子被带走的场景。

在这样的情况下,周文斌承认了受贿的事实。他说,由于受贿行为并不存在,他的所有账号均无法查到赃款,纪委工作人员就让他供述称将贿金还给了相关行贿人。

庭审过程中,审判长称本案不启动非法证据排除程序,并数次打断周的陈述,一度引起辩护人的当庭抗议。

三天的庭审引爆的不仅有公检法的领导、各路媒体记者的眼球,各大专院校的老师和学生及一批年轻的律师也颇有收获。

我注意到一位听了三天庭审的实习律师在微信公号里发表了一篇文章,题为:刑辩需要火种。这篇笔记真实地反映了一位刚刚入世的法律学子对于一起审判的观察而引发的现实思考。

在这篇文章里,他曾写道:

今日澎湃新闻的新闻标题"南昌大学原校长周文斌案开庭,自称系苏荣报复导致的冤假错案"已经足够震撼！看完后，直观的冲击又是来自于外地媒体，本地媒体噤若寒蝉，不敢发声。法律需要传播，庭审更需要公开，守得住分寸，怕人记录是为何？

庭审的时候，周文斌还是穿着那件显眼的黄马甲。

在场的旁听观众纷纷表示，周文斌家属请的律师很厉害。

作为辩护人，没有胡搅蛮缠式的死磕到底，而是依据法律赋予辩护人的正当权利进行抗争，这种做法如果说还不可取，那就真的是要陷入刑辩的绝境了。

旁听周文斌案是一次绝好的学习机会，江西律师界太需要改变了！

当律师界都以"著名刑事律师"称呼朱明勇律师的时候，对他的尊重配得上这样的称号。

刑事辩护它就是个赚"人"的职业，它有理由值得人们去尊重，并且应该被尊重！

刑辩的希望，最大的希望，就是给年轻人想做刑辩律师的希望。

刑辩的火种需要培育，敢言敢辩的辩护精神更需要传承。学会保护自己的同时，在最大的尺度内去抗争。沉默，对律师而言，是最没有分量的词！

这篇旁听者日记从一个侧面反映了这个庭审的艰难和激烈，以及这场审判带给一个刚入门的法律人的震撼和思考。

二、休庭三天

2014年12月14日，周文斌案已经无法按照预定的计划审理完毕，法院安排休庭三天。

我也正好借此时机休整一下，正在此时，另一个广为社会关注的呼格吉勒图案将要迎来新的变化，14日，呼格吉勒图父母发布了一条消息说："今天下午4点接到了内蒙古高院相关人员的电话，12月15日内蒙古高院送达呼格吉勒图案的再审裁判结果。"

的确，这也是一个让人们期待已久的消息，我们将迎来一个见证历史的时刻。刚看到这条消息不久，腾讯新闻记者就打来电话，说他们将现场直播内蒙古高院送达再审判决书场景，并邀请我在15日上午八点半，该案可能宣告无罪时发表即时评论。

这些冤案的平反,对当下的法治环境来说总体上还是一种利好消息,特别是对于那些正在审理的存在冤情的案件就显得更有意义。关于呼格吉勒图案件,之前我也曾预言将会在2014年年底前必然启动再审,且再审一定会改判无罪,这种预判看来将要在一天后得到见证。

限制旁听　要求公布审委会名单被拒绝

与我们所有人的期望一样,早上八点半,内蒙古传来消息说呼格吉勒图案得以平反,再审改判无罪。我也在第一时间赶在周文斌案开庭之前发表了一篇评论文章:《宣告无罪,我们无法欢呼雀跃》。

我写道,宣告无罪,我们无法欢呼雀跃。因为我们等待太久了,十九年前他们知道是冤案,九年前全国人民知道是冤案,而一种力量总在阻碍真相到来。如果司法官员有一丝良知和底线,如果他们对法律有一丝敬畏,对生命有一丝珍视,一切悲剧都不会发生。

总有一种力量让我们泪流满面,那力量是邪恶!

内蒙古高院宣告呼格吉勒图无罪,虽有对生命的敬畏,虽有对正义的期待,当这个盼望已久的结果出现时,人们已无法欢呼。悼念这个孩子吧!他用自己陨落在司法枪口下已经无法挽回的生命帮我们救赎司法。

上午十点,在全国媒体的目光聚焦于内蒙古的时候,周文斌案继续在南昌开庭。

在休庭三天之后,出现了新的状况,法院开始限制旁听。一大早,南昌大学、江西师范大学、江西财经大学等院校前来旁听的学生及部分群众被挡在法庭大门外,但是他们在小雨中顶着风还在坚持排队等待。

在我进入法庭的时候他们纷纷向我提出请求给他们一个旁听的机会,有的说已经排了几个小时的队了,但是得到的通知是领不到旁听证。

针对这一情况,开庭前我向审判长提出,本案是公开审理的案件,现在有大批学生和群众在法庭门口被法警拒绝进入法庭旁听,而法庭里面还空着很多座位,这样显然是不妥当的,也违反了最高人民法院关于司法公开的规定,希望审判长注意这一问题,并在解决旁听问题后再开庭。

审判长则解释关于旁听问题是法院决定的而不是法庭决定的,我提醒审判长这是公开审理的案子,应该按照最高院《关于司法公开的六项规定》允许旁听。

第四天的庭审中我还提出鉴于本案案情重大,从媒体报道和法院庭审安排以及起诉指控的内容均可以看出,这么重大的案子有可能需要在庭审结束后进入审判委员会研究程序,但是开庭几天了,辩护人多次请求审判长告知该院审判委员会成员,以便行使知情权,特别是有可能需要申请回避的权利,但是审判长一直拒绝告知,也没有表示本案一定不需要向审判委员会请示汇报,并最终经过审判委员会研究决定。那么,如果将来这个案子的判决书上出现了经审委会研究决定的字样,将是一个无法弥补的重大程序错误。但是我的这一申请,与前几次一样依旧在被审判长警告后不了了之。

庭审第四天,因为旁听问题和申请告知审委会名单的问题我连续被警告三次。

当天的微博上有学生针对限制旁听问题发出"说明局势已经不可控了"的感慨。

"下了课几个同学本来想过来,遇到被拒回来的学弟学妹,给老师打电话表示也无法带我们进去,真是失望。"

"有同学说早上6点钟到法院,但没拿到旁听证。"

这天上午,在我和审判长就关于公开旁听的问题进行讨论时,周文斌插话说:"审判长就像老师,不能违法,希望不要把学生教坏了。"

庭审在继续,关于限制旁听的话题继续在网上发酵。

"在外面苦等了几个小时,被一句人满了给拒绝了,在公正之地受了不公正的待遇!"

"都不让进,害得我在寒风凛冽中站了一上午。下午还是托关系进去的。为什么要这样,我有身份证,学生证,我是公民,为啥不让进?"

想到本案开庭第一天,官方组织各大学校长、人大代表、政协委员、媒体记者轰轰烈烈地旁听,而仅仅开庭四天就开始限制旁听,这到底是要搞哪样,我也不明白了。

但是我知道公开审理的案件公民有旁听的权利,这是法律明文规定的,如果这样的基本权利都不能保障,那么当事人的权利还能得到保障吗?

公诉人的人身攻击

四名公诉人中有两名女性,年龄并不大,一位是南昌大学的研究生毕业,另一位据说是北京大学毕业的,而且还是在刚刚闭幕的南昌市律师检察官辩论大赛中获得最佳辩手奖的美女。

这位北大毕业的最佳辩手其实并不是南昌市检察院的,而是来自一个基层检察院。在之前的庭审中,我和另外一名辩护人就针对公诉人身份的合法性问题提出质疑,并提出鉴于一位公诉人是南昌大学毕业的学生,还曾在南昌大学工作过一段时间,与当时作为其上级领导的周文斌存在特殊关联,并且其在庭审时已经表现出高度的情绪化,她明确表示对于起诉周文斌感到心情复杂和悲哀,申请她回避。同时对另一位本不是南昌市检察院的检察官而坐在南昌市中级人民法院审理案件的公诉席上不符合法律规定,也应该予以回避。但是这些回避申请均被审判长越俎代庖地制止和驳回。

不承想当我们说完申请公诉人回避时,那位被我们质疑身份的女检察官不仅不回应回避这个问题,反而昂起头来自豪地说:"我很荣幸受检察长的委托出庭公诉。"我不知道她怎么突然会在法庭上说出这番话来。

一天的庭审质证,我和我的当事人周文斌分别运用形式逻辑、数理逻辑和概率论的知识逐一撕下系列伪证的画皮,我们从理、据、节上彻底击溃了公诉方的证据体系,但是公诉人并不回应这些质证意见,改为进行直接的人身攻击。

也许是之前受到审判长的支持,公诉席上的两位女子显得格外来劲,最年轻的那位北大毕业的女公诉人几次说辩护人的质证意见是表演,是作秀,更为离谱的是她居然还说辩护人是吃黑饭的,并指责辩护人发言是大放厥词。

对这些已经明显属于人身攻击的话语,审判长并未制止。而我则阐明在这个法庭上之所以我和我的当事人用形式逻辑、数理逻辑、概率论、IT技术、电器工程等知识点来证明问题,就是希望法庭能理性平静地听明白,从而知道伪证是可以用科学方法来证伪的,但是我一说话竟然又遭到审判长的警告。

开庭以来,我记不得我被警告的次数了,似乎我一开口就会被警告。

这一场景被实名注册为南昌理工政法学院董文超的微博作了这样的评价："对我来说,公检法一直是我最向往的地方,可今天看到代表国家检察机关的公诉人是这种素质,而审判长是这样偏袒强势,甚至出现了好多连我们学生都知道的法律常识性错误,公检法机关是这样的素质,我真的很失望。"

的确,多年以来,检察机关的大练兵活动特别注重辩论赛,我也曾在给一些检察院讲课时强调:不要再搞什么辩论赛,要让我们的检察官学会证明,而不是狡辩。公诉案件要以理服人,喊口号式公诉不仅遭人反感,而且也没有说服力。法庭辩论不是辩论赛,最需要的是理性严谨的论证。

第一次被赶出法庭

17日下午,公诉人在法庭调查环节出示证据时,未做任何说明和解释直接当庭播放了一份庭前并未提交给法庭的视频资料,以证明周文斌在某个时间点在国内有受贿的时间和空间。

尽管这样的一份资料对于证明周文斌是否受贿没有任何直接的意义,但是根据刑事诉讼法的规定,当公诉人出示庭前未提交的证据时,应该首先征得审判长的许可,并解释要证明的内容,在审判长同意后才可以出示。但是这一次公诉人和法庭显然是私下已经商量好了的证据突袭,因为公诉人在未作任何解释和说明的时候,她们的电脑早已经接上了法院的投影仪,如果事前不跟法院商量显然是无法做到这一点的。

对于这种突发情况,我的第一反应是,必须休庭,避免被动。因为刑诉法和最高院的司法解释都规定在这种情形出现后,如果辩护人要求给予准备辩护的时间,法院可以休庭给辩护人准备辩护的时间。所以我马上提出该资料公诉人未在庭前提交给法院,法官和辩护人之前均未能获取,根据法律规定,申请休庭,给辩护人准备辩护时间。

但是,奇怪的事情又发生了,审判长刚听到我的申请,就开始拿起书本翻阅法条,看后他说:"辩护人申请休庭有法律依据,我们研究一下。"

但是,他们的研究结果居然是认为公诉人刚刚播放的视频资料不属于新证据,是属于"补强证据"。

对于这种令人哭笑不得的说辞,我向法庭提出:"补强证据是讲证据的证明力大小问题,新证据是指证据出现的时间先后问题,这是两个不同的概念,也是逻辑学上根据两种不同的分类标准分出来的不同类别,审判长是混淆了概念。"

我坚持申请审判长休庭给予辩护人准备辩护的时间,但是审判长坚持他不休庭继续审理的决定。我觉得这是一个原则问题,也是一个明文规定的法条能不能在法庭上实现的问题。我再次坚持请审判长休庭,但是审判长已经不再搭理我,转身向公诉人说:"公诉人继续出示证据。"

那一刻我真的怒了,"啪"的一声,一巴掌拍在桌子上,坚定地表示"必须休庭"。

听到我拍了桌子,审判长又回过头来像小孩子吵架一样说:"你拍桌子是不是,你再拍一下。"

我看审判长这表情就知道他可能也要动怒了,于是我接着他的话茬说:"我不拍了。"

但为时已晚,审判长一声令下:"法警,将辩护人带出法庭冷静十分钟。"

话音刚落,几名法警就来到我的辩护席前,将我带离法庭。

这是我在南昌中院第一次被赶出法庭,也是我执业 20 多年来第一次被赶出法庭,此时此景,百感交集。

但是,我没有想到的是在此后的庭审中,我居然又被这个审判长连续三次让法警拖出法庭。这样,我在南昌中院创下了一个案子四次被赶出法庭的纪录,这个纪录不仅是我个人的纪录,也是中国律师执业史上的纪录。此后不久,最高法院院长周强还曾为这件事在全国高级法院院长会上对将律师走出法庭的做法提出批评。

很多旁听的学生看到我被法警带出法庭,在下边表示了强烈的抗议,我看到有个学生举起拳头喊道:"走,我们不看了!这是什么法庭。"一群学生模样的人开始离场了,有的学生看到那种场面都哭了。

我的这次被赶出法庭,引起了业界普遍关注,有人评论说,在中国,不被驱逐几次似乎都不好意思说自己是一个真正的刑辩律师。著名的杨学林律师则表示:朱明勇是中国最优秀的刑辩律师,竟然也遭此厄运。呜呼哀哉!

有意思的是,这一次审判长将我赶出法庭,用的是"带出法庭冷静十分钟",而不是"驱逐"。我真不知道他葫芦里卖的是什么药。我被带出法庭后,审判长也顺势休庭。

我和我的当事人周文斌一个在羁押室门里,一个在门外。周文斌被带下来走过我身边的时候微笑着望了我一眼,我向他点了下头。无言中,我这个曾与周文斌同样有着大学老师身份的男人心中一片酸楚。

讯问笔录的"电子 DNA"

庭审中,公诉人又一如既往地念叨所谓周文斌的有罪供述笔录,而周文斌也一次又一次强调:这都是纪委刑讯逼供形成的,你们不进行非法证据排除,念这些笔录有什么意义呢?这都是按照纪委的意思瞎编的。

我再次指出周文斌有罪供述是办案人员对其实施连续五天五夜、七天七夜又十天十夜不准睡觉至双腿差点被锯掉等刑讯逼供和抓其做完心脏手术的妻子,以及在美国读博士的儿子等手段非法获得的。请审判长落实四中全会依法治国的精神,当一回真正的法官,立即启动非法证据排除程序,并给出法庭详细的理由和具体的排除方法。

我建议法院依法调取检察院对周文斌讯问笔录的电子档,指出本案在卷的证据全是电子版打印的,而任何电子版文件均有自身的"DNA 信息",也就是说每一份电子文件的形成均会在该文件中留下电子数据信息,这些电子数据信息是可以通过技术手段提取的。具体到本案,周文斌强调检察机关的电子版讯问笔录就是在纪委版本的调查笔录基础上直接做一些技术修改而来的,并不是检察院真正调查得到的,是源于纪委逼供获取的母版。

我表示如果法院能调取法庭上这些所谓证据的电子版本,那么我们就会当庭用技术手段将这些检察版的笔录打回到纪委逼供版原形,也就是说可以通过技术方法证明所谓起诉指控的证据本质上就是纪委刑讯逼供笔录的子版,这样也就可以证明本案在卷笔录的非法本质。

但是对于这样的申请,审判长一如既往,一律驳回。到此我们心里十分明白这样的审理根本就不是为了审理清楚案件本身,而就是为了完成既定的庭审任务,这样的审判真的还有意义吗?

但是作为辩护人,我们只能坚守辩护岗位,不仅要抗辩,还要见证。

我知道这样的申请如果得以获准,那么就有好戏看了。我很难想象当公诉人看到她们提交给法庭的证据被我们打回原形,也就是说我们用技术手段从一份份检察机关的制作的笔录中提取到形成时间,证明他们提交给法庭的笔录的形成时间早于检察机关的立案时间的那一刻,她们会是什么样的表情。

我一直在各种场合给公诉人灌输这样的理念,公诉人要重点学习的是证明而不是辩论,更不能是诡辩。诡辩是游戏,辩论是比赛,而法庭是战场。

遗憾的是,还是会有检察长居然会启用有些善于使用强词夺理、偷换概念的招法,有时还语速飞快、语调高亢,甚至不乏思维混乱、装腔拿调的公诉人出庭支持公诉。

这是一种无奈。

证人就是演员,开戏了不能不上场

一个法庭不是希望更多的证人出庭作证,而是想尽一切办法控制证人不出庭,所以周文斌在法庭上感慨道:她们不信证人只看纸片,法庭到底是要审案还是造冤案?而这样的语言又彻底激怒了审判长。

但是这位审判长也许是年纪大了,错误频出,我发现他的错误后也总是在善意地提示。但是每一次提示后他就开始发表大段大段的批评、警告,导致庭审一次次在他的点评中停下来。

有一次当他在批评完公诉人未经允许擅自发言后,最后一句话居然是说我要"对辩护人提出警告"。

周文斌的庭审语言可谓丰富有趣而又耐人深思,他往往会用一个工科背景的专家思维很简单地为我们打开一种新的视角,让一些原本复杂的法理问题简单明了。

针对证人不出庭问题,周文斌发言说证人就像是演员,开庭就像是演戏,证人都被办案人员排练了一年多,开庭就是正式表演,但为什么到正式演出的时候却不让他们出场了,法庭怕什么。

周还问审判长和公诉人看没看昨晚的焦点访谈,问呼格当庭也还是认罪了啊,你们没有触动吗?说完大发感叹:你们不要再制造冤假错案了,我们这个国家不能再像"文化大革命"那样折腾了。办案者如果知道是假案还极力掩饰,并为了获得领导宠幸制造冤狱,是一件可怕的事情。

司法权是一种判断权,这种判断需要知识、智慧和经验,同时还要有良心。一个公正的判决绝不可能靠机械的法条肢解和领导批示来算计。当下执掌司法权的很多人既没有知识(无司法资格当大法官),也没有智慧(就会多抓人判重刑),更无德行(缺乏基本良心和人性关怀)。

对赌法庭

公诉人每一次宣读周文斌在某笔被指控的受贿案中的认罪笔录,周文斌就会详细地讲解该份笔录形成的时间、地点,相关的办案人员和他们所采取的逼供方法。每一次周文斌讲这些证据系非法获取的时候,我就及时申请审判长启动非法证据排除程序。而每当我申请非法证据排除的时候,就会被审判长警告。

但是人的忍耐是有限度的,这一天,当我的申请再度被驳回并被审判长说我是扰乱法庭秩序时,我就再次申请审判长回避。我申请他回避的理由是,我们多次提供证据线索依法申请启动非法证据排除,但是都被无理拒绝,加之我在开庭前到法院送手续时,审判长还曾经不愿意给我起诉书,还有庭前审判长甚至告诉另一位辩护人说:这个案子还有什么可以辩护的,还不赶紧争取宽大处理,让判轻点算了。种种迹象表明本案在这样的审判长手里难以得到公正的审判。

庭上我提出这个申请后,审判长说起诉书最后不还是给你了吗?我说最后是给了,但是之前你是不愿意给我的,是在我强烈坚持下才给的。但当我坚持以此为理由申请其回避时,这位审判长转口又高声否认说:"没有这个事!"

审判长这种当庭撒谎的做派的确让我震惊。

联想到近来网上一直有人在建议法官实行赌咒制度,说要推广中国法官集体赌咒发誓,建议早晨起来第一件事就是搞这样一个仪式,作为法官发誓:假如我故意制造冤假错案,必将……

作为一名法律人员看到这样的调侃确实内心悲凉,什么原因竟会让人想出这样的招法。

但是,也许在现阶段,这样的赌咒应该会比每天喊空洞的口号来得有效。我相信在那些掌管人民生命和自由的法官心里,一种来自冥冥之中的神灵可能对他们更有约束力。

无奈之下我只好说,你办公室里就我们两个人,你也不会拿出录像来证实当时的情况,正好现在有人倡议法官每天早上上班前先发誓赌咒,现在是法庭上,不仅仅有国徽,上还有天,下还有地,你不承认我也没办法,那我们就将老婆孩子拿来赌咒。审判长一脸尴尬,慌忙之下敲下法槌休庭。

针对每一份笔录,周文斌都指出这不是检察机关讯问得到的笔录,而是他们直接拷贝纪委的笔录来的,如果不信,有一个方法可以查明。

周建议法庭用学术论文过机检索方法将纪委的笔录和检察院出示的笔录用审查学生毕业论文的软件盲审就会查明白。他说我们大学里学生的毕业论文是不是抄袭,通过软件过机筛查,超过20%的重复率就不过关,就说明有抄袭现象。那么同样的方法运用到笔录比对核查中就一样会发现问题,就会知道今天法庭上的证据笔录来自什么地方。但法院对我们的这种要求显然不会应允。

周文斌进一步解释道,如果这种比对通不过,论文写得再好也不可能通过答辩,甚至不会到答辩这一步。现在法庭上的这些证据全部是抄袭来的,根本就不应该到法庭质证这一步,也就是说还需要首先启动非法证据排除程序,将这些不具有合法资格的证据排除出法庭。

周文斌的说法不能不说极具说服力,而且也确实是一种比较科学的证明笔录真实性的可行方法。

我接着周文斌的话说:"审判长,你们审的是一位科学家,现在科学家给出科学的方法你不听,还在一味地念这些非法获得的、当事人自己也不认可的纸片在强推庭审,法庭到底想掩盖什么?难道法庭不是想把问题查明白吗?既然有这么简单的、科学的方法可以查明问题,我们为什么置之不理呢?"

丢掉"黄马甲"

新年已经开始,庭审依然继续,1月12日的庭审中,周文斌妹妹在旁听席上提出周为何穿黄马甲受审,为何不能像之前媒体报道的一些官员和明星那样穿着便服受审。

听到旁听席上妹妹的呼吁,周文斌自己也开始向审判长提出说:"审判长,这个问题我早就想请示您,我可不可以不穿黄马甲?"

审判长拿出早已准备好的预案后念了一遍说不行,并解释道:我们注意到最近在河南、北京、深圳等地司法改革中被告人不穿黄马甲,但是我们还没有接到最高院的通知,所以,你还是得穿黄马甲。

接着周文斌又问:"审判长您说没接到不穿黄马甲的通知,那么请问有没有必须穿黄马甲的文件,如果没有,那我就不穿了。"

说罢,周自己脱了马甲,并整整齐齐地叠起来放在座位旁边,这一动作显得非常优雅。这一幕也许超出了审判长的预案范围,他半天没反应过来,只好任由周文斌不再穿着黄马甲受审。而这一幕则被媒体报道为"周文斌自行脱去黄马甲扔到地上"。

但是,周文斌脱去黄马甲的代价是他的妹妹因此被警告,并以扰乱法庭秩序为由被法警带出法庭不准旁听。

英文羞辱控方证据是垃圾

周在15日上午的庭审中针对控方的一系列证人证言表示这些不出庭的证人证言无法核实其真实性,证实案件要靠合法的证据,否则,用非法的证据就会得出错误的结论。

他说,就像我们科学研究中有个说法叫:"rubbish in,rubbish out"(垃圾进去,垃圾出来)。也就是说如果在构建的模型中输入不准确的垃圾数据,得到的结论也是垃圾的,办案也是一样。

假物证登堂

16日,法庭举证到了后期,公诉人出示相关笔录欲证实周文斌受贿了一台 iPad mini,价值两千元。

但是周文斌却出乎意料地要求法庭出示自己受贿的物证辨认一下,审判长犹豫了一下让法警去办公室将那台 iPad mini 拿到法庭上。

周文斌拿起来看了看,微笑着对审判长说,这个东西不是我受贿的,这是学校图书馆开会时统一发放的,一共发了八台。你们指控我受贿的那一台说的是 3G 版的,而现在拿到法庭上来的这台是 Wi-Fi 版的。这是物证,不知道检察院怎么还会搞个假的上来。

说到这里,我也要求看一下,被审判长拒绝,我说这东西属于证据,证据质证的基本要求是出示、辨认、质证,你作为证据给我的当事人定罪,但是却不让辩护人看看证据是何道理?

法官说我无权看。我说,这是个物证,不让看一下怎么质证?至少我可以看看这个 iPad mini 上有没有插 SIM 卡的孔啊!

我当庭念了两遍最高法刑诉解释的规定:证据须当庭出示、辨认、质证,这里的辨认难道是印刷错误吗?

周文斌继续质问:"这种物证为何也搞假,太不严肃了。"

审判长坚持不让我看物证,我只好在发表质证意见的时候说,这是新中国成立以来第一次法庭上出现假物证的情形,性质极为恶劣,仅仅排除证据是不够的,还必须追查是谁搞了这份假证据。

马克思的《数学手稿》成质证理论

周文斌庭审中引用马克思在《数学手稿》中的精辟论述来对证据质证。他说,马克思曾讲道:"任何一门科学,只有在成功地运用了数学之后,才算达到完善的地步。"他用此观点发表质证意见。近几天他陆续运用了概率论与数理统计、排列组合、误差理论缜密地论证了指控证据的荒诞不稽。

之前在会见周文斌的时候,他还建议我给最高检检察长写封信,建议不能仅凭言词证据定罪,特别是作证人还不出庭,几张非法取得的纸片满庭飞,就把无辜定罪,比"文革"还可怕。"文革"批斗还要红卫兵小将上台控诉,也就是类似证人出庭,而现在搞几张纸,拿到法庭上念一下,就把人给判了刑,太不严肃了。

周文斌曾供述在香港受贿,细节具体到在会展中心二楼茶座,受贿款是香港老板用一个黄色的信封装的六万元港币,面值500元,共计120张,香港老板的供述一字不差。但是现查明周文斌那时根本就没有出境,也不在香港。事实上,排除这样的证据并不重要,我们更应该关心这样的供述是怎么来的?

最高人民法院院长对将律师赶出法庭"百思不得其解"

当周文斌案的南昌大审判正在交织不休时,人民网发表了一份极具震撼力的报道,《周强:规范庭审杜绝把律师赶出法庭》。1月22日上午在全国高级法院院长会议上,周强说:"坦率地讲,我百思不得其解,法官老把律师赶出法庭,如果是违反法庭的秩序,不行你可以休庭,也有录音录像,你公布出来就完了,这个确实要提高庭审能力和转变审判观念。"这次讲话的内容完全符合周文斌案的一些细节,当时全国也正好只有我们这个案子中律师被赶出法庭,而且也是说到录像问题,还有就是法院原定的三天庭审计划被我打乱了,这些连接点表明周强院长就是针对南昌法院的做法有感而发的。

周强的讲话刚刚发布,周文斌在22日的法庭上又运用数学排列组合理论论证控方证据的荒诞。他说行贿人胡彪斌和被指控的受贿人他自己都曾交代说贿赂事实发生在5月份,这概率为1/144;而后来检察院查不到取款时间和记录后,双方同时又将贿赂时间改为10月,概率则为1/20736。结论:如没非法取证,两个人两次同时一致出错的情况需做两万多份笔录才可能出现。

当天,"中国最帅校长"周文斌受审,庭上用概率论质疑证据的新闻在全国媒体传开,各种声音纷纷呈现。绝大部分是赞赏的语言。

挪用公款的"真相"

周文斌说指控其挪用公款,是对指控其受贿不自信,找个兜底的。原省里批准校内建五百套房,但扯皮两年多定不下方案,政策被取消,怨声载道。他来后决定以合作开发的方式团购,学校预付25%房款,房价2300元/平方米,现在房价涨到13000元/平方米了,他为教职工谋了5个亿的利益,结果教师住了新房,自己进了牢房。

周文斌案庭审再曝亮点:周问公诉人起诉书说扣押其赃款1700多万元,自己怎么没见过钱在哪儿,检方回应是从别人那儿收的。周又问还有十万元港币在哪儿?拿来看看,并说指控该款系其2005年收香港老板的,但办案人员从周文斌家里拿走的钱上有香港银行2007年扎封的印记,且该细节还是办案人员发现后告诉他的,但庭上未出示该扎港币。

江西媒体被赶出法庭

周文斌案庭质证继续进行中。之前江西媒体坐满一排,年轻的记者们全神贯注地试图捕捉到被告的任何丑态以作为江西头条的照片,但是14天过去了,他们警悟到记录真相才是天职,报道也从一片抹黑趋向相对客观,但是今日他们却不准进入法庭了。

当天中午休庭后,刚走出法院大门,我就被江西电视台的一位女记者拦着要采访,我感到很奇怪,说你们不是每天到法庭内拍摄吗?今天怎么没见你们进去啊?

该女记者说:我们也不知道怎么回事,从今天开始法院就不让我们进去了。我联想到前一天一开庭审判长就向坐在第一排的记者们发布了警告:"我注意到有的媒体记者写的报道居然说审判长在打瞌睡,你们不要这样写啊,你也可能没看清楚啊。"

的确，周文斌案持久的审判本来应该进入媒体关注的疲劳期，但是江西本地的媒体却表现出了极大的热情。从一开始的政治任务，到后来对周文斌本人的高度兴趣，再到我辩护给他们耳目一新的感受，倒使得这些法律或者新闻专业毕业的年轻记者们似乎醒悟过来，一种职业的尊严被唤醒了。他们开始从抹黑式报道走向基本平衡式报道，再从娱乐化报道转向质疑式报道，所以他们不准进入法庭了。当然在江西本地也就无从谈起最高院关于司法公开中善待媒体的规定了。

概率论质证方法引热议

这期间，因为周文斌的概率论辩护方法引得世人关注，加上原定3天的庭审到2月9日再次开庭就正好2个月了，媒体也展开了关于周文斌运用数学知识质证方法的评论。有大字报版之：《精通概率论的校长咋没算出落马的概率》，也有客观质疑的声音：《嫌疑人用概率论质疑证据缘何成奇闻》。一时间关于周文斌的评说在网络热闹起来。

移师小法庭 控方证人当庭"反水"

继续在南昌市中级人民法院开庭，与之前不同的是该案将改在较原一号法庭较小的二号法庭审理。

这次换了小法庭的庭审，内容更为精彩。经过系列质证，矛盾越来越多，一系列伪证得以被一一剥皮：

控周文斌收3G版iPad mini，庭上出来Wi-Fi版；控2005年周文斌收10万元港币，但港币上有2007年的银行扎条以外，又发现控2008年1月周文斌在丹凤轩酒店收100万元，而我们调查丹凤轩2008年7月才开张；控周文斌2003年在南昌大学老树咖啡收100万元，而工商登记显示该店于2011年开业。

周文斌案庭审第18天，118名证人中仅胡彪斌1名到庭，胡彪斌是南昌市人大代表和江西省政协常委,他当庭证实:没有行贿!笔录中他送周文斌100万元纯属被逼编造!他是被鹰潭检察院关在地下室和某房子几十天连续不让睡觉,身心疲惫至极,又被威胁要关他一年,怕企业倒闭家破人亡,实在受不了才按检察人员的要求编出行贿故事。

南昌大学原校长周文斌案已经进入开庭以来的第60天,实际开庭第18天,控辩双方完成举证,现进入证人出庭作证阶段,经辩护人申请,法院仅通知到了一名证人出庭作证,该证人作证内容令人震惊。12点作证尚未完毕,审判长宣布休庭并要求法警严密监护证人,不准任何人接触,1点半继续开庭。

这一天,似乎风云突变,周文斌案共有上百名证人,我们申请的证人一个都不准出庭作证,突然今天法院决定让一个证人出庭作证,事前我们并不知道这个证人是谁,将要做什么证。

上午临近休庭,一个被指证曾给周文斌行贿了100万元的证人胡彪斌被法院安排出庭作证。

胡彪斌的身份以及在庭审的后期被安排出庭作证,的确是我所没有想到的。他同时担任江西省政协常委、南昌市人大代表,还是江西著名的慈善家。这样的身份出庭作证一般来说应该是控方精心挑选的。我也觉得他的出庭应该是证明的确给周文斌行贿的事实。因为他的身份很符合"污点证人"的要求。

当法庭宣布带证人出庭的那一刻,我忽然感到了一种异常的紧迫感,作为辩护人,对于一个突然冒出来的控方证人,而且是唯一证人,我想一定不会是有利于辩方的。但是既来之,则安之,一切任由天命了。

然而,当我看到身材微胖,一脸严肃,似乎还昂着头的证人胡彪斌出场时,我的心头微微一震,他和我预想的有些不同。不仅如此,那一刻的气场甚至可以用一脸正气,大义凛然来形容。

我的大脑在急速地运转着将要发问的内容,眼睛则一直盯着这个神秘的"红顶"证人。但是当我听到审判长问他和周文斌是什么关系时,我听到他在回答时用了两个"周校长"的称呼。对于一个法庭上的被告人,在审判长也提及周文斌是被告人的时候,他还用的是"周校长"这样的称呼,显然,他内心对周文斌是怀有尊敬之心的。

眼看着快要到12点休庭时间,我又怕中午生出什么变节,在主观判断他的证言可能是对我方有利后,我看着还有五分钟就要休庭,就单刀直入问:"胡彪斌,你给周文斌行贿了吗?"

"没有!"胡彪斌一句响亮的回答凝滞在法庭上空。刹那间,旁听席上一片掌声响起。

我接着问:"那你之前为什么有笔录说给周文斌行贿了100万元?"

"我是被逼的,那都是假的。"接着胡彪斌直指鹰潭检察院将其关在地下室不让睡觉逼其作伪证构陷周文斌,还威胁说不配合就关他一年。

此时审判长也开始发问:"为何原来要承认送了一百万元给周?"

胡:"没有办法啦。他们关了我几十天,我在北京、安徽、江苏都有公司。年底了,都吵着要发工资。我还有贷款,他们说我不配合要关我一年,等我出来公司都要破产了。我出来讨饭啊?还放我出来干吗?把我关在里面算了哦。"

公诉人看着胡彪斌的这种作证完全懵了,后来女公诉人一个接一个问了一堆不着边际的问题,胡彪斌反问公诉人你们到底问的是什么意思,听不懂。

审判长却警告胡不要重复说话,公诉人则继续发问,胡忍不住道:你不要问一样的问题,不然审判长又要说我重复了。

公诉人再问,胡开始抢答。审判长说:你不要抢答,转而对公诉人说:你问的什么东西,连我都没听懂。

审判长问胡彪斌,你当时受到威胁现在作证不害怕吗?证人说相信法律,违心承认行贿大不了给定个单位行贿判个一年两年甚至缓刑。而自己冒巨大风险出庭作证很可能被抓去判伪证罪,最高可判七年。但是自己作为一名人大代表,还是愿意出庭作证,在法庭上说真话。

再度被赶出法庭 江西律师被辞退

假物证上了法庭,我要求调取新的物证,这是法律明文规定的权利,居然被拖出法庭!

周文斌案在公诉人出示完证据后,我提出申请新的证人出庭和调取新证据,话没说完就被审判长打断,审判长让公诉人发表公诉词,我继续提示:刑诉法规定当事人和辩护人有权申请新的证人出庭作证、调取新的物证这个环节被法庭漏掉了。我告诉审判长,是法庭漏掉了一个法定环节,现在法庭调查还没有完成,还不到法庭辩论的阶段。审判长不信,立即制止我说我不懂法律规定,我问:您所说的法律规定是什么?

审判长说那我念给你听听,接着开始翻他案头一本一直在翻来翻去的书籍,但是翻了半天,还是没有找到他想要的法条。所有人瞪大眼睛等他说什么,但是他什么也没有找到。我就说审判长,我教刑事诉讼法多年,您不用找了,没有您说的规定。审判长看着我,一脸麻木中带着愤怒,他开始发表一番评论,之后突然叫法警将我强行拖了出去。

而这一次,也许是审判长自己都不知道在这种情况下把我带出法庭的理由和后果,在吼叫法警的同时又说了一句:"法警,把辩护人带出法庭冷静,等他自己觉得冷静好了再自己进来。"

周文斌愤而站起。审判长高喊:你们都要听我的指挥!周说我们听法律的指挥!你明显违法了我们为什么要听?周强院长都说不要把律师赶出去,你还赶律师!那我也出去!话音未落,周就被多名法警按住。

这一天我感到异常心痛,一名辩护律师,依法辩护,在一个省会城市的法院居然再一次被赶出法庭,那么这个法庭到底要的是什么,是真相还是野蛮的霸权?

令我百思不得其解的是,在最高院院长周强刚刚讲完"动辄把律师赶出法庭,我百思不得其解"没几天,南昌中院依旧敢把辩护律师赶出法庭。

我被法警强行带出法庭,控制在走廊里,而庭审还在强行推进,法官安排公诉人发表了公诉词。

第一轮公诉词发表完之后,周文斌解除了对另一位江西律师的委托。

一、空前绝后的大辩论

当天,我发了一条这样的微博:南昌大学原校长周文斌案海选辩护律师公告:由于2015年2月10日庭审中在法庭调查尚未结束时,审判长宣布不启动非法证据排除程序,不调取被告人庭前无罪辩解资料,强行转入辩论阶段,引起辩审冲突,一律师被拖出法庭,另一律师被周解除委托。

二、庭外的争战

证人胡彪斌的出现让南昌司法界出现"地震",这个他们有把握的"红顶"证人,却当庭翻证,不仅如此,他居然还拿出了银行加盖了印章的书证佐证自己翻供的属实。对于检察机关来说,这也太打脸了。因为对于检察机关来说这不仅仅是胡彪斌的证言能不能认定的问题,也不是周文斌的该笔受贿数额需不需要减除的问题,而是涉及为什么会出现"铁的假证",人们不得不质疑检察机关到底是在办案,还是在栽赃制造冤案。

胡彪斌的出现自然也引起了舆论的广泛关注,特别是在职务犯罪的审判中,证人出庭本就很少见,出来的也几乎就是证实犯罪的。像胡彪斌这样的身份,当庭作出这样的证言,的确够震撼的。次日,《南方都市报》就发表了一篇社论:

南昌周文斌案:司法要经得住程序与证据检验

南方都市报

南昌大学原校长周文斌案的庭审,已经不是第一次引来舆论关注。据澎湃新闻报道,2月9日,该案118名证人中唯一得以出庭作证者胡彪斌当庭翻供,称自己从未向周文斌行贿,此前之所以作假证是因为检方疲劳审讯和刑讯逼供。

2015年1月,《法制晚报》也曾报道称,周文斌使用概率论与数理统计、排列组合、误差理论来自辩。周文斌表示,行贿人与受贿人都曾交代行贿发生在5月,后发现5月没有行贿款来源,双方笔录又同时改为10月10日左右。这种惊人重合的概率只有1/20700。

一位工学博士运用专业知识所进行的自辩一度引来外界关注,而在这样看起来稀奇的庭审细节背后,却有着非常值得追问的刑事侦查疑问。侦查机关对行贿者与受贿者的讯问,按照法定程序乃至一般逻辑,都应当处于信息完全隔绝、背靠背的审讯状态中。供述同时出错,随后又同时修改,令人吃惊的是改口后的时间点又一次重合,试图解释这其中的乖谬所在,在正常的程序状态下恐怕很难做到。侦查机关是否存在刑讯逼供、口供之间的互证与倒推,令人生疑。

"犯罪事实清楚,证据确实充分",这是《刑事诉讼法》在刑事案件的侦查、起诉、审理等多个阶段都给出过的证明标准。立法层面的简练用词投射到具体的司法实践中,需要每一步刑事侦查程序、证据获取及质证环节,都要经得起事实与逻辑的拷问。这其中,最重要的环节所在,便是刑事辩护律师在刑事诉讼流程中的忠于职守,勇于发问。正如最高人民法院副院长沈德咏撰文所言:"从确保所有刑事案件审判的公正性、合理性、裁判可接受性而言,辩护律师都是法庭最可信赖和应当依靠的力量。"

庭审时间十几天,有庞杂的证据需要控辩双方一一交锋,这不是可有可无的程序,也不是浪费司法资源,而是最不能忽略的程序正义细节。据辩护律师朱明勇透露,周文斌案的证据材料中,有多处与客观事实不符的情况存在,比如受贿人与行贿人不约而同地供述在某时某地完成受贿行为,但据律师取证发现,双方在刑事侦查阶段所供述的那个交易场所,在他们供述的那个时间点竟然尚未开业。这样的证据乌龙,正是由于辩护律师的存在才得以发现,而在证据出现问题的背后,不得不让人担心,整个刑事侦查过程是否能够经得起程序与历史的检验。

一百多位证人最终只有一位证人出庭作证,而且还翻了供,于司法机关而言不能不说这是一次非常严峻的考验。司法能否秉持独立、专业的态度公正审理每一起案件,能否在法庭上客观公平对待控辩双方提供的证据与所拥有的权利,控方证据如果被证明存在问题,能否不留情面地及时启动非法证据排除程序……最高人民法院院长周强对"法官老把律师赶出法庭"现象百思不得其解,他认为要切实解决"庭审虚化"、走过场和摆形式的问题。"努力让人民群众在每一个司法案件中都感受到公平正义",这里面所说的公平正义,除了最终的结果正义,更多还是体现在整个诉讼流程中的程序公正。证据出了问题,程序存在瑕疵,不能总靠"把律师赶出法庭"来当作问题不存在。

"未经人民法院依法判决,对任何人都不得确定有罪",现行刑诉法中的这句话被视为无罪推定原则的经典表述,而无罪推定这一刑事诉讼的精神与底线所在,从来都不仅仅是一个姿态,更是内化到每一个法律职守角色的行为准则中。南昌周文斌案的庭审,如此前不少焦点案件一样备受外界瞩目,不在于旁观者是否真的确信周文斌本人的最终清白与否,而是人们从案件的审理细节,看到了证据不合逻辑,甚至程序存在明显问题的情况。

只有程序严苛、证据经得起推敲,才能最大限度地实现司法公正,而这个宏大目标,关乎每一个人。

周文斌引用曼德拉典故　律师被第三次拖出法庭

庭审第 20 天,周文斌上午从中央四中全会依法治国精神和以审判为中心、证据审判原则开始讲到宪法、刑事诉讼法禁止刑讯逼供,最高检最高法关于杜绝冤假错案的规定开始程序辩护,下午就案件证据体系、证据资格、证明能力针对具体指控发表了辩护。

上午审判长说审限到了,案子开庭这么久还没完,要周文斌自己继续发表辩论意见,周说我要等我的辩护人上庭再说。周讲道,我和辩护人像一个球队,队员没到场怎么比赛,审判长说他是他,你是你,你不说视为放弃辩护权。

周文斌曾说证人就是控方的演员,开庭就是演出,演出时你们用几个月甚至几年时间排练好的演员都不上场了,那这个戏怎么演,总不能只在台上念剧本吧!

庭审中周文斌发表辩论意见时引用了南非总统曼德拉的故事,讲检察官走到曼德拉身边将案卷摔在地上说:我鄙视我所做的工作,我不想把你送进监狱。周文斌感慨道,在南非那样的国家还能有这样的检察官,难道我们的检察官就不能学学他们吗?

听到周文斌竟然讲到了南非曼德拉,几名法官立即紧张起来,之前都是审判长在说话,而这一次,三名法官轮番抢话直指周文斌,并厉声道:"不准讲南非,不准讲曼德拉。"另一位从来不说话的年轻法官也吼道:"我们是中国。"

公诉人也趁机发难:"周文斌,你是在歧视黑人吗?"

我见这情况,法庭已经混乱,就插了一句话说:"不管是南非还是中国,法官都是人,都应该有起码的良心和底线。"

我提出希望审判长尊重被告人的辩护权,周文斌讲南非仅仅是他自己的一种辩护方式问题。但是我话未说完又被审判长叫来大批法警强行将我拖出法庭,这一回法警人太多,我是被强行抬出法庭的。

实际上我注意到这一次,只要审判长的声音一抬高就有一批法警马上集结到我身后,准备动手。那一刻我在想,这还是一个法庭吗?

周文斌自辩两天意未尽

开庭第 21 天,周文斌案的庭审不断创造着一个又一个全国纪录:辩护律师三次被拖出法庭;旁听人员三次被拖出法庭;个人职务犯罪案件开庭时间最长;个人发表辩护意见时间最长。而周文斌在法庭上也精彩不断,几乎每一天他都有经典语录问世。今天他在讲到被刑讯逼供时说:"只要有刑讯逼供存在,什么人间奇迹都能创造出来!"

今日进入法庭辩论,针对法院在事实尚未查清就强行启动的辩论环节,周文斌独自发表了一天的辩论意见。上午他从四中全会精神、宪法规定、最高检、最高法文件谈程序问题;下午从证据资格、证明能力、证明标准、证据体系谈具体指控荒谬,最后周文斌总结道:公诉人所谓的证据相互印证实为相互打脸。

辩论中,周文斌在逐一揭露指控证据矛盾和大量伪证后指出:伪证就是垃圾,公诉人所谓的事实清楚、证据确实充分,证言、供述与书证相互印证,形成证据链条的链只不过是垃圾和垃圾组成的垃圾堆。

这一天,最高法院发文在全国范围内禁止被告人穿囚服受审,而这一规定距离周文斌在法庭上自行脱掉黄马甲不过半个月之久。

周文斌自辩第三天　最高法院发文废"黄马甲"

辩论开始第三天,南昌中院大门被上访群众堵了。

早上出庭前,我看到北青网的一篇评论:《囚服退出庭审,人权走上前台》,这篇评论是关于最高院关于被告不再穿囚服受审规定的评论,自然在这篇文章里要提到周文斌之前在庭上脱掉黄马甲的故事。

同一天,澎湃新闻也针对周文斌的质证方法发表了一篇《南昌大学原校长自辩两天,自创〈案件证据综合评价表〉测算证据真实性》的报道。

是的,自庭审以来,周文斌案开创了一项又一项传奇性纪录:他自行脱掉囚服

"黄马甲";他用概率计算"行贿人"与"受贿人"供述的绝对误差和相对误差,推演出案件证据为假;他连续两天不间断地自我辩护……

甚至,连环球网评论也发表了《周文斌:自脱因服,个人一小步,法治一大步》的文章。

在文章里,作者写道:周文斌自行脱下黄马甲,这一幕令人深思。首先,这样的行为是否合乎规定呢?答案是肯定的,因为未经审判,任何公民都不能称之为犯人,依然享有各项政治权利,自然也不必穿上"囚衣"了。

不穿囚服受审也是司法公正的宣言,禁止被告人穿囚服受审,既是尊重被告人人格尊严的举措,同时也是给予司法机关的暗示与提醒:被告人没有罪犯的标签,有罪或无罪需要"以庭审为中心"的刑事诉讼程序来决定。此举是对司法文明的宣告,也是对司法公正的宣告。

四度被拖出法庭　创全国纪录

2015年3月3日,庭审进入尾声,然而意想不到的事情又发生了。审判长叫我发表辩护意见不到一分钟,在没有任何征兆的情况下我被审判长断喝停止。审判长发表一番议论后,叫我继续发言,我刚拿一份证据准备继续辩护时又被审判长无端断喝停止,其再次发表一番议论后突然叫法警拖我出法庭。这是本案我被第四次拖出法庭。

对于这一次将我拖出法庭,我的确茫然了,我不知道为什么,审判长自己也许也不知道是为什么。我端坐在辩护席上,冷静地说:"我是辩护人,这里才是我的岗位",我已决定自己决不能主动走出法庭。就在那一刻,"呼啦"一片警察冲到我的面前,他们站在我身边,语气缓和地说:请您配合一下。我再度坚持说:我不会离开这里。法警一群人站在我周围也没有人动手,但是此时审判长开始在审判席上大叫:"法警,执行命令!"这才有几个法警开始来拉我起来。我一看整个旁听席已经乱了。就一把抱住一个法警的腰部,不想被他们带走,也不想留下所谓袭警的证据。就这样我一手搂住一名法警的腰部,他们就无法把我拖出法庭,不承想,审判长还在上边大喊,快把他给我带出去。最终我还是寡不敌众,被法警拖出了法庭。

在走廊里,有位法警给我拿来一瓶水说:"休息一下。"

就这样,我在走廊里听见审判长让公诉人开始发表第二轮公诉意见。周文斌在表示抗议后被审判长警告:你如果不自己辩护就视为你放弃了辩护权。

我坐在一条板凳上,听着那位南昌大学毕业的女公诉人在法庭上语气高昂地念道:本案不存在任何非法证据,事实清楚、证据确实充分、被告人有完整供述,等等。

我在走廊的板凳上回想着刚刚胡彪斌出庭证明被逼供,且拿出银行凭证证明根本未提款出银行柜台的作证形象,想到周文斌天天控诉被刑讯逼供的场景,想到他说妻子刚做完心脏手术就被关到看守所逼迫作伪证的情形,黯然神伤。这还是中国吗?还是我们要建设法治社会的国家吗?为什么我们的年轻的女公诉人在满嘴谎言下还能如此义正词严?

被告人为辩护人辩护

昨天在法庭第四次将我拖出后公诉人对我进行大规模的人身攻击,今天的庭审中周文斌首先转身开始为我辩护。他说,昨天我的辩护人被法庭请了出去,公诉方发表了公诉词,我的辩护人没有听到,这样不利于辩护人很好地为我辩护,现在我大致将昨天公诉人的公诉意见归纳一下,说着就开始先就公诉人在我不在场时对我的人身攻击进行了语重心长地反驳和抗议。同时,周文斌还说,到现在为止,我的辩护人还没有发表任何辩护意见,但是公诉人昨天就针对辩护人还未发表的意见进行逐条批驳,这是演戏演穿帮了,可能是公诉人预先写好的稿子;在谈到公诉人指责辩护人对党政机关进行攻击时,周文斌说对国家机关及其工作人员的违法行为进行批评是宪法规定的公民权利;他还说公诉人的张口闭口就用"恶毒攻击"这样典型"文革"语言,是打棍子扣帽子;最后周文斌认为辩护人的辩护不是公诉人所说的炫耀而是非常专业、是恪尽职守的表现,辩护是有力的,作为当事人是非常认可的,并在最后再次表示了对我的感谢。

周文斌还针对公诉人说他用概率论的方法不是法学方法时说:既然公诉人说到这个问题,那我还真要讲一讲,他说全国高等学校法学教材《刑事诉讼法》中讲到的排除合理怀疑,或然性、盖然性,控辩双方证明责任与优势概率的关系等内容不就是讲概率吗?然后委婉地说这是法学教材,你们应该懂啊?

最后的一天庭审,周文斌又拿出了一份自制的《证据综合评价表》,通过建立的数学模型对一个具体的案件事实给出了计算的方法和公式,引起媒体高度兴趣。而对此运用高等数学构建起来的模型体系和证明方法,公诉方完全无法给予回应,只好说周文斌滥用数学知识。

而周文斌的回应是:马克思早就说过,数学是科学的皇后。

史上最强自辩

这一天的庭审结束后,人民网转载了文章《周文斌,史上最牛自辩》。该文章讲道,"强化控辩对等诉讼理念"的改革方向上,尊重辩方辩护权的行使是关键。当然,对庭上的自辩或律师辩护,法官绝不能只听听就好。从司法实践中的问题出发,最高法院在新一轮法院改革中给予此问题的标准答案是:重视律师辩护代理意见。

没有对手的终局大辩论

周文斌今日自辩:公诉人说我攻击党政机关,我对党是忠诚的,在这个法庭上,只有我多次讲到党的四中全会,你们公诉人讲了一次吗?四中全会关于依法治国若干重大问题的决定我能倒背如流,你们能吗?今天早上中办国办发文规范涉案财物,这是什么信号啊?你们太不懂依法治国的背景了,现在不是搞"文革"了!

南昌大学周文斌案辩论时周讲:我之前用概率论和排列组合方法论证两个人同时将行贿时间从5月改成10月,是约两万分之一的小概率事件,结果证人一出庭就证明他是被逼作伪证的,现在银行证实行贿款根本没出银行,全案坍塌。所以也印证了我将数学方法引入刑事案件证明中是科学的,可行的。

这一天,周文斌案的南昌大审判开始收官,下午四点我开始发表辩护词至下午六点,我已经连续发表了两个小时的辩护意见,暂时休庭。公诉人,法官一起吃他们早已准备好的盒饭去了,而只给我十分钟的吃饭时间,十分钟我基本上走不到任何一家饭店,只好放弃晚餐。我出来呼吸一口空气,等着继续开庭决战到底。

紧接着,我再次连续发表了两个多小时的辩护意见。接近晚上十点,周文斌发表他最后陈述,全案结束。审判长疲惫地拿起那杖可能是南昌中院在一个案子中使用频率最高的法槌,轻敲一下,宣布休庭,择日宣判。

再见，南昌！

2015年3月5日，历时近三个月的南昌大审判告一段落，这一天正好是元宵佳节，我需要赶回老家送灯。

前一晚我几乎没有睡觉，在宾馆里反复回味这场原定在3天结束的庭审，我不知道是怎样的魔力使这个案子的庭审居然在我手里实际进行了24天，历时三个月之久。历历往事不堪回首，又幕幕难忘。

这个凌晨，思绪万千，我只能说作为一名辩护人，"那美好的仗我已打过"，未来的结局只有上帝知道。周文斌，这个被朋友称之为配得上我辩护的当事人，到案件结束时，我想应该这样说：我是配得上给他辩护的律师。那一夜我为他写下了一篇短文，名字叫作《周文斌，你才是这个法庭的审判者》。

虽然，今天站在被告席上的是你，尽管用伪证来指控你的也正是你的两名学生和他们的伙伴，但是，你看见了吗，在这个庄严的法庭上，尽管他们带着傲慢、充满戾气，可他们却从来不敢正视你的眼睛。因为，你才是这个法庭真正的审判者。

我知道，这个案子开创了南昌中院的历史，是的，历史就是这样创造的，就是我们这些一次又一次被拖出法庭的律师和审判席上冷漠的法官、公诉席上疯狂的检察官们一起开创的。当然，还有今天站在被告席上的周文斌，我们不应该忘记他在这个案子中的贡献，我们应该感谢他，正是因为他的坦诚、坚强、智慧和对法律的虔诚，才使得我们将一个原本三天就审结的案子几乎延长了十倍。也正是因此，才使得那么多关注本案的莘莘学子和南昌大学的数十万校友们逐渐明了该案的真相，使得他们在这个春风乍起的日子里似乎闻到一丝阳光的味道。

我们应该知道，在中国的法庭上，不能没有反对的声音，不能没有质疑的语言，当有一天我们听到更多的人敢于在这个法庭上说：不，我不认罪，我要抗辩的时候，我们应该想到自己能为他们公正的诉求站出来做一点什么。

我们不能在这个叫作人民法庭的地方忘掉法官背后高悬的国徽而任性地敲响法槌，更不能轻易地动用一种叫作暴力的工具将真相赶出法庭。法治的梦尽管还很遥远，但是作为一名辩护人，我要做的事，就在此时，就在此刻，就在此地，就在

周文斌

此身。

证人胡彪斌的出现像今天的冬日暖阳,刹那间射出万丈光芒,慑人心扉,同时又似那利剑刺入那些妖魔鬼怪的心脏!

胡彪斌拿出的那六份盖有银行殷红印章的几张纸,它们的名字叫作书证,它们连在一起就像是一把铁打的芭蕉扇,又像那定海神针,在法庭上一出现,飞舞着漫天伪证的法庭立马消停。这把芭蕉扇扇在那些稍显稚嫩的脸庞上,顿时红晕泛起。不过,那不是少女羞涩的胭脂,那是带着仇恨的一计血痕,留下永恒的阴影。

其实,这也不仅仅是阴影,更是烙印,它像是一把炭火烧红的烙铁,它会让你们终身都不会忘记,永远都不能抹去。无论何时,无论何地,用伪证构陷无辜都是一种无法洗清的罪恶。

所罗门说:"忠信的见证人不说谎话,虚假的见证人只吐谎言。""正直人的帐幕必然繁盛"。摩西十诫(第九诫)讲"不可作假见证陷害人";

佛教五戒的第四戒也是"不妄语"。《经律异相》中讲到的檀若世质作伪证后堕入地狱;

伊斯兰教律同样禁止撒谎、隐瞒、诬蔑、作伪证……

而在中国的传统中,冯亦代先生曾将报应观念看作中国传统文化的三大观念之一。

本案自 2014 年 12 月 9 日开庭至 2015 年 3 月 4 日一审庭审结束,半年的时间已过。面对这样一个世人瞩目的大案,不知法院会作出何种裁判。

和所有的案件一样,无论被告人如何自辩,无论律师如何辩护,最终还是要由法院作出判决。律师的辩护也许无法完全等同于判决即将认定的法律事实,但却是作出公平、公正判决的重要保障。

至本书完稿,案件仍在审理程序中,一审判决尚未作出。作为该案审判环节的亲历者,以此方式进行记叙,如同正义是个过程,经历也须被铭记。法律须被信仰,我们都在等待着,等待象征着权威和公正的司法裁判。

未完待续

　　离编辑的"最后通牒"只有几个小时了，像往常一样，我的每一起大案的辩护也都是到了开庭的前夜才定下最终的思路，很多无罪辩护成功的案例，我甚至是在法庭上才做出最后的定夺。

　　这是一种习惯，是一种不到最后一刻决不放弃思考的习惯，是一种不到最后一刻决不放弃努力的习惯。

　　这本书稿，本来我想邀请一些法学名家写个序，律坛大佬做个推荐。但是再一想，那还是太过俗套。于是我又想请那些无罪释放的当事人来做个序，也许是一个不错的创新，而且对于他们来讲，这一定也是一件愉快的事情。可是，思考良久，我却又担心：提及那些布满血痕的故事真的不会再度揭开他们已经愈合的伤疤吗？

　　我心不忍。

　　是的，他们历经了太多的苦难，却没人能认真地记录这一切：

　　张高平、张辉叔侄二人在大漠新疆服刑十年才得以冤狱昭雪；

　　张云、张虎分别被判十六年半和十年有期徒刑后又获无罪；

　　马廷新在看守所待了整整五年零八个月方能重见天日；

　　平日神气的三名警察甚至体验了无罪抗争中的逃亡之旅；

　　瘦弱的刘雪琴也在拼尽全力只为挣脱还剩下一年多的牢笼；

　　而胡良友决定即便是倾家荡产也要讨一个说法。

　　……

　　太多的心酸故事压抑着我们无法解读的愤怒；

太多的悲欢离合中演绎着生命的顽强；

太多的恐惧中我们承载着正义的力量；

太多的风险中我们见证着阳光。

刑事辩护，这项充满着光荣与梦想的职业，更担负着人们对生命的嘱托和对自由的渴望。有幸投身，自应勇于担当。

在这个领域：

我们必怀有仁慈之心，因为仁者无忧；

我们必拥有智慧之心，因为智者无惑；

我们必秉持勇者之心，因为勇者无惧。

此记，与那些已经投入或即将纵身于刑事辩护领域的朋友们共勉。

此处，还要感谢清华大学出版社居然忍了我三年之久的违约；必须要特别地感谢出版社的编辑团队，对于此书，只有我知道她们付出的心血。与其说这本书讲述的是我的故事，不如说是同样关注中国法治进程的人们的鼓与呼！

最后真的要感谢那些在历经磨难的同时却给了我执业机会的当事人。

无罪辩护，未完，待续……